U0626045

中国人权研究与教育

CHINA HUMAN RIGHTS RESEARCH AND EDUCATION

第一卷

陈佑武／主编

中国检察出版社

图书在版编目（CIP）数据

中国人权研究与教育. 第一卷/陈佑武主编. —北京：中国检察
出版社，2016. 12
ISBN 978 - 7 - 5102 - 1786 - 9

Ⅰ. ①中…　Ⅱ. ①陈…　Ⅲ. ①人权 - 研究 - 中国　Ⅳ. ①D621.5

中国版本图书馆 CIP 数据核字（2016）第 278700 号

中国人权研究与教育（第一卷）

陈佑武　主　编

出版发行：	中国检察出版社
社　　址：	北京市石景山区香山南路 111 号（100144）
网　　址：	中国检察出版社（www. zgjccbs. com）
编辑电话：	(010) 68630385
发行电话：	(010) 88954291　88953175　68686531
经　　销：	新华书店
印　　刷：	北京朝阳印刷厂有限责任公司
开　　本：	710 mm×960 mm　16 开
印　　张：	18. 75
字　　数：	340 千字
版　　次：	2016 年 12 月第一版　2016 年 12 月第一次印刷
书　　号：	ISBN 978 - 7 - 5102 - 1786 - 9
定　　价：	58. 00 元

检察版图书，版权所有，侵权必究
如遇图书印装质量问题本社负责调换

中国人权研究与教育（第一卷）

CHINA HUMAN RIGHTS RESEARCH AND EDUCATION

广州市法学会人权法学研究会　主办

广州大学人权研究院　承办

《中国人权研究与教育》编委会

编委会顾问　李步云　李　龙

编委会主任　付子堂

编委会副主任（以姓氏笔画为序）

齐延平　朱力宇　汪习根　张永和

张　伟　陈佑武　陆志安　常　健

编委会委员（以姓氏笔画为序）

王　涛　邓世豹　邓剑光　邓成明

毛俊响　齐延平　刘　恒　石佑启

叶传星　龙　晟　曲相霏　朱力宇

朱孔武　李薇薇　李道军　李秋高

汪习根　张永和　张　伟　张晓玲

张　亮　张　军　张爱宁　何志鹏

刘士平　陈小成　陈亚平　陈永鸿

陈佑武　吴家清　杜承铭　杜钢建

郑琼现　聂卫国　周　伟　周后春

周　强　郭日君　杨松才　杨春福

陆志安　柳华文　袁兵喜　涂成林

常　健　龚向和　鲜开林　蔡高强

黎尔平　滕宏庆

主　　编　陈佑武

编　　辑　吴震华

卷 首 语

自 20 世纪 70 年代末实行改革开放以来，随着经济、政治、文化、社会、生态等方面的健康发展，我国的人权保障事业取得了举世瞩目的历史成就。顺应这一历史变化，20 世纪 90 年代以来，人权研究与人权教育逐步在部分高等院校、科研院所推行，对人权意识的养成与人权文化的传播起到了积极作用。

在此历史背景下，为了进一步加强人权理论研究与推进人权教育、培训，广州大学在 2004 年 7 月正式成立广州大学人权研究中心（广州大学人权研究院前身）。该中心有独立的人员编制、固定的经费及场地，成为当时全国高校唯一的人权研究实体机构。中国社会科学院荣誉学部委员李步云先生欣然应邀出任中心主任。

在李步云先生带领下，广州大学人权研究院用 7 年时间取得两大飞跃。2007 年被遴选为广东省人文社科重点研究基地，这也是当时全国唯一的省级人权研究基地。2011 年获批为国家第一批国家人权教育培训基地。这表明，广州大学在人权研究与人权教育领域作出的成绩得到了国家与社会的高度认可。2013 年 8 月，与南开大学、中国政法大学联合组建人权建设协同创新中心（2014 年 11 月西南政法大学加入）。

2015 年，为了适应人权研究与人权教育发展的新需要，进一步整合广州大学校内外资源，广州大学人权研究中心正式更名为广州大学人权研究院。同年 11 月，以广州大学人权研究院为依托，成立了全国唯一一个人权法学研究会——广州市法学会人权法学研究会，这将更有利于推动人权研究与人权教育向纵深发展。

在广州大学人权研究院的发展过程中，始终以"人权研究""人权教育"为支点。除了承担广州大学本科生、研究生的人权教育外，还对外包括警察、法官、检察官等各种社会群体开展了 50 余期社会培训，培训人数达 5000 人之多。

人权研究也取得相当丰富的成果，其中一项成果便是在《广州大学学报（社会科学版）》开设"人权研究"专栏。该专栏由李步云教授与我共同主持，始设于 2006 年，每单月出版，每期刊出 2—3 篇人权研究文章，至今已有 10 年，陆续刊出人权专业学术论文 100 余篇。但是，这仍然无法从理论研究层面全面体现我国人权事业所取得的巨大成就。正是基于此问题意识，广州大学人权研究院决定编辑出版《中国人权研究与教育》，暂定每年出版一卷，在整理、回顾、借鉴、总结《广州大学学报（社会科学版）》"人权研究"专栏成绩经验基础上，探索人权研究成果发表的新途径。

《中国人权研究与教育》欢迎海内外专家学者不吝赐稿，共同推进中国特色人权研究与教育事业的繁荣与发展。来稿惠寄：562646028@ qq. com.

陈佑武

2016 年 12 月

目 录
CONTENTS

法治与人权

人权基础理论

具体人权

人权保障机制

人权教育

法治与人权

The Rule of Law and Human Rights

依法治国基本理念论纲

——关于依法治国的若干理论问题

李步云

李步云[*]

摘　要▶ 本文系统地提出了有关社会主义法治理念的基本理论体系，主要包括依法治国的科学内涵、依法治国的理论根据、法治国家的主要标准与建设法治国家的现实条件。

关键词▶ 依法治国；法治国家；民主政治

一、依法治国的科学内涵

西方所讲法治，我们通常称为"依法治国""建设社会主义法治国家"。这是为了明确揭示"法治"的内涵，便于人们更好地理解与把握；同时也能明白地表示出我们的"法治"具有社会主义的性质。

广义上，"依法治国"包括"法治国家"在内；狭义上，两者又有一定区别。依法治国是一项治国战略方针，其内涵：一是依法治国是一种治国理念和指导思想，即国家长治久安的关键条件，是建立一个良好而有权威的法律制度，而不应寄希望于出现一两个圣王贤君。二是依法治国是一种治国理政的根本准则，即治国要依法，而不能依少数领导者个人的看法来治理，不能长官意志决定一切。法治国家是近代以来一种文明进步的政治法律制度类型，要求具有一系列具体明确的标志与要求。

我国依法治国的历史进程，以党的十一届三中全会为标志，以党的十五大为新的里程碑，经历了早期的理论准备和法治实践，以及后期的正式确立"依法治国"基本方略和进一步推进法治国家建设这两个大的发展阶段。第一发展阶段有五个主要标志：一是党的十一届三中全会公报。它指出："为了保障人民民主，必须加强社会主义法制，使民主制度化、法律化，使这种制度和

---

[*] 李步云，广州大学人权研究院院长、教授。

法律具有稳定性、连续性和极大的权威，做到有法可依、有法必依、执法必严、违法必究。从现在起，应当把立法工作摆到全国人民代表大会及其常务委员会的重要日程上来。检察机关和司法机关要保持应有的独立性；要忠实于法律和制度，忠实于人民利益，忠实于事实真相；要保证人民在自己的法律面前人人平等，不允许任何人有超于法律之上的特权。"二是 1979 年《中共中央关于坚决保证刑法、刑事诉讼法切实实施的指示》。它强调，刑法等七部法律通过后，"它们能否严格执行，是衡量我国是否实行社会主义法治的重要标志"。这是新中国成立后包括党的十一届三中全会以来，在党的重要文件中第一次使用"法治"这一概念。这一文件还决定"取消各级党委审批文件的制度"，取消"文革"中"公安六条"中规定的所谓"恶毒攻击罪"和"反革命罪"。三是在 1980 年五届全国人大三次会议上，时任最高人民法院院长江华所作工作报告提到了"以法治国"，大会批准了他的报告。这是在国家重要文献中第一次提"以法治国"。四是 1980 年 11 月 22 日《人民日报》发表"特约评论员"文章《社会主义民主和法制的里程碑——评审判林彪、江青反革命集团》。该文是应中央领导要求撰写。它所总结的这次历史性审判的 5 条法律原则是"司法独立、司法民主、实事求是、人道主义和法律平等"。该文指出："对林彪、江青反革命集团的审判是我国民主和法制发展道路上的一个引人注目的里程碑。它充分体现了以法治国的精神，坚决维护了法律的权威，认真贯彻了社会主义民主和法制的各项原则……"这是最早提"依法治国"的党的重要文献。五是 1982 年宪法。它的序言庄严宣示："本宪法是国家的根本法，具有最高的法律效力。全国各族人民、一切国家机关和武装力量、各政党和各社会团体、各企事业单位组织，都必须以宪法为根本的活动准则，并且具有维护宪法尊严、保证宪法实施的职责。"这部宪法还恢复了被 1975 年宪法取消的司法独立和法律平等的原则。

依法治国思想是邓小平理论的重要组成部分。他在这一治国方略和奋斗目标问题上的贡献，主要表现在两个方面：一是为依法治国奠定了坚实的理论基础。后面将述及。二是他提出过一系列法治原则，这些原则也正是建设法治国家的基本要求和准则。例如，他提出："搞四个现代化一定要有两手，只有一手是不行的。所谓两手，即一手抓建设，一手抓法制。"建立法制的基本要求是："有法可依、有法必依、执法必严、违法必究。"必须使民主制度化、法律化，使这种制度和法律不因领导人的改变而改变，不因领导人的看法和注意力的改变而改变。"公民在制度和法律面前人人平等"，不管谁犯了法，都要由公安机关依法侦查，司法机关依法处理，任何人都不许干扰法律的实施，任何犯了法的人都不能逍遥法外。"党要管党内纪律的问题，法律范围的问题应该由国家和政府管。党干预太多，不利于在全体人民中树立法制观念。"

1997 年召开的党的十五大是我国实行依法治国的一个重要里程碑。新一代领导集体在实施依法治国问题上继承并发展了邓小平理论。其发展突出表现在以下六个方面：一是通过党内民主和国家民主的正式程序，将依法治国方略和建设法治国家的奋斗目标确立下来；二是对依法治国的科学内涵和重要意义作了全面概括，并将其提高到"治国基本方略"的高度；三是在党和共和国发展史上第一次采纳并使用"法治国家"这一概念，并对其基本内涵和要求作出丰富和发展；四是对人权概念作了充分肯定，并将"国家尊重和保障人权"写入宪法；五是提出了"政治文明"的新概念，将民主、法治、人权从"精神文明"范畴中独立出来，由以往两大文明改为三大文明，凸显了宪法的重要战略地位；六是提出了"以人为本"的科学发展观和构建和谐社会的奋斗目标，为实行依法治国奠定了新的思想内涵和理论基础。

从 1979 年学术界正式提出"依法治国"到 1999 年这一治国方略写进宪法，三大派论争持续了二十年之久。"法治论"主张，要法治不要人治，倡导依法治国；"结合论"认为，法治与人治各有长短，两者应当结合；"取消论"认为，法治是纯西方的东西，提依法治国有片面性，我们讲健全"法制"就可以了。由于倡导依法治国，符合人民的利益，符合时代的精神，符合事物的规律，而逐步为执政党和政府所采纳。了解这三大派所争论的核心观点，对树立正确的社会主义法治理念是十分重要的。

"结合论"的根本错误是，将"法治"等同于"法的作用"，将"人治"等同于"人的作用"。正如有的学者所作形象的比喻："只有将武器和战士相结合，才能产生最大的战斗力。"但这是两个完全不同的概念和问题，从而不符合中外历史上人们赋予法治与人治的本来含义，混淆了法治与人治作为两种完全对立的治国理念和治国原则的界限。

"取消论"的错误之一是，混淆了"依法治国"同"法律万能"论的原则和区别。任何理论与方针政策，都有其特定的含义、内容和适用范围。依法治国最基本的含义是，国家要有一整套良好的法律，任何组织与个人都要严格依法律办事；这并不否认和妨碍我们国家还可以有"双百"方针、"科教兴国""以德育人""构建和谐社会"等治国的方针或发展战略。

"取消论"的错误之二是，误解了制度和人的关系。只强调了"法律是人制定的，也要人去遵守"这一点，没有看到"制度好，可以防止坏人干坏事；制度不好，领导人不能充分发挥作用，甚至会走向自己的反面"。"依法治国"并不否认领导人的作用和他们应有的权威，而只是强调领导人的权力应由法律明确规定，权力应按法定程序行使。

"取消论"的错误之三是，将依法治国同党的领导对立起来。依法治国有利于实现和巩固党的领导，原因在于：在一定意义上，法律是党的政策的具体化、条文化；将党的政策通过法定程序上升为国家意志，可以使党的政策更为妥当和有利于更好地实现；是党在领导立法、执法和司法；在现代，以党代政和以政策代替法律有损于党的形象和威信。但是，实行依法治国，要求党的传统的执政理念和方式作出一些重要改变。

"取消论"的错误之四是，不理解"法制"与"法治"存在的以下三个方面的基本区别："法制"即"法律制度"的简称，它是相对于经济制度、文化制度等而言；法治则是相对人治而言。法律制度是一套法律规则以及宪法与法律怎样制定和实施的一套制度；法治则是与人治完全相对立的两种不同的治国理念、原则和方法。任何一个国家的任何一个时期都有自己的法律制度，但不一定是实行"法治"。希特勒统治下的德国，也有法律制度，但希特勒独裁，其法律具有法西斯的性质，党卫军横行，因而它只有自己的法律制度，而不是实行现代意义上的法治。国民党统治中国 22 年，也是这种情况。

依法治国贵在良法之治。法治有形式法治与实质法治之分。实质法治即良法之治，形式法治则是指不论法律好坏，只要依法办事就是法治。相对近代以来"应然"意义上的法治，古代法治是形式法治。一般说来，古代法治比人治文明进步。近代与现代的良法之治，其主要内容在其法律是否体现法制民主、法律平等、人权保障与权力制约等原则。有人认为"形式法治"比"实质法治"要好，理由是在一定意义上，程序法比实体法更重要。这是一种错误的理解。因为它完全混同了两个不同的问题，不符合中外学者对"形式法治"和"实质法治"通常的理解。"实质法治"并非轻视法律程序的价值，而是相反。

依法治国重在依宪治国。首先，这是由宪法的性质和地位所决定。宪法无权威，难以树立法律的权威，只有依宪治国，才能从根本上保障人民的利益和国家的长治久安。其次，同"依法治国首先要依法治官"的现代法治精神相关联。领导干部守法，就会影响一般干部守法。最后，也同我国宪法缺少应有权威，实施并不理想有关。

依法治国首先要依法治"官"。依法治国既治"民"也治"官"，但根本目的、基本价值和主要作用应当是治官。这是因为，虽然"主权在民"，但实际掌握和运用权力治理国家的是国家机关及其工作人员；依法治国就是要求他们依法办事，依法用权。而且，受封建主义法律文化的影响，不少人习惯于把法律看作仅仅是管治老百姓的工具。还有，权力腐败现象，同缺少这种认识和依法治"权"力度不够是分不开的。

一个国家只能有一个"治国基本方略"。在我国，它就是"依法治国，建设社会主义法治国家"。"以德育人""科教兴国""人才强国""构建和谐社会"等战略，都不能称其为"治国基本方略"，原因是"治国基本方略"必须具有以下四个特点和要求：一是全局性。宪法是治国安邦总章程，法律则是具体章程；各个方面的方针政策都必须纳入法治轨道。二是根本性。除各种发展战略和方针政策，法律还要对国家的各种政治、经济、文化基本制度作出明确具体规定，否则国将不成其为国。三是规范性。宪法和法律具有明确、具体、可操作的特点，这是政策、道德等所不具有的。四是长期性。任何发展战略与方针政策都有一定的时间性，唯有法律同人类社会共始终。

"治国基本方略"主要通过"法治国家"来体现与实施，即通过制定出一整套完备而良好的法律并运用一系列原则与制度以保证其实施。这正是"法治国家"这一概念的意义和价值所在。

确立社会主义法治国家的标准、原则和要求，既要坚持全人类共同的价值追求和经验积累，又要从本国的具体国情出发；既要坚持社会主义的理想追求，又要具有中国特色；既要坚持一些基本原则和要求，又要寻求其实现形式的多样性，以及发展过程的阶段性。

二、依法治国的理论根据

依法治国的提出不是哪个人或哪些人一时的心血来潮或主观臆造，而是历史发展的客观规律，是人类文明进步的必然趋势，是各国人民根本利益的意志的集中反映，是通向国家富裕人民幸福的必由之路。

首先，依法治国是市场经济的客观要求。从根本上说，这是由市场经济自身的性质和特点所决定的。市场经济以市场主体多元为基础，以追求经济效益最大化为主要追求，以平等与自由交换为基本特点。这就决定了，在广大市场领域必须用法律手段来调整各种关系。这同计划经济主要可以用行政手段来调整各种经济活动是完全不同的。

市场经济与计划经济相比，势必产生两个弊端。一是起跑线平等了，但由于人们不同的主客观条件所决定，竞争的结果必然是贫富差距加大。二是这难免会产生各种假冒伪劣、坑蒙拐骗、不正当竞争和引发政治、经济、文化领域的种种腐败现象。这些都要求用法律手段来解决，即必须建立和完善劳动与社会保障法律体系和市场规制法律体系。这同计划经济条件下的法制是完全不同的。

国际经济一体化形成后，各国市场经济必须也必然纳入国际经济大循环的轨道。一国法制不完备，法治不昌明是根本不行的。扩大对外贸易，引进国外资金和先进技术，开展科技与文化的广泛交流，都要求有完备而健全的法律制度，并同国际通行规则和惯例接轨。

其次，依法治国是民主政治的重要条件。"主权在民"是现代民主的理论基础和根本原则。它同封建专制主义的"主权在君"相对立。虽然"国家的一切权力属于人民"，但不可能人人都来直接管理国家。这就需要实行"代议制"，即公民通过行使选举权产生议会和政府，由它们代表人民行使管理国家的权力。但国家机构及其工作人员产生后，他们可能权力无限或乱来，这就产生了现代宪法，借以规范政府的权力和保护公民的权利。不依宪和依法治国，"人民当家做主"是根本靠不住的。

中外正反两方面的经验都已证明，公民的民主权利、国家的民主体制和各种具体制度、政治决策和立法、执法、司法、护法的民主程序和民主方法，如果不通过宪法和法律加以规范化、具体化、并使这种法律具有极大权威，民主就可能产生异化，国家公仆就会变成国家主人。邓小平同志提出的民主必须制度化、法律化，一个重要依据就是基于"文革"的历史教训。

再次，依法治国是人类社会文明的主要标志。法律具有工具性和伦理性双重价值。法律是集中多数人的智慧制定出来的，总比少数人决定和处理国家大事要符合事物的规律和多数人的意愿。法律具有规范、指引、评价、预测、教育、惩戒等社会特有功能。因此，它是认识和改造世界的工具。但是它又是人类社会文明高低和有无的主要标志。我国过去曾有不少人将法律仅仅看成是工具，这是以政策代法律，长官意志决定一切的重要思想根源。

法律的伦理性价值主要表现在两个方面。其一是人类社会自始至终存在三个主要矛盾：（1）社会要有秩序，但人们的思想和行为应当是自由的。（2）人有物质与精神利益的需求，而人们彼此之间和个人与社会之间常常存在利益冲突。（3）社会组织或政府同社会成员或公民之间的矛盾。这就需要一种必须全社会共同遵守的规则来调整，这种规则就是"法"。没有法，社会必然会出现专制主义或无政府主义、有秩序无自由或有自由无秩序、我侵犯他人利益或他人侵犯我的利益，社会就不会有最起码的文明，社会能否存在都是问题。法律不是万能的，但人类社会没有法律是万万不能的。

其二是法律的伦理性价值还是由法律自身的特性所决定。法律具有以下特性：（1）一般性。它是为全社会制定的，因此所有个人和社会组织都要遵守。（2）平等性。如果有人在法律面前享有特权，法律就不能体现正义，也不会有权威与尊严。（3）公开性。内部规定不是法。用公民无从知晓的内部规定去处理人们的行为是不公道的。（4）不溯及既往性。如果用今天才制定出来的法律去处理人们过去发生的行为，也是不公平的。中国古代最早的"法"

字是一只代表公平正义的独角兽，西方许多"法"字是一个内涵公平正义的多义词，同法自身这些特点分不开。

法治是政治文明的重要内容。1996年前，我国是"物质文明"和"精神文明"一起抓，执政党和国家政权机关的一切文件，都是把"民主"和"法制"纳入"精神文明"的范畴。1996年11月，有学者提出了"制度文明"的概念，认为应当是"三大文明"一起抓。理由是，民主思想和法制观念是存在于人们头脑中的东西，属于精神文明的范畴；但民主制度和法律制度是存在于人们思想意识之外的具体的活生生的社会存在，应当是独立于两类文明之外的"制度文明"。党的十六大报告，采纳了学者们的建议，提出了政治文明的概念，从而提升了民主与法治的战略地位。

最后，依法治国是国家长治久安的根本保证。两千多年来中外历史上一直存在法治好还是人治好的争论，其核心是在一个问题上思想家和政治家们有着完全相反的回答：一个国家的兴旺发达和长治久安，关键的决定性的因素和条件，是国家出现一两个英明的君王或领袖人物，还是应当寄希望于建立一个良好的和有权威的法律和制度。对这一问题的不同回答，就出现了是实行法治还是人治的两种不同的政治实践。一般说来，主张与实施法治的政治家代表了当时进步阶级与阶层的要求，反映了当时人民大众要求社会稳定和进步的愿望。

对于前面这个问题，马克思、恩格斯、列宁、毛泽东等领袖人物从来没有提出过，邓小平同志不仅提出了，而且作了正确与深刻的回答。他总结了共产主义运动正反两方面的历史经验和教训，在一系列文章和讲话中反复提出和强调，"不能把希望寄托在一两个领导人的威望上"，认为"这是靠不住的，难以为继的"，"不出事没有问题，一出事不可收拾"，并把这个问题提到"党是否改变颜色"的高度。他的这一思想为在我国实行依法治国奠定了坚实的理论基础。我国过去民主法制不健全，一个重要的思想根源，就是不理解发展民主、实行法治、保障人权对国家兴旺发达和长治久安的关键性作用，而把国家和民族的全部希望都寄托在一两个领袖人物的身上，在地方则寄托在一两个主要负责人身上。

概括中外思想家有关法治优于人治的论据，主要有以下几点：一是法律的制定总是这样或那样集中了多数人的智慧，比个人的意见和看法要高明；二是法律具有正义性，实行人治难免出现偏私；三是法律是公布周知的，可以防止暗箱操作产生腐败；四是法律具有稳定性和连续性，不因领导人看法和注意的改变而改变，不因领导人的去留而随意改变；五是法律具有平等性，可以防止种种特权与专横；六是法治实质是众人之治，总比少数人决定一切要开明，如此等等。很显然，这些论据是站得住的。

三、法治国家的主要标准

近代以来西方学者对法治原则提出过各种主张。例如，英国学者戴雪认为，法治有三条标准，即法律具有至尊性，反对专制与特权，否定政府有广泛的自由裁量权；法律面前人人平等，首相同邮差一样要严格遵守法律；不是宪法赋予个人权利与自由，而是个人权利产生宪法。美国学者富勒认为，法治的原则有八项：法律的一般性、法律要公布、法律不溯既往、法律要明确、避免法律中的矛盾、法律不应要求不可能实现的事、法律要有稳定性、官方的行动要同法律一致。确立我国的法治原则，既要坚持人类共同价值，又要从我国的具体国情出发，还要内容全面、深刻，表达扼要、简明。我们主张可归结为如下十项：

第一，法制完备。要求建立一个门类齐全、结构严谨、内部和谐、体例科学的法律体系，做到上下（上位法与下位法）左右（此部门法与彼部门法）前后（前法与后法）里外（国内法与国外法）彼此之间统一、协调、不相互矛盾和彼此脱节。有法可依是依法治国的前提，"法律体系"科学合理，是"良法"的一个形式要件。

党的十七大报告指出，"中国特色法律体系基本形成"，但还要"不断完善中国特色社会主义法律体系"。法学家有人认为，我们过去立法过快过多，是搞立法"浪漫主义"，并把法律执行不好归咎于它。后者有很多原因，同我们的立法没有多大关系。现今某些西方国家进行的法制改革内容之一，是将过于庞杂繁琐的法律体系改得相对简单明了一些，便于人民掌握。我国不存在这种情况，问题倒是相反，有些法律过于原则，不便操作；有些法律缺少"法律后果"的设计，成了"没有牙齿的老虎"。

"法律冲突"在任何国家都难以完全避免，但我国问题过多。其原因，一是经验不足；二是管理权限交叉过广、界限欠明；三是地方与部门保护主义作怪。解决办法是，要加快加大培养立法人才，完善行政管理权限的划分，用各种法律、政治和行政手段解决地方与部门保护主义问题，在广大干部中牢固树立"法制统一"理念。

第二，主权在民。要求法律应体现人民的意志和利益，实现民主法制化和法制民主化。前者包括民主权利的切实保障，国家政治权力的民主配置，民主程序的公正严明，民主方法的科学合理。后者包括立法、司法、执法、护法等法制都要做到民主参与和民主监督。人民代表大会、人民政府、人民法院、人民检察院的"人民"二字应当真正成为"社会主义法治国家"最根本的"中国特色"。

进一步提高法制民主化水平，今后一个时期应采取的措施主要有：在法制的各个环节加大公开性和工作透明度。这是在法治领域公民参与和监督的前提。在立法领域，应发展与完善公民旁听人大会议制度、立法听证制度、法律草案全民讨论制度等。在司法领域，要彻底实行法定的公开审判、辩护、回避以及陪审员、律师等制度，克服行政式管理模式。

第三，人权保障。国家工作人员要实践"为人民服务"的宗旨，就必须切实谋求和保障公民的各种利益。在现代民主法治社会里，人民的各种利益，必须也必然通过法律作出具体和明确的规定，并运用法律的权威予以保护。这就表现为公民在宪法和法律上的种种权利。全部法律有两个基石范畴。私法主要调整公民彼此之间的"权利"关系；公法则主要规范立法、行政、司法等国家机关内部的"权力"关系，以及国家权力与公民权利之间关系。但是，国家"权力"存在的意义和价值，是为保障公民的"权利"服务的。正是在这个意义上，我们可以说"法学就是权利之学"；"保障人权"即争取、促进和保护人民的各种利益，乃是全部法律的根本目的。

"人权的彻底实现，是全人类共同的理想"，更是共产党人矢志不渝为其奋斗的伟大目标（参见 1991 年国务院《中国人权状况》序言）。遗憾的是，在一个时期里人权被视为是"资产阶级的口号"。其实，社会主义者应当是最讲人权的。理由是，不管人们对社会主义有什么不同看法，但是有三个追求是人人都会同意的。即我们所追求的理想社会，是一个"人人自由、人人平等、人人富裕"的社会。而自由、平等、富裕正是现代"人权"最主要的内容。因此，社会主义者应当是最进步的人道主义者，是最坚定的人本主义者，也是最彻底的人权主义者。

人权是人依据其本质和人的人格尊严和价值所应当享有的权利，不是任何外界的恩赐。只要是"人"就应当享有各种权利。人权的本来含义是一种"应有权利"，不以法律是否规定为转移。因为法是人制定的，他们可以通过法律确认和保护人应当享有的种种权利，他们也可能不这么做。但在民主法治社会里，法律是保障人应当享有的权利的最有效的手段，因而法律上的权利是一种更明确具体和可以得到更好实现的人权。法律规定了应有人权，但不一定能享受和得到保护；法律不规定，也不一定就一点人权都享受不到，因为各种社会组织的章程、乡规民约与文化传统、道德伦理以至宗教，都可能对人的应有权利的实现起这样或那样的保护和促进作用。依据人权"三种存在形态"理论，任何人不论其处于何种社会地位或状况，他（她）们都可以对国家、对社会、对他人理直气壮地大声说，你们应尊重而不能侵犯我作为一个"人"所应当享有的权利。

人权的内容是发展的，在现今时代是十分广泛的。按其性质与特点不同，可以分为以下五大类，即人身人格权利、政治权利与自由、经济社会文化权利、社会特殊群体权利、国际集体人权。将什么是人权理解得过于狭窄，不利于将我国的许许多多的政策和措施提高到人权的高度来认识；不利于对外对内宣传，提高国家的国际形象。党的十七大报告具体列举了许多权利，如知情权、参与权、表达权、监督权等，而其中许许多多的政策和措施，实际上就是人权问题。例如，"三农"问题是全党工作的"重中之重"。"三农"问题实质是农民问题；农民问题实质上是八亿农民应当享有平等参与发展和平等享有发展成果的权利。"就业是民生之本"，这就是劳动者的"工作权"。深得党心民心的整个"民生工程"就是人权问题。而且，在中国具体条件下，在政治与经济两类权利并重的前提下，是我们应当优先发展与保障的人权。

第四，权力制约。依据现代民主原则，建立起分权、权力相互制约的国家权力结构体系，是现代法治国家的一个重要特征。权力不受制约必然腐败这一铁的规律，已经在全党全国取得共识。十七大报告为此强调："要建立健全决策权、执行权、监督权既相互制约又相互协调的权力结构和运行机制"，要正确树立国家的权力观，搞清楚国家权力与公民权利两者的区别及其相互关系是十分必要的。中国法理学界受美国一位学者的影响，将国家的职权与职责，纳入权利与义务的范畴，因而所有法理学教材都没有专辟章节对国家的职权与职责的特点与规律作出理论说明。有些重要文件也曾混淆过权力与权利这两个不同的概念。

国家权力与公民权利，在表现形式、科学内含和价值追求上有以下八点区别：（1）国家职权与职责相对应，在法律上两者是统一的；宪法和法律赋予某一国家机关或工作人员以一项职权，同时意味着它承担该方面的责任。公民的权利与义务相对应，两者是分离的，权利是权利，义务是义务。（2）国家权力不能转让或放弃，否则就是违法或失职；可以在某种特定条件下授予下级机关的某项权力，但必须经一定法定程序。公民的权利则可转让或放弃。如公民可以放弃投票，或将财产赠予他人。（3）国家权力伴随着强制力，有关个人或组织必须服从；公民权利在法律关系中则彼此处于平等地位。（4）国家权力的本质属于社会权威范畴，不能将其归结为是一种利益；公民权利的本质则是利益。（5）职权与职责，职责是本位的，法律赋予某一国家工作人员以权力，首先意味着这是一种责任；公民的权利与义务，则应以权利为本位。（6）对国家，法不授权不得为；对公民，法不禁止即自由。此即法无明文不为罪，不受罚。人的行为应受道德约束，但那是另一个范畴的问题。（7）是公民的权利产生国家的权力，公民通过行使选举权产生政府，政府才具有合法权力。而不是国家的权力产生公民的权利。公民权利是他们所应当享有的。(8) 国家权力是手段，公民权利是目的，国家权力是为实现公民权利服务的。否则国家权力的存在就无意义与价值。清楚了解与深刻认识以上八点区别，对于正确树立公民权利观特别是国家权力观，是至关重要的。

从党的十五大以来，尤其是十七大报告，对完善国家权力的制约和监督机制越来越重视，甚至对领导干部的质询、问责、经济审计、引咎辞职、罢免等具体制度都写进了十七大报告。从理论上概括制约国家权力的基本方法和渠道是四个，即以国家法律规范和制约国家权力，以一种国家权力（检察、监察、审计等专门监督机关）制约国家权力；以社会权利（民主党派、社会团体、新闻媒体等）制约国家权力；以公民权利制约国家权力。制约的基本形式就是"监督"。

第五，法律平等。平等是社会正义的主要内容，是人类理想的永恒主题，是社会文明的基本标志，也是社会主义的根本价值追求。法律平等是指适用法律平等，这同立法平等是相区别的。立法上人民内部是平等的，对少数敌对分子或势力是不平等的。法律适用的基本内涵是对任何社会组织或公民个人，只能适用现行宪法和法律的同一标准，在法律面前不允许有任何特权思想和特权人物存在，也不允许对任何组织或个人有法律之外的歧视。1982 年宪法改变了前几部宪法的提法，用法律面前人人平等替代了"法律上一律平等"，就是考虑到司法上和立法上的这一区别。法律平等不仅是实现社会公平正义的必然要求，也是维护法律统一、权威和尊严的基本条件。

当前在贯彻法律平等原则存在的主要问题是，要通过严惩和教育等措施坚决反对少数司法与行政执法部门仍然存在的办"人情案""关系案""金钱案"等腐败现象，这是诉讼或纠纷中双方难以在权利上得到平等保护的主要原因。同时，要继续加大诉讼中弱势群体的法律援助。还有，必须坚持诉讼两造中原告和被告、控方与辩方在审判过程中一律平等的原则。宪法和法律赋予法院的职责和职权，是准确认定事实，正确适用法律。允许法官可以偏袒与照顾某一方，就会丧失法律的公正和尊严。

第六，法律至上。古往今来思想家和政治家讲的"法律至上""法律至尊"，其含义都是指"法律应具有极大权威"（党的十一届三中全会公报），是指"法律的统一、尊严和权威"。（十七大报告）它不是提倡法律万能，前者是指法的遵守，后者是指法的作用，两者不是一回事。法律至上和人民意志和利益至上完全一致，而且前者是后者的体现和保障。只有把人民的利益和意志体现在宪法和法律中，并赋予宪法和法律以最大的权威和尊严，人民的意志和利益至上才能得到保障。

维护法律权威今后需要解决的主要问题是，坚决反对某些地方或部门制定和推行一些"土政策""土法律"。学术界研究并主张发挥"民间法"的作用，有其合理性，但必须以不违反宪法和法律为前提。实务部门不少人在思考如何防止"党政一把手"权大于法，这是必须从制度设计上认真研究的。

第七，依法行政。西方学者认为，法治就是指政府依法行政。这种看法虽然有很大的片面性，但政府依法行政确实是依法治国的一个重要标志。其理由是，我国大概有百分之八十以上的法需要行政机关执行，因而同广大人民群众的利益息息相关。现今世界与中国经济、科技、政治、文化的发展变化速度非常快，它不像立法机关立法可以从容讨论，它必须迅速决策与行动，比较容易不按法律办事。它是实行首长负责制，不是实行委员会制。司法机关处于中立的位置，而行政机关同行政相对人之间是一种管理与被管理的关系，也容易违法办案与处理纠纷。这些都决定了依法行政对于法治国家建设的意义。

近年来，我国的行政机关在肯定建设"服务政府""有限政府""阳光政府""廉洁政府"等目标的同时，着重地响亮地打出了建设"法治政府"的口号和目标，是完全正确的。建设"法治政府"的口号和目标的提出，将对推进依法行政起着十分重要的作用。目前最重要的任务，是切实贯彻党的十七大报告提出的推进"建设法治政府"，"加快行政管理体制改革"，要"着力转变职能，理顺关系，优化结构，提高效能，形成权责一致、分工合理、决策科学、执行顺畅、监督有力的行政管理体制"。依法行政光靠教育是不行的，要着重在制度保障上下功夫。同时，要切实执行国务院2004年作出的推进依法行政，建设法治政府的决定和落实它所提出的各项具体目标和措施。

第八，司法独立。在现代，司法独立作为一项法治原则，同时具有三重属性。作为一项法治原则，其作用在于排除来自外界的任何干扰，保证审理案件做到客观、公正、廉洁、高效。作为一项民主原则，它是建立在分权与制约的理论基础上，是现代民主政体一个十分重要的环节。作为一项人权原则，其含义是，一个人当被指控为犯罪嫌疑人时，他有得到一个独立而公正的审判机关审判的权利。司法独立原则在1954年宪法中的表述是"人民法院独立进行审判，只服从法律"。1982年宪法的表述有所改变。有人据此提出"司法独立"概念不科学，这是不正确的，我国不仅在民主革命时期根据地的法律中多次使用这一概念，而且叶剑英同志担任1982年宪法修改委员会主席时，他在代表中央作该委员会第一次会议的讲话，也使用了"司法独立"一词。况且，联合国1985年已生效的《关于司法机关独立的基本原则》，我国作为联合国成员国有义务遵守这一国际法。

党的十七大报告提出，要"深化司法体制改革，优化司法职权配置，规范司法行为，建设公正高效权威的社会主义司法制度，保证审判机关、检察机关独立公正地行使审判权、检察权"。必须加强研究，认真贯彻。我们认为，选择适当时机，修改现行宪法第 126 条是完全必要的。"干涉"是个贬义词，行政机关不能干涉，各级党组织和各级人大也不能干涉。党要领导，人大要监督，那是另外一个问题。为了克服地方保护主义，对重大疑难案件，公检法作一定的交换看法和协商是可以的，但是最后应严格按法律程序办事，而不能由某机构或个人对如何定罪量刑最后拍板定案。

第九，程序正当。法律程序是法的生命存在形式。在一种法律制度里，不可能只有实体法而无程序法，古往今来无一例外。法律程序具有工具性和伦理性的双重价值。好比工厂需要有科学的生产流程才能生产出好的产品；司法机关也需要有科学的法律程序，才能作出正确的判决和裁定。尤其是公正的法律程序，能体现立法、执法、司法、护法等国家权力的科学配置与程序约束，也体现了公民的各种权利在程序中的应有保障。由于历史的现实的多种原因，中国一直存在重实体、轻程序的倾向。十分重视程序，也是西方社会法治国家的一大特点。在我国，将程序正当作为建设法治国家的一大标志是十分必要的。

党的十七大报告对程序问题十分重视，如强调要"推进社会主义民主政治制度化、规范化、程序化""善于使党的主张通过法定程序成为国家意志"等。证明全党的程序意识在大大加强。我们应坚持并实践《立法法》的明确规定，严重违反立法程序的法律、法规、规章作出的决定应宣布为无效。严重违背诉讼程序的判决和裁定，应驳回重审或决定其不具法律效力。应通过三大诉讼法的修改，在诉讼程序的民主、公开、公正、严明上大大向前推进一步。

第十，党要守法。近代以来世界各国通常是实行政党政治。把政党制度规定在法律中虽然相对较少，但政党尤其是执政党要严格在宪法和法律范围内活动，已经成为一种宪法文化，否则选民不会投票给那些经常违反宪法和法律的政党。在我国，实施依法治国的基本方略，必须"坚持党的领导、人民当家做主、依法治国的有机统一"。改革开放以来 29 年的历史和现实经验证明，我们在民主法制建设上所取得的举世瞩目的伟大成就，没有党的正确领导是不可想象的。但是，在实行依法治国基本方略和确立"建设社会主义法治国家"的奋斗目标后，党的执政理念和执政方式必须也已经发生重大变化。其中一个重要决定是党的十二大通过的党章明确规定"党的组织应当在宪法和法律的范围内活动"。

自党的十六大以来，以胡锦涛总书记为首的党中央提出了一系列思想与原则。如"立党为公，执政为民""情为民所系，权为民所用，利为民所谋""民主执政、科学执政、依法执政"等。这次党的十七大又正式确立了以"以人为本"为核心的科学发展观和构建"和谐社会"的战略目标；还再次明确强调"各级党组织和全体党员要自觉在宪法和法律范围内活动，维护宪法和法律的权威"。今后的任务主要是坚定地坚持这些理念和切实落实各种执政方式和具体制度的改革措施。

四、建设法治国家的现实条件

任何社会制度的构建，都是人们主观认识与意志的产物，但这种认识与意志必须符合事物自身的客观性质和发展规律，以及一个国家当时当地的经济、政治、文化、社会的现实条件。依法治国方略的实施和现代法治国家的建设，也不例外。

社会主义法治同当代西方的法治，其基本理念和制度建构，有其相同处，也有其不同处；两者是普遍性和特殊性的辩证统一。现代西方法治和当代中国法治的具体模式及其发展水平，也都由某些共同的客观规律及特定的现实条件所决定。现代法治主要是建立在经济、政治、文化和社会基础之上：

第一，市场经济。马克思主义的一条重要原理是：经济基础决定上层建筑。在古代经济奴隶依附于奴隶主，农民依附于地主的制度下，不可能产生现代意义上的法治。经济上奴隶与农民无平等与自由可言，政治上也只能有君主专制而无民主可言。无普遍意义上的即对任何公民都适用的人权与民主，当然也不可能存在现代意义上的法治。

由市场经济自身的性质与特点所决定，必然带来两大社会关系的变化：一是由过去的"大国家，小社会"变为"小国家，大社会"。因为在市场经济条件下，不能像实行计划经济那样国家什么都管，因而逐步形成"市民社会"或"公民社会"，即在社会生活的广大领域形成"自治"，并通过各种中介组织架设一座公民与国家的桥梁。二是由过去"人身依附"变为"人身自由"。因为所有制单一、经济权力高度集中的条件下，劳动者必然依附于某个"单位"而很少有择业等自由。相反，市场经济则要求劳动者既需要也能够自由择业。这两大社会关系的变化必将为实现民主、法治与人权提供现实的经济社会条件和制度性基础。

由市场经济固有的性质和特点所决定，它还必然带来五大观念的变化，即主体意识、权利意识、平等观念、自由观念、民主思想。这是因为，市场经济是多元经济主体可以自主地依照价值和利益原则进行平等和自由的交换；而现代企业尤其是股份制企业亦是依照民主原则进行组建与运作。这五大观念的变化虽然是潜移默化地产生的，但势必为人们要求实现民主、法治与人权奠定思想基础。

在我国，建设现代市场经济和提高开放型经济水平不可能一蹴而就。从党的十七大报告关于"完善基本经济制度，健全现代市场经济体系"和"拓展对外开放广度和深度，提高开放型经济水平"所提出的未来五年的任务可以看出，它必然经历一个长久的历史过程。这也决定了在我国建设法治国家将是一个长久的历史性任务。

建设法治国家的经济条件的另一个方面是经济发展水平。市场经济本身不是终极目的，它的主要任务是保证经济得到更快更好的发展。历史唯物论的一条基本原理是，人活着，首先要有衣食住行的满足，而后才能从事政治、社会以及文学艺术等活动。这是恩格斯在《在马克思墓前的讲话》中提出的著名论断。法律的工具性价值的一个根本任务是更快更好地发展经济。而经济发展水平又直接影响与决定一个国家的科学、教育和文化发展程度，从而影响与决定法治国家建设的形式和进程。我国现在还有两千多万贫困人口，即2020年我国方可进入"小康"。在一定意义上可以说，到21世纪中叶，我国实现现代化之日，也将是法治国家建成之时。为此，必须坚持科学发展观，依照"第一要义是发展"的指导思想，聚精会神搞建设，一心一意谋发展，为建设法治国家打下坚实的经济基础。同时，应坚持"生产力标准"，将发展经济作为法治建设的重要价值追求。

第二，民主政治。现代法治国家必须建立在现代民主政治的基础上。在一个实行专制或民主很不充分的国家里，不可能建成现代法治国家。世界上任何国家概莫能外。立法机关只有让人民代表或各种形式的民意代表能够自由地充分地行使自己的政治权利和表达政治主张，只有在立法中通过各种形式让广大公民能够充分表达自己对法律制定的意愿，所立之法才能真正反映和体现全体公民的共同利益。行政机关只有让公众充分参与决策与执法，对其执法活动实行全面监督，依法行政和建设法治政府才有可靠保证。司法机关只有切实实现审判公开、辩护、回避、上诉等现代司法民主原则，才能实现司法公正。

政党政治是现代政治的重要特征。一党执政多党合作是我国社会主义民主政治的一个基本特点。这是历史的选择，更是人民的选择。中国共产党的这种政治优势，不是建立在"权力"上，而是建立在群众拥护上；它不是凌驾于国家和法律之上，而是在国家机构之内民主执政，在宪法和法律范围之内进行活动。特别是改革开放以来，在这样一个地域辽阔、人口众多、改革力度之大、速度之快为人类历史所罕见的三十年里，能够在经济、政治、文化领域取得举世瞩目的伟大成就，有力地证明了中国现在的政治体制是合理，是深为广大人民群众拥护的。只要坚持党的领导、人民当家做主和依法治国的有机统一，切实做到人民当家做主，切实做到依法治理国家，对现在中国的基本政治体制进行深入改革，建成一个社会主义的法治国家是完全可能的。

为了进一步实现人民当家做主，为实现依法治国奠定坚实的政治基础，党的十七大报告提出了"人民民主是社会主义的生命"的新命题，并作出了一系列重大决策，如"要健全民主制度，丰富民主形式，拓宽民主渠道，依法实行民主选举、民主决策、民主管理、民主监督，保障人民的知情权、参与权、表达权、监督权"。要"支持人民代表大会依法履行职能，善于使党的主张通过法定程序成为国家意志"。要"支持人民政治协商围绕团结和民主两大主题履行职能，推进政治协商、民主监督、参政议政制度建设"。要"坚持多民族一律平等，保证民族自治地方依法行使自治权"。要"发展基层民主，保障人民享有更多更切实的民主权利"，并以此"作为发展社会主义民主政治的基础工程重点推进"。执政党从中央到地方、从各级干部到广大党员，民主意识的不断提高，已经成为不可逆转的发展趋势，也必将成为推进社会主义法治国家建设历史进程的强大动力。

第三，理性文化。这是全面落实依法治国方略，加快建设社会主义法治国家必不可少的思想条件。思想是行为的先导，文化是制度的根基。在一个教育发展水平和全民文化程度不高的社会里，不可能建设成现代法治国家。党的十七大报告，作出了"推动社会主义文化大发展大繁荣"的战略决策；提出了"教育是民族振兴的基石"的科学论断，制定了"优先发展教育，建设人力资源强国"的基本方针。坚持这一战略思想与方针，是精神文明与政治文明相互促进的重要保证，是加快建设社会主义法治国家的基本条件。

党的十七大报告提出，要"深入开展法制宣传教育，弘扬法治精神，形成自觉学法守法用法的社会氛围"。自1985年开始的"一五"普法教育坚持至今，已经取得重大成就。"四五"普法期间，党中央政治局每年至少举办1次法治专题集体学习，全国人大常委会每年都要举办6次法治讲座，国务院常务会议、全国政协常委会也经常组织政治学习；现已举办省部级领导干部法制讲座360多场，参加人员达1.5万多人次，8.5亿普法对象接受教育。党的十七大选出的新的中央领导集体第一次学习的内容又是"依法治国"。这是世界上任何一个国家都不想做、不敢做、也做不到的事。它充分说明了中国党政领导人对实现依法治国的高度重视和推进社会主义法治国家发展进程的决心。中央近年来又提出了要在全国开展社会主义法治理念教育，这是对普法教育的一个新的提高和推动。即从过去着重法律知识的普及发展到以提高对法治理念的深入研究和教育，以弘扬法治精神为主旨。这是一项建设社会主义法治国家的基础性工程。

第四，和谐社会。建设法治国家与构建和谐社会是密切不可分割的，是互为手段与目的。"和谐社会"具有三重属性：它是一种理论观念为全人类所共同信仰；它也是理想社会的一个重要特征，为全人类普遍向往与追求；它还是解决各种社会矛盾与冲突，制定各种相关政策的指导方针。构建"和谐社会"提出的历史和现实背景是多方面的。它既是解决当代中国发展阶段面临种种社会矛盾现实需要的理论表现，也是对中国曾长期奉行"以阶级斗争为纲"的思想路线和"文革"悲剧的深刻反思，还是对人类要求和平与发展强烈愿望的集中反映。

构建和谐社会需要有经济、政治、文化的各种手段与条件，但法律有其特殊的功能和作用。这是由法律具有如下四个基本特性所决定：第一，法律具有利益性。法律是"社会关系的调节器"，而各种社会关系本质上都是利益关系。社会不和谐所表现出来的种种冲突和对抗，归根结底都是不同人群之间的利益冲突。它们虽然需要通过各种方式和渠道解决，但法律是利益调节的一种最具体、明确、普遍与终极的方式，因而也是一种最根本和最有效的途径。第二，法律具有正义性。正义、自由、公平、人道、宽容、诚信，都是现代法律的内在精神。构建和谐社会需要"以德育人"，但建设法治国家则是其决定性的因素和条件。第三，法律具有工具性。它通过自身所固有的规范、指引、统一、预测、评价、教育、惩戒等社会功能，发挥其认识和改造世界的特殊作用。它不仅可以保障各种解决社会对抗和冲突的政策、方案落到实处，而且可以通过促进三大文明建设得到快速平稳的发展，为构建和谐社会提供更好的基础性条件。第四，法律具有权威性。法律是国家统一制定或认可的并依靠国家强制力保证其实施的行为准则。再复杂再尖锐的社会对抗和冲突的解决，一经纳入法治的轨道，即可以最少的代价而得到最公正与合理的结果。试图通过暴力、专制、霸权与恐怖的手段来解决各种社会对抗和冲突，终将被法治的途径所取代。这是历史发展的必然趋势。

构建和谐社会对建设法治国家的意义主要在以下几方面：首先，构建和谐社会的战略思想，它的"民主法治、公平正义、诚信友爱、充满活力、安定有序、人与自然和谐相处"的总要求，以及"使全体人民学有所教、劳有所得、病有所医、老有所养，住有所居"等具体要求必然带来的一系列具体政策措施，应成为今后立法工作的重要指导原则和重要任务。其次，它将对执法和司法有重要指导作用。如"宽严相济""刑事和解"等政策的提出，就同构建"和谐社会"战略的提出密切相关。再次，从内容到形式，"和谐"理念对建立我国的统一、和谐、协调的法律体系有重大指导意义。最后，社会各个方面的和谐，将为立法、执法、司法和护法提供良好的环境。

建设社会主法治国家，是一项艰巨的长期的历史任务。它同我国的物质文明和精神文明建设、同民主政治和人权保障，必然同步进行，并相互依存、相互影响、相互制约。我国经济、政治、文化发展水平还不高。我国人口众多、幅员辽阔，地区发展不平衡，经验的积累也需要一个过程。因此，建设社会主义法治国家不能操之过急，必须有领导、有组织、有计划、有步骤地进行。严重脱离现实条件的举措，效果必然适得其反。但是更不能停步不前，治国方略应当"全面"落实，法治国家必须"加快"建设。这是民族振兴的千秋大业，是文明进步的必由之路。

在中国建设法治国家这一理想一定会实现。这是因为：首先，民主、法治、人权、自由、平等、博爱是广大人民群众的根本利益和愿望所在，而现在人民的政治觉悟已经大大提高；其次，市场经济建设已不可逆转，它必然带来两大社会关系和五大观念的变化，为现代法治建设提供社会和思想基础；再次，由国际经济一体化所决定，中国实行对外开放政策已不可改变，这是建设现代法治的国际环境；最后，现在执政党的政治思想路线完全正确，这是实现现代法治的国内政治条件。主观上，建设社会主义法治国家的快慢，在很大程度上将取决于法学家们独立和理性的思考，取决于政治家们的远见卓识与胆略。

（载《广州大学学报（社会科学版）》2013 年第 7 期）

论我国宪法文本中的人权逻辑

吴家清[*]

摘　要▶ 从我国宪法文本观察，基本权利的发生、成长和实现体现出独具特色的逻辑。宪法文义所体现出的人权的历史性和阶级性与宪法所确立的国家意识形态理论具有一致性。公民基本权利体系缺乏一种内在的一以贯之的逻辑自恰性，基本权利的国家保护义务相关条款与宪法适用的逻辑存在落差。如何弥补我国宪法文本中的人权逻辑缺失将成为宪法适用的重大课题。

关键词▶ 宪法文本；人权逻辑；宪法适用

宪法中的权利规范具有抽象性和开放性，是人权理念不断实证化的结果，只有从人权的历史中才能得到正确的理解。对宪法文本进行解释，对于不尽完善的法律规范，运用法律解释方法加以阐释，使之逻辑值大并能切合社会发展要求，是宪法适用的前置任务。无论是文义解释还是体系解释等其他解释方法，人权理念构成了解释者的"前理解"。因此，探讨我国宪法的人权理念就成为宪法研究的重要课题。发现宪法文本中的人权逻辑，并通过适合我国社会发展的人权理念统一那些可能互相抵牾的权利逻辑，是宪法解释的重要环节。作为现代重要价值观之一的人权理念是典型的近代西方文明的产物，其包含的价值内涵层次多、面向广，最近 20 余年来常常成为西方世界与亚洲国家的争执焦点之一。在这种争辩的过程之中，人权观的内涵愈益丰富。以 1991 年国务院新闻办公室发表的《中国人权状况白皮书》为界，此前我国意识形态话语刻意回避"人权"概念，而此后逐渐发展出具有中国特色的人权理念，并积极参与国际人权对话和交流。我国的发展目标模式从"小康社会"到"和谐社会"的演变，人权理念也得以逐渐完善。从我国宪法文本观察，基本权利的发生、成长和实现体现出独具特色的逻辑。

---

* 吴家清，华南理工大学法学院教授。

一、人权的发生逻辑

作为不断创造自己的理想世界而实现自由的动物，公民作为自然人必然有永无止境的属人性需要，人们按照自己的基本权利的需要创设宪法规范的过程就是宪法的发生过程，也是宪法权利规范的发生过程。① 西方大多数国家的宪法或宪法性法律文件都开宗明义地指出"天赋人权"。被马克思赞誉为人类"第一个人权宣言"的美国《独立宣言》宣称："所有人均平等地被创造出来。由造物主赋予生命、自由以及幸福追求等不得侵害之权利"；美国《弗吉尼亚权利典章》指出："所有人均生来平等拥有自由且独立，拥有一定之生来与生俱有的权利"；法国 1789 年《人权宣言》第 1 条亦宣布："在权利方面，人们生来是而且始终是自由平等的。只有在公共利用上面才显出社会上的差别"，《人权宣言》成为法国历史上历部宪法的序言。国际人权文件，例如《世界人权宣言》《公民权利和政治权利国际公约》《经济、社会和文化权利国际公约》等，都不断对此原则加以重申。我国宪法文本里没有明确阐释人权的来源问题，然而仍然可以从宪法序言第 4 段有限的文字中推断出制宪先贤对此问题的决断。"1949 年，以毛泽东主席为领袖的中国共产党领导各族人民，在经历了长期的艰难曲折的武装斗争和其他形式的斗争以后，终于推翻了帝国主义、封建主义和官僚资本主义的统治，取得了新民主主义革命的伟大胜利，建立了中华人民共和国。从此，中国人民掌握了国家的权利，成为国家的主人。"整个宪法序言完整地陈述了中华人民共和国的建国历程，有了国家，然后是人民的权利、国家机构的职权及其运作，反映出独特的人权发生逻辑，可以称之为"历史人权观"。这种人权观，与宪法所确立的国家意识形态理论具有一致性。

从"天赋人权"出发，西方国家的宪法和国际人权文件中强调人权的主体是每一个抽象的人，强调人权的普适性。在《公民权利和政治权利国际公约》等国际人权文书中，有关人权条款的部分几乎都以"人人""任何人""所有人"为主语。从"历史人权观"出发，我国宪法文本则强调人权的阶级性。《宪法》第 2 条规定："中华人民共和国的一切权力属于人民"，第二章则规范"公民的基本权利和义务"。在表述公民基本权利的过程中，不用"人人""任何人"做主语，但在表述公民的义务，或者对公民的权利进行限制规定时，则经常用"人人""任何人"这两个语词。据此推论，我国宪法人权规范中的一般主体是公民中的人民。这也可以从《宪法》第 1 条有关国家性质

---

① 吴家清：《论宪法价值的本质、特征和形态》，载《中国法学》1999 年第 2 期。

的表述中推导出来，"中华人民共和国是工人阶级领导的、以工农联盟为基础的人民民主专政的社会主义国家"。

我国宪法文本中体现出的人权发生逻辑与国际人权文件存在差异，直接影响我们对人权规范、基本权利制度的不同理解。① 2004 年 3 月 14 日，第十届全国人民代表大会第二次会议通过了宪法修正案，增加"国家尊重和保障人权"，首次将"人权"概念写入宪法。此种表述从宪法原则的高度明示了基本人权的宪法地位，即承认了在作为法定权利的公民权利之上还有作为权利根据的人权，使基本权利在宪法文本中的地位得以提升，适应了现代保障人权的价值要求。从我国宪法文本的章节设置来看，从公民的基本权利、国家的基本制度到国家机构的权力配置这样一种合乎宪法精神内在要求的逻辑结构初见雏形。

二、人权的生长逻辑

宪法基本权利也是随着社会进步而不断发展的，对于处于社会转型期的中国来说，基本权利的扩展更为明显，它本身即构成了宪法基本权利结构转型的重要内容。权利种类和内容的扩张与权利保障的逐步落实似乎呈现出递进性，是否能够证明不同人权之间存在价值上的优劣和实施上的优先级呢？

人权是个抽象的名词与概念，经由哲学思潮、历史演进与社会进步过程而逐渐开展。从不同的观点探讨，它隐含着不同的意义；在不同的时代，它也显示出不同的内涵。有些国家、政府或学者主张，在所有人权中，生命与生存权最重要，也是最基本的人权。人权概念并不是不可分割的整体，而在逐步落实中必须考虑社会文化与历史，辨别出重要次序，以逐级达成。管子所谓"衣食足而知荣辱，仓廪实而知礼义"更是历来政治上最紧要的格言，因为若是连肚子都填不饱，生命安全遭受威胁之下，再多的其他人权都是枉然。在"一人一面包"（One man, one bread）实现前，"一人一票"（One man, one vote）是没有多少吸引力的。有的时候，为了首先达成生存权，适度地或全部地牺牲掉其他的权利也在所不惜。历史上，西方社会也不是一出现就具有完整的高度人权，而是逐步实现的，例如美国妇女的平等选举权到了 1920 年宪法第 19 修正案才得到确认。从人权的内涵和外延来看，很多人认为人权经历了三代：第一代是自由权，第二代是社会权，第三代是集体人权，这三者分别发端于近代宪法开始、现代宪法开始和"二战"以后。但以上观点并不能证明不同历史

---

① 吴家清、杜承铭：《比较与调适：我国加入〈公民权利与政治权利国际公约〉的宪法调整问题研究》，法律出版社 2006 年版，第 10 页。

阶段出现的人权之间存在价值优劣和优先级，只能说明国家作为人权的义务方所承担的义务内容的变迁。综合基本权利内容的性质、功能以及与国家的义务内容等因素，基本权利可以分为两种类型：一类包括传统的"自由权"，排除、抵御国家权力干预的权利，属于消极的基本权利；另一类包括政治、社会经济文化权利等，是要求国家权力积极保障的权利，属于积极的基本权利。所谓人权的代级划分只是一个描述性概念，无法涵盖权利之间的关系。大须贺明指出：所谓"第一代人权"与"第二代人权"本质上是相同的，生存权性质的社会权同样承担着保障立宪主义下的市民宪法秩序的职责，在本质上是与自由权具有同样功能的法规范。① 在西方，许多否认社会经济权利的宪法基本权利地位的观点，并不是反对权利本身，而是认为社会经济权利的保护在司法能力之外。他们担心"如果积极权利是不可执行的，宪法本身可能沦落为纯粹纸面上的东西，而且可能会给其他权利带来负面影响"。生存权是否能成为具体的权利，是在于其被作为实际的请求权由立法加以具体化、由行政加以保障、由司法加以救济之时。然而值得注意的是，经济、社会、文化权利的实现需要多种途径，而通过司法只是其中的途径之一。

我国宪法权利的法定形态分散在"总纲"和"公民的基本权利和义务"部分。总纲的法条主要是规定国家的政策方针，但涉及了公民的基本权利；有的法条首先不涉及公民的基本权利，但在实施的过程中获得了公民权利保障的效果，如有关私营经济的第 11 条。宪法第二章以"公民的基本权利和义务"为标题，没有分节，而是从第 33 条到第 55 条逐条列举式地规定了公民的基本权利和义务，没有对于广泛的权利和自由作出科学的分类，缺乏内在的逻辑体系。② 总纲涉及公民基本权利的法条中，有的内容又在第二章加以规定，如第 19 条的内容在《宪法》第 46 条可以找到对应性的规定，第 20 条的内容在《宪法》第 47 条也可以找到相关内容。《宪法》第 33 条是平等权，第 34 条是选举权与被选举权，第 35 条是言论、集会、出版等权利，第 36 条后才涉及信仰、人身自由等公民权利。这种结构安排把政治权利放在公民权利之前，自由权与社会权交叉，与人权发展的历史不一致，而且会造成人们对基本权利的内容、性质、作用与价值产生误解；导致对权利规范内容的明确性不够，甚至产生了一些误读。③

因此，我国宪法文本在基本权利的表达模式上存在缺陷，宪法对公民基本

① ［日］大须贺明：《生存权论》，林浩译，法律出版社 2001 年版，第 9～15 页。

② 许崇德：《中华人民共和国宪法史》，福建人民出版社 2003 年版，第 62 页。

③ ［日］大须贺明：《生存权论》，林浩译，法律出版社 2001 年版，第 62 页。

权利的规定采取逐条列举式的办法，难免挂一漏万，而且缺乏一种内在的一以贯之的逻辑自恰性。因此，在扩充宪法基本权利的内容的同时，更要对基本权利规范的类型逻辑结构和体系按照发展的内在逻辑要求进行必要的调整，实现权利保障和权利限制的逻辑一致性。细化国家限制基本人权的条件，以防止国家权力以公共利益为由恣意地限制公民的基本人权。①

三、人权的实现逻辑

人权问题的基调就是"基本权利的实现"，落实规范社会行为的功能。宪法对基本权利的保障，不仅在于排除国家的不当干预，还在于促使国家通过积极行为，包括立法、司法和行政行为，以保护公民基本权利免受第三人的侵害。国家对公民基本权利的保护义务，是公民基本权利宪法规范的基本内涵，也是公民基本权利得以实现的根本保障。这种保护义务是一种根本法上的义务，即宪法义务。因此，现代宪法文本中应该有相关的条款来确立国家保护基本权利的义务。

依据我国《宪法》第 62 条第 2 项和第 11 项规定，全国人民代表大会行使的职权包括：监督宪法的实施，以及改变或者撤销全国人民代表大会常务委员会不适当的决定。依据《宪法》第 67 条第 1 项、第 7 项和第 8 项，全国人民代表大会常务委员会行使的职权包括：解释宪法，监督宪法的实施；撤销国务院制定的同宪法、法律相抵触的行政法规、决定和命令；撤销省、自治区、直辖市国家权力机关制定的同宪法、法律和行政法规相抵触的地方性法规和决议。准此，全国人大及其常委会实际上是监督宪法实施的一般机关，保障基本权利规范的实现，查处侵犯人权的各种行为。从理论上说，这种查处行为既包括对立法侵犯人权的查处，也包括对行为侵犯人权的查处。2000 年 3 月 15 日，九届全国人大第三次会议通过了《中华人民共和国立法法》，规定了对立法违宪的审查，而对行为违宪的情形至今尚未立法。

《立法法》规定的违宪审查有以下几个特点：审查对象的限定性、审查程序的内部性、启动主体的特定性和审查主体的限定性。审查对象仅限于法律以下的规范性文件，对法律的违宪审查程序缺漏。2004 年 5 月，全国人大常委会法律工作委员会设立"法规审查备案室"，专门审查包括国务院所立行政法规在内的各位阶法规是否违宪违法，使全国人大常委会对违宪违法法规进行审查从而监督宪法实施进入操作层面，其实践意义和理论意义有待观察。有关机

① 刘连泰：《人权的立论逻辑：〈国际人权宪章〉与我国宪法的比较》，载《国家行政学院学报》2001 年第 2 期。

关的违宪审查程序属于系统内的工作程序，没有争议双方的参加，不适用准司法程序。除了进行立法违宪审查的主体可以主动启动违宪审查程序外，只有国务院、中央军事委员会、最高人民法院、最高人民检察院和各省、自治区、直辖市的人民代表大会常务委员会可以强行启动违宪审查程序，其他主体公民无法强行启动违宪审查程序。审查的主体除了权力机关系统的全国人大常委会和省、自治区和直辖市人大常委会外，还包括行政系统的国务院以及省、自治区和直辖市的人民政府。从比较法观察，在许多国家，违宪审查是在法院进行的，不论是普通法院还是专门法院，违宪审查都被纳入了司法程序。根据我国宪法和立法法的有关规定，我国最高人民法院对法规有提请审查权，对法律有提请解释权。最高法院可以通过行使提请权推动我国宪法解释制度和违宪审查制度的进展。① 由于部分行政法规和地方性法规有直接违反宪法的可能性，因此有可能对其进行违宪审查，在这种审查中有可能引发宪法解释。在提请法律解释后，解释机关也可能在进行法律解释中连带出宪法解释。

尽管我国《宪法》第 41 条不是专门规定宪法诉愿制度的法条，但该条包含了宪法诉愿制度的一般性规定，我国的行政诉讼法、国家赔偿法等法律都是该条款的具体化。宪法诉愿源于奥地利的个人诉愿制度，经过瑞士的国法诉愿制度的发展，最后成熟于德国，在宪法法院的职权中，以个人的名义能够提起基本权利救济的只有宪法诉愿制度。② 依据《宪法》第 41 条，公民对于任何国家机关和国家工作人员，有提出批评和建议的权利；有向有关国家机关提出申诉、控告或者检举的权利，但是不得捏造或者歪曲事实进行诬告陷害。对于任何国家机关和国家工作人员的违法失职行为，由于国家机关和国家工作人员侵犯公民权利而受到损失的人，有依照法律规定取得赔偿的权利。《宪法》第41 条所确立的宪法诉愿制度呈现出以下几个特点：（1）诉愿受理主体的广泛性。"有关国家机关"是一个外延宽广的概念，既可以指作出违宪行为的公权力主体自身，也可以指其上级机关，还可以指对其监督的其他机关。（2）处理诉愿案件程序的裁量性。尽管《宪法》第 41 条规定："有关国家机关必须查清事实，负责处理。任何人不得打击报复"，但对于处理诉愿案件的工作程序、时限、公民的救济途径仍然缺少刚性的规定。

宪法用大量的篇幅阐述了人权问题，人权的法定形态分散在"总纲"和"公民的基本权利和义务"部分，内容广泛。我国宪法演进的历史，是一个人

① 马岭：《我国最高法院在违宪审查的作用》，载《学习与探索》2007 年第 6 期。

② 韩大元：《宪法诉愿制度的基本功能》，载《宪政与行政法治评论》（第三卷），中国人民大学出版社 2006 年版。

权不断受到重视、人权日益凸显的历史。尤其 2004 年"国家尊重和保障人权"入宪，表明我国在走向以保障人权为核心的道路上又迈出了新的坚实步伐，宪法权利规范所体现出的人权逻辑发生根本性的调整。如何弥补我国宪法文本中的人权逻辑缺失将成为宪法适用的重大课题。

（载《广州大学学报（社会科学版）》2008 年第 3 期）

中国人权法的发展与国际化法学教育的探索

杜钢建*

摘　要▶ "法治精神"是党的十七大在民主法治建设上的一个新提法，也是继十五大正式确立"依法治国"方略之后，又一个具有战略性号召力的新概念。在改革发展进入关键阶段的新形势下，法制宣传教育工作更应该由注重普及法律知识向注重弘扬法治精神、培育法治观念、引导法治行为方面转变，要结合中国人权的发展与国际化法学教育，通过行之有效的方式、方法和手段，把法治精神、法治理念潜移默化地渗透到公民的思想和行动之中，真正内化于心、外践于行，有效提高全民法律素质，为推进依法治国基本方略的贯彻实施、构建社会主义和谐社会和全面建设小康社会创造良好的法治环境。

关键词▶ 法治精神；国际法学；中国人权；探索

"法治精神"是党的十七大在民主法治建设上的一个新提法，也是继十五大正式确立"依法治国"方略之后，又一个具有战略性号召力的新概念。全面贯彻十七大精神，深入贯彻落实科学发展观，进一步做好国际化法学教育工作，大力弘扬法治精神，形成自觉学法守法用法的社会氛围，为全面落实依法治国基本方略，加快建设社会主义法治国家奠定坚实基础。在改革发展进入关键阶段的新形势下，法制教育工作更应该由注重普及法律知识向注重弘扬法治精神、培育法治观念、引导法治行为方面转变，要结合中国人权的发展与国际化法学教育，通过行之有效的方式方法和手段，把法治精神、法治理念潜移默化地渗透到公民的思想和行动之中，真正内化于心、外践于行，有效提高全民法律素质，为推进依法治国基本方略的贯彻实施、构建社会主义和谐社会和全面建设小康社会创造良好的法治环境。中国思想理论界经过改革开放 20 多年的探讨，逐步形成了关于人权概念和理论的开放性和多元性的研究格局。随着签署国际人权两个公约和加入世界贸易组织，特别是随着人权理念和价值的入

---

* 杜钢建，湖南大学法学院教授。

宪，中国人权法建设的速度在加快。国际化法学教育改革的探索是培养具有人权价值理念的国际化人才的关键。

一、中国人权理论研究的状况

（一）思想理论界对人权的探讨

中国"文化大革命"结束以后，思想理论界对人权概念和价值的探讨经历过四个不同时期。每个时期改革派和保守派的争论都上升到政治高度加以处理。一是反对使用人权概念时期。该时期主流思想基本认为人权概念是资产阶级专利，反对使用人权概念。非主流思想被视为异端处理。二是着重强调人权阶级性时期。该时期主流思想主张讲无产阶级人权。三是探讨人权的人性基础和共同性时期。该时期从中外文化和不同方面认识人权的基本属性。四是关于人权入宪和采用国际人权标准争论时期。该时期反对和赞成人权入宪的争论激烈，涉及如何认识国情文化和采用国际标准问题。

（二）人权法的发展及其课题

中国人权法的发展主要表现在以下几个方面：一是人权入宪有着特殊的政治意义，为法律法规的修改奠定了基础；二是陆续加入一系列国际人权公约，逐步接受国际组织有关人权问题的监督和检查；三是通过修订《刑事诉讼法》《刑法》等法律法规和推进户籍制度改革，加强公民人身权利的保障；四是通过制定《物权法》等法律加强公民经济社会权利的保障；五是通过修订一系列法规规章和推进政务公开改革、政府体制改革、政府审批制度改革和政府职能转变等，加强公民知情权利和其他政治社会文化权利的保障。人权入宪后的课题主要有：一是要加快政治体制的民主化改革，建设保障人权的体制；二是要加强思想言论自由和新闻自由的法律保障机制；三是要建设保障结社自由和宗教自由的法律机制；四是要加强少数民族人权保障的法律机制。

二、全球化背景下中国传统人权思想的价值

在全球化背景下，中国需要在继承传统仁学思想的人权要素的基础上，发展符合国际人权标准的新的国家哲学理论体系，要大胆传承中国传统文化中的优秀思想成果。从不成文宪法角度看，中国古代已有较强的宪法意识。古人提出的一些宪法观念可以成为新时期中国发展宪法所能够利用的重要资源。古人提出的"宪""宪法""宪章""宪纲""宪令""宪则""宪度""宪禁""宪典""宪理""常宪""成宪""遗宪""执宪""行宪""枉宪""违

宪""司宪"等概念，在今天的理论和制度中还没有给予应有的重视。这些概念实际上提出了许多重要的宪法理论范畴和制度原则。它们还有待于今人作进一步的探讨和拓展。其中有些概念如"司宪"和"宪度"等如果经过认真研究和深入拓展，将在很大程度上有利于宪法理论研究现状的突破和制度的完善。

实现儒学向现代转换的突破口何在？这就是"良心"的概念。良心是儒学内圣思想的集中表达，也是由内圣而外王的出发点。良心论体现出儒学的仁爱平等思想，并内在地含有自由人权的主张。对于仁爱观念，当代海外新儒家杜维明先生和刘述先先生已经给予了高度重视。但是，从仁爱讲出平等，并将仁爱和平等上升为权利意识，坚持以仁爱平等权原则作为实现内圣外王的指导原则，这些是当代海外新儒家尚未完成的任务。仁爱平等必然要求实现良心自由。仁爱自良心出，平等由自由始。良心自由既是个人内圣之路，又是个人达于社会和国家的必由之径。良心自由直接要求由内圣而转为外王。由良心自由开出的外王事业自然是以个人为本位的维护思想言论自由和其他良心表现自由的安天下事业。良心表现权与仁爱平等权意识构成儒学思想中最容易开出新外王的精华部分。就新外王而言，传统儒学中，和平抵抗权意识、生活保障权意识、安身立命权意识和参与公务权意识都是相当浓厚的。从权利论的角度重新审定儒学思想，这是实现儒学的现代转换的关键。抓住良心自由不放，由内向外、由个人向团体、由下层向上层一路讲下去，自然会讲出一片新天地。当代海外新儒家对于良心自由问题没有给予应有的重视，以致难以在新外王领域卓有建树。良心是由内圣通往外王的大门。此门已经关闭了二千多年，致使外面的世界从此丧失先秦时期百家争鸣的思想繁荣局面，并无从建立人权制度。打开良心的大门，开放思想言论自由，儒学当会重放异彩。

三、国际化法学教育的探索

人权价值在国际化教育中具有根本重要的地位。国际化法学教育就是按照国际人权标准的要求培养尊重人格尊严和重视自由权利的法学人才。人权价值要贯彻在教育的内容和形式等方面。未来人权的维护和发展，需要中国的大学实行彻底的改革，要大力培育具有人权价值理念的国际化人才。在这方面，法学教育的国际化尤其重要。为此，我们在汕头大学法学院进行了国际化教育模式的探索。国际化背景下法学人才培养模式的改革是广东省法学学科教学改革重点项目。在广东省和汕头大学的领导和支持下，在香港李嘉诚基金会的鼎力资助下，汕头大学法学院在过去 26 年历史积累的基础上，正在积极推进国际化改革。通过引入国际化教学团队，设置国际化课程，使用国际化教材，运用全英或双语教学方式，安排学生到海外研修和实习等国际化活动来培养具有国际法律视野，能够熟练运用外语处理国内国际法律纠纷的法律专业人才。

（一）"师语书生向业"的国际化改革纲领

世界经济发展的国际化和一体化趋势，要求高等学校成为面向世界的国际型创新人才培养的基地。尤其是在经济全球化及我国加入WTO的背景下，我国参与国际市场的竞争，迫切需要大量具有涉外知识、适应国际竞争要求的高素质的外向型的专门法律人才。由于历史的原因，我国现有的国际化法律人才数量稀少，知识结构不够完整，远远不能满足形势的需要与发展。正是基于这种紧迫现状，汕头大学法学院以国际化改革为核心，展开了一场既迎合国际潮流又立足自身优势、融改革与发展于一体的法学学科建设活动。因此，对于我国法学教育的推进及法律实践的发展而言，形成国际化特色的法学教育模式意义重大。其一，顺应形势与潮流的发展，开设特色法学方向课程。其二，打造特色法学教学团队，全面提升教研水平。其三，培育国际化法学人才，促进学生走向海外。其四，创立特色法学教育品牌，扩大法学教学与科研的影响。为此，汕头大学的法学学科建设始终以"国际化"为核心，从师资队伍、双语教学、教材图书、学生活动、专业方向、毕业去向等方面层层推进、稳妥发展。我们将创造各种机会，采用多种形式，围绕六大要素（师语书生向业，即师资队伍、双语教学、教材图书、学生活动、专业方向、毕业去向的国际化），创设一个具有国际化特色的法学教育品牌。

（二）国际化专业方向和课程体系

在国际化发展过程中，我们始终把探索符合国际标准的课程体系作为头等任务对待。根据专业课程改革的实际需要，引进相关的具有国际背景的教师团队。

1. 开出符合国际标准的专业课程

为了培养具有国际竞争力的法律专业人才，近年来，汕头大学法学院大幅度修订了法学本科教学计划，突出国际化和职业化特点，专业方向调整为英美法学、国际法学、争议纠纷解决、律师实务等四个方向。其中英美法学方向和争议纠纷解决方向系列课程的设置填补了国内法学本科专业方向设置领域的空白。2005年在全国率先开设英美法学方向系列课程和争议纠纷解决方向系列课程。其中有比较法学与英美法律制度、英美行政法、英美合同法、英美侵权法、英美财产法、英美法学思潮、英美知识产权法等课程与仲裁理论与实践、调解理论与实践、谈判理论与技巧、世界贸易组织仲裁案例分析、鼓动声辩理论与技巧等课程。

在课程体系国际化改革的基础上，将法学专业本科方向设置为英美法学与国际法学、非诉讼纠纷解决与律师实务、日本法等三个方向。

2. 课程体系的国际化改革扩大了学生的选择空间

为了扩大学生在既定学分总数框架下对课程的选择空间，法学院的课程体系国际化改革采取了以下措施。

（1）逐步增加选修课学分数的比例

在确保专业基础课和专业核心课的学分前提下，逐步减少必修课程的学分数的比例，增加选修课的学分数的比例。专业选修课的学分总数超过了专业必修课的学分总数，充分扩大了学生的选择空间。

（2）逐步增加选修课的数量

大力鼓励教师开设新课程，有计划地逐步增加选修课的数量。目前，法学专业的选修课从28门增加到106门，可以为学生提供的选修课的门数达到了全国法学院本科课程计划中的最高峰。

（3）逐步提高选修课的质量要求

法学院在扩大学生的选择空间、提高选修课质量方面主要采取了以下措施：一是不断增加国际化的课程，开设符合国际标准的新课程。二是逐步提高选修课的全英或全日和双语教学的要求。随着加快引进具有国际背景的教师团队工作的进展以及现有教师外语水平的提高，双语教学的课程门数和课堂外语教学质量在迅速提高。

（三）开设司法考试强化课程和实践模拟课程

1. 专门开设司法考试强化课程

从2002年起，国家开始实行统一司法考试，学生是否取得司法考试资格，已成为学生进入法院、检察院及律师事务所的必备条件。同时，司法考试资格的通过率，从一定程度上讲，也成为考评一个法学院优劣的重要考核指标。有鉴于此，从为学生就业及长远发展考虑，汕头大学法学院于2006年决定免费为毕业班学生开设司法考试培训课程。

2. 大量开设实践模拟课程

国际化改革的一个重要方向是不断加大国际实践模拟性课程的比例，我们除了已经开设出的调解理论与实践、谈判理论与实践、仲裁理论与实践、法律诊所教育、法律援助实务指导等课程以外，于2007年春季开始成批推出以下国际实践性模拟课程：联合国会议模拟、议会规则与操作、香港立法局会议模拟、选举制度与实践模拟、法庭辩诉技巧模拟、国际法院与国际争端解决模拟、WTO上诉机构与争端解决模拟、日本国会制度与会议模拟。这些国际实践性模拟课程的推出，通过互动教学方式和学生的全面角色扮演，积极开展诊所式法律教育，使学生在学校期间能够尽快提高体认和处理国际法律事务及法律纠纷的实战能力。为配合法学院刑事诉讼实务和民事诉讼实务等课程的实践教学工作，法学院每年还多次邀请汕头市龙湖区人民法院刑事审判庭和民事审判庭等在法学院模拟法庭举行公开审判，审理有关各类案件。

（载《广州大学学报（社会科学版）》2008 年第 3 期）

非强制行政行为制度化的价值取向

——以行政相对人权利保护为视角

崔卓兰* 李宝君**

摘 要▶ 非强制行政行为顺应了服务行政的需要，完善了我国行政管理的方式，具体实现着官民和谐以及保护相对人权利的目标。2005 年以来，泉州市和吉林市等地相继开展了非强制行政行为制度化的实践，为规范行政权力的行使，防止非强制行政权力的随意和滥用，拓展行政实践的疆域，更好地维护行政相对人权益发挥着重要的作用，体现了这一理论的重要实践价值。

关键词▶ 非强制行政行为；制度化；价值分析

随着市场经济和民主政治的深入发展，传统的强制性行政方式已经越来越难以适应服务行政、官民和谐等现代行政理念的需要。国务院在《全面推进依法行政实施纲要》中明确指出应当"充分发挥行政规划、行政指导、行政合同等方式的作用"；其后国务院在《关于深入贯彻落实〈全面推进依法行政实施纲要〉的实施意见（征求意见稿）》中再一次强调："要积极创新行政执法方式，更多地运用行政指导、行政合同等非强制性执法手段。"这充分表明，非强制行政行为是顺应时代发展要求、符合行政改革目标的重要行为方式。2005 年，福建省泉州市工商局制定了《泉州市工商行政管理局行政指导程序规定》《泉州市工商行政管理局行政指导审议暂行办法》等一系列非强制制度用于指导非强制行政实践。2006 年，吉林市工商局确定了三年内完成非强制行政管理体系建设的目标，并制定了《非强制行政管理程序规定》等十多项制度规范非强制行政行为。这些制度化的实践不但规范了非强制行政行为，完善了我国的行政管理方式，同时也为行政相对人的权利保护提供了很好的制度支持，使我国的非强制行政理论开始向实践领域逐步展开。

---

* 崔卓兰，吉林大学法学院教授。
** 李宝君，北京师范大学珠海分校副教授。

一、非强制行政制度的基本定位

一般而言，制度（institution）是指约束人们行为的一系列规则，或者是"要求大家共同遵守的办事规程或行动准则"。① "制度"这一概念存在下述两种不同的解释：首先，按照新制度主义经济学的观点，制度是社会的游戏规则，是为人们的相互关系而人为设定的一些制约，包括正式规则和非正式规则。其中，正式规则是政府按照一定的目的和程序有意识创造的一系列政治、经济规则及契约等法律法规，包括从宪法到成文法与普通法、再到明细的规则和个别契约等；非正式规则是无意识的，是人们在实践中形成的价值信念、伦理规范、道德观念、风俗习惯及意识形态等因素；执行机制则是为了确保上述规则得以执行的相关制度安排。② 其次，从博弈论或者理性选择理论的视角出发，"制度"可以界定为工作规则的组合，它通常用来决定谁有资格在某个领域制定决策，应该允许或限制何种行动，应该使用何种综合规则，遵循何种程序，必须提供或不提供何种信息，以及如何根据个人的行动给予回报。制度包含着强制，"所有规则都包含着禁止、允许或要求某些行动或结果的规定。工作规则是人们在就采取什么行动进行选择时实际使用的、需要监督和强制实施的规则。强制实施也许是由直接介入者执行的，也可能由他们雇用的代理人、外部强制力量或任何这些力量的组合来执行"。"至少在某种程度上，工作规则一直是受直接参与者监督、由直接参与者强制实施的。"③ 而对于用来规范非强制行政行为的制度来说，它首先是行政法律规范的组成部分，进而也是"制度"整体的组成部分，具备宏观制度的主要特征。对于非强制行政制度的特征还需要强调以下几个方面：

第一，非强制行政制度属于制度中的"正式规则"。尽管按照上述学者对制度概念的阐释，制度有正式与非正式之别，但这里所论述的非强制行政制度指的仅仅是正式规则，其必须由行政主体制定并颁布实施，必须向社会公开并为公众所知悉，并且发挥硬性的约束效力。这里的"公开"二字指的是：非强制行政制度并不包含那些不向社会公众公开、仅由行政主体内部组织实施的

---

① 中国社会科学院语言研究所词典编辑室：《现代汉语词典》（第5版），商务印书馆2005年版，第1756页。

② ［美］科斯等：《财产权利与制度变迁：产权学派与新制度学派译文集》，刘守英译，上海人民出版社2004年版，第175页。

③ ［美］埃莉诺·奥斯特罗姆：《公共事物的治理之道——集体行动制度的演进》，余逊达、陈旭东译，上海三联书店2000年版，第82~83页。

不成文的内部规则，而仅仅针对那些按照法定的行政法规、行政规章以及其他行政规范性文件的制定程序制定和对外公布，并具有强制约束力的正式制度规则，并且这种制度规则只能是成文的，不包括不成文的习惯、惯例等隐性规则。

第二，非强制行政制度同样具有强制约束力。非强制行政制度是行政法律规范的组成部分，一般而言，法律规范都具有强制效力，非强制行政制度也不例外。"法律规则是社会中最强有力的群体的某些显著观念的系统化和强制性的体现"，[1] "从命令的角度来理解法律，是指国家意志以上下级纵向关系的方式传达，具有直接的物理性强制力"。[2] 需要注意的是，尽管非强制行政行为不具有强制性，但作为法律规范一员的、用以约束非强制行政行为的非强制行政制度却毫无例外地具有强制性，在这个意义上可以说，非强制行政制度是融合了非强制行政行为中的"非强制"和法律规范中的"强制"于一身的制度。

第三，非强制行政制度亦在稳定性的基础上表现出灵活性特征。这种灵活性主要表现在两个层面上：一是制定层面的灵活性。非强制行政制度在制定领域保持着开放性，就像吉林市工商局设立登记事务导办制度、维权兴企引导制度等十项工作机制那样，行政主体可以根据行政活动的不同领域灵活地制定相应的非强制行政制度，并且可以发挥行政主体的创新能力，在不同的领域设计出不同的制度应对方式。二是内容层面的灵活性。现行的非强制行政制度大多都已考虑到了非强制行政行为的灵活性特征，因此在制度文本中设立了较多的规格性要求和可选择的程序性要求，减少不必要的硬性规定，让公务人员即便是在制度的框架下也能灵活应对变化多样的行政情景。

二、非强制行政制度化的必要性

"现代社会对规则的确认并不是或不仅仅是一种规范性要求，而是一个实践的问题，是一个过程。"[3] 非强制行政制度的设立也是由非强制行政行为的具体实践状况所要求的。然而就非强制行政制度的现状来看，泉州市和吉林市的立法实践之前，无论是法治程度相对较高的西方发达国家还是我国，非强制

---

① [美]理查德·A. 波斯纳：《法理学问题》，苏力译，中国政法大学出版社 2002 年版，第 20~21 页。

② 季卫东：《宪政新论——全球化时代的法与社会变迁》，北京大学出版社 2002 年版，第 76 页。

③ 苏力：《送法下乡——中国基层司法制度研究》，中国政法大学出版社 2000 年版，第 196 页。

行政行为制度化的程度均较低，除了可以从立法精神和原则中推断出某些必须遵循的准则之外，几乎没有任何约束。在日本，法学界和实务界普遍认为，无论是根据侵害保留原则还是依据权力保留原则，行政指导均不需要法律根据。[①] 在我国，据学者对与行政指导相关的 67 部文件的统计，其中以政策形式下达的占 41 部，即使把行政规章也视为法的范畴，具体行政指导的"依法率"也只有 37%。[②] 这使得非强制行政行为在实践中存在以下问题：

第一，非强制行政行为缺少法律依据。一般来说，人们往往对强制性行政行为的依据给予更多的关注，强调强制行政应该遵循"无法律则无行政"的原则，因为强制行政更多的是为相对人设定义务，为了防止行政权过分涉入私权领域，必须以法律明确约束行政主体的行为。而对于非强制行政行为的相关规定却很罕见，但非强制行政行为对相对人利益的影响却是显而易见的，比如在行政奖励的现行规定中，有些没有设定权限，有些设定了权限但却没有严格遵从，其直接后果是行政奖励的名目过多、过滥甚至徒有虚名。[③] 法律依据的缺失导致非强制行政行为在实践过程中缺乏行为判断的基准，缺少衡量行为优劣的标尺，增加了行政主体行为的随意性和不确定性，也不利于对相对人权利的保护。

第二，非强制行政行为缺少程序制度。行政程序是行政过程的公开和外化，是实体公正的重要保障。2005 年以前，我国几乎没有对于非强制行政程序的规定："几乎所有的规定都未对行政指导的程序作出安排。这也反映出多年来我国立法领域存在的'重实体法、轻程序法'之缺陷。与日、韩等国的行政指导程序立法相比，差距就更为明显。"[④]

第三，非强制行政行为缺少责任和监督机制。"按照近代以来的国家观念，民主政治是一种责任政治，民主行政也是一种责任行政，它需要对法律、对社会、对人民负责，行政权力的行使需要承担相应的责任并在一定的义务限制范围内行使权力。"[⑤] 非强制行政行为作为一种行政活动方式，必然存在违法或不当运用的可能，而我国大部分非强制行政行为都没有规定具体的责任机制和

---

① ［日］盐野宏：《行政法》，杨建顺译，法律出版社 1999 年版，第 146 页。

② 包万超：《转型发展中的中国行政指导研究》，载《行政法论丛》（第 1 卷），法律出版社 1998 年版，第 330 页。

③ 应松年：《当代中国行政法》，中国方正出版社 2005 年版，第 787～788 页。

④ 莫于川：《行政指导法治化问题研究》，载《行政法论丛》（第 4 卷），法律出版社 2001 年版，第 327 页。

⑤ 孙笑侠：《法律对行政的控制——现代行政法的法理解释》，山东人民出版社 1999 年版，第 53 页。

监督措施，加之非强制行政行为方法多样，一旦造成损害往往难以明确责任和及时纠正，使得某些责任不甚明确的非强制行政行为甚至被当作规避法律监督、逃避法律责任的途径。

第四，非强制行政行为难以得到救济。有损害必有救济，这已是现代行政法治的必然要求。对于强制性行政行为，现行法律规定的救济手段和方式是比较明确的，可以通过行政途径或司法途径获取，但非强制行政行为的救济方式却不明确，《行政复议法》《行政诉讼法》《国家赔偿法》以及相关的司法解释都把非强制行政行为排除在受案范围之外，致使受到非强制行政行为损害的相对人求告无门，相对人的权利无从得到保护。

三、非强制行政行为制度化的价值

1. 非强制行政行为制度化的核心在于通过规范非强制行为方式，维护相对人的权利，进而实现官民和谐。自从党的十六届六中全会提出构建社会主义和谐社会的发展目标以来，和谐社会便已成为当今时代的主旋律，它不仅已是政府行政活动的重要目标，而且已经成为公民所普遍向往的理想社会状态。在构建和谐社会的诸种关系，包括公民个人之间、经济主体之间、社会团体之间、公民与政府之间等一系列关系中，起到关键性作用的是公民与政府之间关系的和谐。因为，和谐社会的理念在本质上是一种社会公共秩序，社会公共秩序的良好运行尽管离不开作为私人主体的公民个人之间、经济或社会团体之间的协调共存，但更为重要的乃至于起支柱作用的是作为私人主体的公民与作为公共主体的政府之间的关系，可以说，政府与公民之间的和谐是构建和谐社会的关键所在。

但是当前社会中仍然存在一些不够和谐的现象，比如强制拆迁过程中引发的官民争端、行政处罚裁量权的行使畸轻畸重等，扰乱了政府与公民之间的正常关系，成为了和谐社会中的不和谐音符。然而实际上，这些官民之间的矛盾和纠纷大多是由强制性行政行为引起的，行政实践中所存在的官民不和谐因素大多是由强制性行政行为侵犯相对人权益而引发的，因此可以说，将行政行为的类型固定于强制性行政行为、将政府与相对人之间的关系设置成单纯的强制与被强制关系显然不能适应和谐社会的支柱——官民和谐的发展需要。与容易破坏和谐、引发纠纷、产生不安定因素的强制行政不同，非强制行政行为一个卓越的价值导向便在于转换政府的行为模式，将传统的依靠强制力量来履行的行政职责，转化为通过协商、指引、劝诫等柔性方式加以实现，并在行为方式的选择次序上使非强制行为优先于强制行为，赋予其较高的行为序列。这样一来，不仅可以大幅降低乃至于避免由强制行为引发的侵犯相对人权益的事件、消解官民之间的矛盾，而且可以通过将相对人的意见置于一个较高的位阶来增加对相对人的尊重、推进行政民主，从而保持官民之间良好的和谐状态，最终有利于和谐社会基本状态的存续和推进。

本文所研究的非强制行政行为制度化，就是在肯定非强制行政行为这一行为类型的基础上，进一步设计相应的制度规范对其加以约束和优化，通过分析非强制制度的规范机制、规范手段和规范效力等细节性内容，给出合理化建议，以使非强制行政行为的运行更为科学、合理和有序，从而将非强制行政行为中可能隐含的消极因素降至最低，最终使以非强制行政行为为核心要素的官民和谐体系再向前迈进一步。

2. 非强制行政行为制度化是行政自制的下设机制之一，通过对行政权力的自我控制，使行政行为更加规范有序，进而实现行政法治的目标。"行政自制"的核心要素在于：在构建社会主义和谐社会的发展目标下，若要促进政府与公民之间的和谐，形成互利互惠、共同发展的协调关系，就应当在肯定外部控制的同时将关注的焦点聚集于行使行政权的政府，从而探索以政府自身为控制主体的行政自制的功能、方法及实现途径。[①] 行政自制理论具有一系列实践机制，包括裁量权内控制度、行政内部分权制度、行政惯例制度、绩效评估制度和内部监督制度等，而非强制行政制度同样是行政自制实践机制的组成部分，也是极为重要、不可或缺的组成部分。非强制行政制度之所以能够成为行政自制理念的实践机制，乃是因为：（1）设立和实施非强制行政制度的主体是行政主体自身，而非其他外部控权主体；（2）非强制行政制度是行政主体本着善意行政的愿望、以更好地服务于相对人权益和社会公益为目标主动实施的，而非按照外部控权主体的要求被迫采取的；（3）设立非强制行政制度的目的仍然是对行政权进行控制，即行政人员在实施非强制行政行为时不仅要遵从法律的一般精神原则，而且要遵守约束非强制行政行为的内部规范，从而使行政权在非强制领域内运行时仍然能获得有效的控制，将非强制行政行为推向法治化轨道。

客观而言，传统的以立法控制和司法控制为中心的行政法控权理论无法对行政指导、行政合同、行政信息服务等非强制行政行为作出合理的评判与解释——由立法机关和司法机关创设的各种准则通常只有引领而不具有控制和规范能力，因此，将非强制行政行为纳入行政权自我控制的理论范畴，再将行政自制作为行政法控权理论的核心组成部分，才是实现行政权合理有序运行的最

---

① 崔卓兰、卢护锋：《行政自制之途径探寻》，载《吉林大学社会科学学报》2008年第1期。

终途径。事实上，非强制行政行为的实施已在一定程度上显示了行政机关的自控意识和自控能力——既然非强制行政行为实质上处于立法机关制定的法律之外、处于司法机关的受案范围之外，那就意味着当行政机关选择了非强制而不是强制手段实施行政行为时，就只能是主动、自愿为之的。换言之，非强制行政行为的实施并非是行政机关受制于立法机关和司法机关意志的结果，而是在其对职权、职责以及具体行政实践理解的基础上进行的；通过非强制的指导方式、灵活多样的实践渠道，并紧紧围绕相对人的利益、以增进相对人权益为目的的非强制行政也不可能在立法机关、司法机关等外部主体的高压控制之下实现，如果行政机关没有服务相对人的动机、没有自律自控的意识，是不可能采取行政指导、行政奖励这样的授益行为的。因此可以说，行政自制和非强制行政行为紧密联系在一起，二者是相辅相成、互为因果的关系。

3. 非强制行政行为制度化能够推动非强制实践的广泛开展。非强制行政行为自提出之日起至今，在立法和实践领域都已有了诸多表现，并取得了良好的实践效果。而将其制度化则一方面能够对诸种非强制行政行为进行规范，将其纳入法治轨道；另一方面则能起到宣传和示范作用，使尚未采纳或者较少采纳非强制行政行为的行政主体通过制度文本更感性、更深入地了解非强制行政行为的功能性优势，从而进一步推进非强制行政行为在各个部门和地方的应用。

具体而言，非强制行政行为已经取得的实践表现在于：沟通、协商、劝诫成了许多行政主体经常采用的行为方式。（1）就沟通而言，与相对人沟通有助于向其阐述政府所要解决的问题、实施的政策，说明公务人员是如何完成任务或者没能完成任务的，进而获得相对人对其行为的看法，及时得到公众评价。在沟通之前，政府未必能够清楚准确地了解相对人的需求——不了解相对人的想法成了导致相对人不满的最常见的原因之一。因此，通过调查、电话访谈、上门走访等各种手段与相对人沟通、仔细倾听相对人的需求和意见就成了服务行政的必要前提。（2）就协商而言，在非强制行为中，行政主体与行政相对方之间的权利义务关系，主要是通过双方协商达成的契约、承诺等而产生、变更或消灭。协商的目的是要将行政行为建立在相对人同意的基础上，而行政行为的真实效力也在很大程度上取决于政府如何获得相对人的理解和同意。（3）劝诫也是政府在实施行政行为时排除强制、柔性执法的有效途径。其具体内容包括：说服与某一政策直接有关的相对人相信，这一政策是合理的、必不可少的、有益于社会或合法的，同时告知相对人这些政策的存在和含义；或通过宣传来促进相对人对政策的认同；或通过劝导来敦促人们保持节制和健康、不要浪费水和能源、安全使用交通工具等。^① 与此同时，所有这些柔性执法方式都应当纳入到制度规范当中。以劝诫行为为例，《吉林市工商行政管理局规范经营劝导制度（试行）》就在第 3 条中明确了"通过教育、沟通、建议、提倡、协助、辅导、指点等非强制性手段，规劝倡导广大经营者遵照法律法规的规范开展经营活动，履行法律规定的义务，实现经营的规范化"这一基本目的，并在其他条文中对劝诫的内容、方式和程序进行了细化规定，使"劝诫"这种柔性执法形式具有了制度依据。

四、结语

在泉州工商行政指导的制度实践"泉州经验"和吉林市非强制行政体系建设基础上，非强制行政的制度化已在许多地方开始展开。这些明确具体的制度使这种非强制方式不再是公务人员可以选择、可有可无的行为，而是具有重要自我规制作用的行为准则。从这个意义上说，制度化使非强制行政行为成为常态、成为公务人员在实践中必须采纳的行为，成为保护相对人权利的重要手段。这些探索为非强制行政实践更加广泛开展起到了巨大的推动作用，同时也意味着，制度化是非强制行政实践中不可缺少的因素，通过柔性执法，非强制行政实现了强制行政所无法达到的目的和效果，是官民和谐的重要保证。当然，这些制度实践还仅仅是开始，还没有在更加广泛的领域和内容上开展，还有待于我们继续不断地探索和完善。

（载《广州大学学报（社会科学版）》2011 年第 7 期）

---

① 崔卓兰、刘福元：《行政自制的可能性分析》，载《法律科学》2009 年第 6 期。

人权基础理论

人权与性别平等

张晓玲[*]

摘　要▶ 人权与性别平等有着内在联系。性别平等就是人权问题，而人权只有把性别平等纳入其目标，才是真正普遍的人权。妇女人权是普遍人权中不可分割、不可剥夺的一个重要组成部分。因此，提高妇女地位，实现男女平等，不应仅仅视为是妇女问题，而是普遍人权的内在要求，是一个民主法治社会的政治议题。

关键词▶ 人权；性别平等；妇女人权；对策

性别平等是联合国人权文件的一个重要主题，也是我国人权保障关注的一个重要主题。人权与性别平等有着内在联系。性别平等是人权的重要内容，只有从人权高度来认识性别平等问题，才能把握性别平等的真谛，找到解决促进性别平等的现实途径，而人权只有把性别平等纳入其目标，才能实现真正普遍的人权。

一、从人权的高度认识性别平等

何谓性别平等？1975 年，联合国在墨西哥首都墨西哥城召开的第一次世界妇女大会通过的《墨西哥宣言》，第一次给性别平等下了定义：“男女平等是指男女的人的尊严和价值的平等以及男女权利、机会和责任的平等。”1985 年，第三次世界妇女大会通过《到 2000 年提高妇女地位内罗毕前瞻性战略》进一步强调：“对于妇女来说，平等意味着实现某些由于文化、体制、行为和态度方面的歧视而被剥夺的权利。”1995 年，在北京召开的第四次世界妇女大会通过的《北京宣言》和《行动纲领》在肯定《墨西哥宣言》对性别平等界定的基础上，第一次把性别平等直接与人权问题联系起来，指出：“男女平等是人权问题和社会正义的条件”，“妇女权利就是人权”。这些国际文件对性别平等的界定和阐述，为国际社会认识和解决性别平等问题提供了一个国际标准，明确肯定了性别平等是当代国际人权运动追求的重要目标。

---

* 张晓玲，中共中央党校政法部教授。

　　从人权史上看，人们对人权与性别平等关系的认识经历了一个复杂的过程。人权概念是由欧洲近代启蒙思想家第一次明确提出来的。天赋人权观的内容可用一句话来表述："人生而平等。"然而，这里的"人"，却是以排除妇女为特征的。那些高喊自由平等的进步思想家们，面对妇女却成了不平等的父权制的顽固保守者。从卢梭、康德再到弗洛伊德等，都是以"缺乏理性"来论证女性天生低劣于男性。因而，自由平等只适合于具有理性的男人，而不适合于男女之间。人权理论在形式上打破了人生而不平等的陈旧观念，却保留了男女生而不平等的陈旧观念。它设计了一个自由平等的世界——公共生活的领域，这是男人的世界；同时，又保留了两个不平等的世界——公共生活领域和家庭私人领域，在这里是男人对女人的统治。这一观念得到了社会的广泛认可。在英文中，Man（男人）成了人类的代名词。在1789年法国的《人权和公民权宣言》中，人权中的"人"也是用的"男人"，因此，被西方女权主义者称为"男权宣言"。

　　但是，人权观念的逻辑本身是一贯的和彻底的。当时倡导人权的人们虽然把妇女排除在外，可是，人权观念在动摇封建主义神权和王权基础的同时，也在客观上动摇了父权制的等级基础，使妇女意识到自己所处的不平等的地位，引起了她们对权利的要求，并利用人权观念来进行斗争。从这个意义上讲，人权观念是近代妇女觉醒的思想根源，也是近代妇女形成争取妇女权利的政治运动的直接导因。

　　1791年，以法国著名的女革命家阿伦普·德·古杰发表《妇女和女公民权利宣言》为标志，西方女权主义运动正式形成。《妇女和女公民权利宣言》明确提出："妇女生而自由，在权利上与男子是平等的。""在法律面前所有男女公民一律平等。他们能平等地按其能力担任公共职位和各项工作。"[①] 然而，这一要求社会公正的人权平分运动，却遭到了社会的强烈反对和镇压，古杰和罗兰夫人先后被送上了断头台，罪名是"丧失了女性应有品德的阴谋家"。女权主义被认为是一种肮脏的字眼，不仅受到男性的攻击，也为不少女性所不理解。洛伊斯·班纳指出："各州反对妇女参政的团体，往往都是由一些社会妇女名流们带头的，在19世纪末就已经出现。1911年，她们联合起来，组成了全国反对进一步给妇女参政权的委员会，她们公开宣称这个反对妇女参政委员会的会员要多于全美妇女参政协会。"[②]

---

　　① ［法］丹尼尔·阿尔莫扎特：《外国女权运动文选》，李建军译，中国妇女出版社1987年版，第235页。

　　② 转引自［美］洛伊斯·班纳：《现代美国妇女》，侯文蕙译，东方出版社1987年版，第80页。

1948 年，以《世界人权宣言》的通过为标志，妇女权利被正式纳入了人权概念。促进性别平等和赋权妇女努力的一个里程碑式文件是 1993 年第二次世界人权大会的最后文件《维也纳宣言和行动纲领》。该文件第一次使用了"妇女的人权"这一概念："妇女和女童的人权是普遍性人权当中不可剥夺和不可分割的一个整体部分。妇女在国家、区域和国际各级充分和平等参与政治、公民、经济和文化生活，消除基于性别的一切形式的歧视是国际社会的首要目标。""世界会议促请使妇女充分和平等地享受所有的人权，将此列为各国政府和联合国的优先事项。"1995 年，联合国第四次妇女大会通过的《北京行动纲领》进一步明确提出："妇女权利就是人权"，妇女人权是"所有人权和基本自由的一个不可剥夺、不可缺少、不可分割的组成部分"。① 该文件把妇女权利准确地等同于人权，这在权利概念上是一个创新，在维护妇女权利的方式上也是一个创新。妇女人权为维护一切妇女权利，无论是在公共领域，还是私人领域的权利，提供了一个评价标准，这标志着性别平等问题开始进入国际人权的主流。

从玛丽·沃斯通克拉夫特深刻地提出"妇女缺乏理性和附属于男性的弱者地位是社会偏见和教育的结果"，② 到西蒙·德·波伏娃进一步尖锐地提出"古代的人们用一根绝对的垂直线为参照，以说明其他斜线，而现在人们把男性确立为一个绝对的人的标准"③ 的论断，再到今天女性主义学者关于"我们必须看到因为我们是妇女所以处于从属地位这一事实"④ 的共识，人们越来越清楚地认识到，性别不平等的根本原因是女人没有被当作"人"来看待，妇女的权利没有被当作人权。对妇女的歧视和妇女次等人的地位，造成了现实中男女之间的巨大差距。促进性别平等的实质就是争取妇女的平等人权。只有从人权的高度认识性别平等问题，才能打破以性别的自然差异为不平等的性别关系辩护的理由，才能"超越以父权传统为基础的家庭观念"，⑤ 打破性别的陈规定型，使人们认识到两性关系中的不合理和不平等之处，认识到消除性别歧视和促进性别平等是当今世界人权的主题。

从人权的高度认识性别平等问题，必然会提出人权的实效性问题，扩大人

---

① 转引自联合国第四次世界妇女大会《北京宣言》。
② ［英］玛丽·沃斯通克拉夫特：《为女权辩护》，王蓁译，商务印书馆 1995 年版。
③ ［法］西蒙·德·波伏娃：《第二性》，桑竹影、南珊译，湖南文艺出版社 1986 年版。
④ ［加］丽贝卡·库克：《妇女的人权——国家和国际的视角》，黄列译，中国社会科学出版社 2001 年版，第 5 页。
⑤ 转引自 2005 年《亚洲人权宪章》。

权关注的领域和关注重点。以《世界人权宣言》为标志，妇女的权利已被国际社会承认了 50 多年，但就有效实施而讲，却很少有人考虑，这使妇女的权利往往流于形式，很难享受到平等的权利，处在人权保护的边缘。妇女人权概念鲜明地突出了妇女权利的存在和有效享有之间的差距；直截了当地表明了妇女实际所处的不利地位，要求把人权保护的重点转向长期被忽视的人类的一半——妇女。由于妇女所处的特殊环境和地位，这必然会导致了人权内容的扩大：从公共生活领域扩展到私人生活领域。从目前来看，家庭领域与妇女密切相联，很多无视妇女权利的情况发生在家庭中。这一方面是因为大多数妇女仍被排除在公共领域之外，她们在家庭中从事的家务劳动和养育后代的贡献没有得到社会承认，从而造成了一系列妇女问题；另一方面，广泛存在的对妇女的家庭暴力，例如，杀害妻子、殴打妻子、乱伦、性虐待、精神虐待等严重地威胁着妇女的生命安全和尊严。但社会舆论却对此表现出惊人的沉默，对妇女的施暴常常被认为是传统、习俗、宗教和个人私事而为官方和人们熟视无睹。必须改变这种状况才能促进性别平等。

性别不平等的实质是权利的不平等。占人口一半的妇女，如果不能实际享有平等的人权，这种人权就是片面的，性别关系就是不平等的。在一切平等中，权利的平等是最基本的平等，这决定了维护妇女人权就是促进性别平等。

二、我国在促进性别平等方面取得的成就及面临的挑战

性别平等一直是社会主义中国追求的崇高目标。1995 年联合国第四次世界妇女大会后，我国认真落实《北京宣言》和《行动纲领》，采取了一系列措施，在促进性别平等方面取得了新的成就。

（一）我国在保障妇女人权方面取得的成就

1. 国家保障妇女人权的法律体系不断完善

我国政府一直非常重视对妇女工作权的法律保护，制定了一系列有关保护妇女工作权的法律法规。我国已逐步形成了以中华人民共和国宪法为基础，以妇女权益保障法为主体，包括一批相关法律在内的促进妇女发展、维护妇女权益的法律法规体系。2005 年，新修订的《妇女权益保障法》明确写入了"男女平等是国家的基本国策"的规定，备受妇女关注的反就业歧视、反家庭暴力和性骚扰的问题也在修订案中明确规定。我国政府积极批准和履行联合国有关的人权公约，如 1980 年加入《消除对妇女一切形式歧视公约》，2001 年批准了联合国《经济、社会和文化权利国际公约》，2005 年批准加入了《反对就业/职业歧视公约》，国家保障妇女人权的责任得到进一步加强。

2. 妇女人权保障机制不断得到发展

国家维护妇女权利的机制得到不断加强。1993 年，国务院妇女儿童工作协调委员会提升为国务院妇女儿童工作委员会；2001 年，我国建立了由劳动和社会保障部等 13 个政府部门及全国妇联组成的全国妇女儿童权益协调组。现在，全国 29 个省、自治区、直辖市和大部分地市都建立了维权协调组或联席会议，已建立的维权协调机构有 35 万多个；各地司法部门与妇联组织合作，成立"家庭暴力伤情鉴定中心""110 家庭暴力报警中心""家庭暴力投诉站"、妇女避救站、妇女权益法律援助中心等，为受害妇女提供庇护、医疗、心理、法律咨询等方面的帮助。目前，全国大多数省份公安机关建立了"110"反家暴报警中心，有 12 万多个派出所、社区警务室挂牌成立维权投诉站或反家庭暴力投诉报警点，对家庭暴力案件积极介入。① 到 2004 年，我国已建立法律咨询中心、妇女儿童法律援助中心等法律服务机构 8000 多个。② 法院系统建立维权法庭、各级妇联与法院合作成立了 3200 个妇女维权合议庭，有 14 万名妇联干部担任特邀陪审员。③

各种形式的非政府组织维权机制得到迅速发展。全国妇联作为中国最大的非政府妇女组织，在保障妇女人权方面起到了重要作用。全国已有 29 个省、自治区、直辖市建立了劳动保障法律监督员制度，担任劳动保障法律监督员的各级妇联干部达 2300 余人④。"春蕾计划"等在救助贫困女童接受教育方面取得显著成效。截至 2005 年全国 31 个省、自治区、直辖市妇联组织全面开通妇女维权和反家暴热线。⑤ 2000 年 6 月，中国法学会启动了"反对针对妇女的家庭暴力对策研究与干预"项目，开办了反对家庭暴力网站和向全国开放的反对家庭暴力资料中心，建立了反对家庭暴力城市、医疗、农村综合干预试验区。正是我国的性别平等法律和妇女维权机制的发展，进一步促进了妇女人权在实践中的不断发展。

（二）我国妇女人权面临的主要障碍和挑战

我国正在经历世界历史上前所未有的、迅速变化的社会转型，由此产生了

---

① 数据引自中国政府网：《中国已初步形成政府领导下多部门合作的反家暴格局》，新华社北京 2007 年 11 月 25 日电。

② 转引自《人民日报》2004 年 5 月 22 日第 6 版。

③ 转引自《法制日报》2004 年 12 月 23 日。

④ 国务院妇女儿童工作委员会办公室：《完善机制　建立社会化妇女维权工作新格局》，载《人民日报》2003 年 7 月 24 日。

⑤ 陈丽平：《全国妇联开通妇女维权和反家暴热线》，载《法制日报》2005 年 8 月 18 日。

复杂的社会矛盾和越来越多的新问题，妇女人权发展也面临不少障碍和挑战。

1. 妇女平等的受教育权面临不少障碍

第一，城乡之间、区域之间妇女受教育权的发展不平衡，农村和中西部欠发达地区的妇女受教育权状况不容乐观。调查数据显示，农村女性文化程度为初中以上的比例是 42.3%，比男性低 20.8 个百分点；58.8% 的女性只有小学以下文化程度，比男性高 21.9 个百分点；妇女人均受教育年限为 6.5 年，比男性少 1.5 年；女性文盲率为 13.6%，比男性高 9.6%。①

第二，农村男女教育水平差距还较大。在我国因贫困辍学的儿童中，女童占了大多数。

2. 妇女在享有工作权方面面临许多障碍

女职工实际就业时间缩短，劳动合同期限短期化现象严重，一些企业甚至规定女性职工 45 岁就要内退；妇女的劳动保护权、休息权、合理报酬权受到不同程度侵害；男女退休年限上的 5～10 年的差距不仅给妇女收入带来不利的影响，而且对妇女的政治参与、担任公职等政治权利产生不利的影响。

3. 妇女的参政权面临挑战

第一，女性的参政意识较男性薄弱。第二，担任领导职务的女性比例偏低。1995 年，第四次世界妇女大会通过的《行动纲领》明确要求各国女性参政比例要达到 30%，我国离这一目标还有不小的差距。第三，妇女参政的层次还较低。妇女干部担任重要职务的少，最突出的是重要领导岗位上的女性比例偏低，这种倾向在基层部门表现更为明显。女干部比例呈现出上小下大的金字塔结构。

4. 妇女人身权和人格尊严权受到家庭暴力和性骚扰的威胁和侵害

家庭暴力和性骚扰是对妇女人权的侵犯。在社会的转型期，这些侵权行为呈现出增长和严重化的趋向，不仅威胁着妇女的生命安全和尊严，也是造成女性犯罪的一个重要因素。虽然我国法律明确规定禁止家庭暴力，但是，由于法律的抽象性，一些法官缺乏性别意识，家庭暴力被认为是"家务琐事"，对受害妇女的司法保护不力。

这些问题的产生是由多方面的复杂因素造成的，有观念的因素、经济的原因，也有政策和法制不完善的原因。从法制方面讲，现有的保障妇女权利的法律不完善，规定比较笼统，缺乏可操作性，程序性规定不具体，执法主体不明确是这些问题难以解决的重要原因。

---

① 国家统计局：《第二期中国妇女社会地位抽样调查主要数据报告》，2004 年。

三、完善法制促进我国性别平等

(一) 把性别平等原则作为立法的基本原则

法律是利益的制度化分配调整机制,对妇女的利益和权利产生根本性的影响。因此,应重新审视和分析有关法律法规及其在实践中对妇女的影响,把性别平等的人权原则作为立法的前提。第一,有关立法应明确规定男女平等就业、再就业的条款;扩大就业范围;建立男女同龄退休制度。第二,修改一些法规政策中不平等的规定。第三,完善生育保险制度,由社会分担生育风险,为妇女就业创造条件。

(二) 强化保护妇女的倾斜原则

妇女在平等享有人权方面面临比男性更多的障碍。对妇女的非歧视性特殊保护原则是实现平等的必然要求。为了实现妇女的平等人权,联合国条约监督机构提出,必须把暂行特别措施作为实现男女平等战略的组成部分。

当前,应进一步加强我国法律中对妇女的倾斜性保护原则。第一,在《婚姻法》中,在离婚财产分割上进一步向妇女倾斜,建立有效维护妇女财产权利的救济制度。第二,在《劳动法》中强化对妇女的特别保护机制。在经济全球化背景下,妇女常常作为发展中国家的公民和妇女受到双重伤害。各种形式的血汗工厂对妇女的压榨和剥削严重侵害了妇女的基本人权。因此,劳动立法要及时反映劳动关系中的新问题,明确规定缔约过失责任、推定解雇制度、就业配额制、强化侵权责任等,加大法律对妇女劳动权利保护的力度。第三,在《选举法》等有关法律中,明确规定女性人大代表的量化比例,规定在同等条件下,优先选择女性。只有妇女更多地进入决策机构,妇女的利益才能在立法和决策中得到反映,才能改变"男人立法、执法和裁判"的不平等现象,才能有力推动实现男女平等的进程。第四,在《治安管理处罚法》等法规中要体现对社会边缘妇女的人文关怀,反映她们的不利地位,采取有效措施保护特殊群体的妇女。第五,在《义务教育法》中明确建立反性别歧视机制,保证教育内容和标准的公平性;建立向贫困地区和贫困人口倾斜的义务经费投入机制,增加对贫困失学女童的有效救助措施,确保贫困女童能够享受义务教育。

(三) 提高妇女权利保障法律的立法质量

第一,参照我国 1980 年加入的联合国《消除对妇女一切形式歧视公约》的"性别歧视"定义,在《妇女权益保障法》中对"性别歧视"作出明确规定。第二,参照 1993 年联合国《消除对妇女暴力宣言》及现代法治国家的经验，明确界定家庭暴力和性骚扰的概念。第三，坚持司法终极救济原则。第四，在执法主体、处罚办法、救济方式和执法机关的职责等方面应当具体明确，为妇女提供及时、有效、便利的救济手段。

（四）建立健全一整套保护妇女权利的法律体系

第一，当前和今后一个时期，要针对经济转轨、社会转型出现的新特点、新趋势，深入探讨妇女面临的特殊人权问题，以及对国家责任提出的不同要求，推进法律的改革和创新，建立一整套保护妇女权利的法律体系。诸如，制定专门的《反家庭暴力法》，加大反对家庭暴力的力度。第二，制定专门的《反歧视法》，加强对妇女工作权的保护。第三，尽快制定《社会保障法》，明确妇女平等的社会保障权。当前加强对农村贫困妇女、失业妇女、流动人口中妇女及老弱病残妇女的保护，具有非常紧迫的意义。

（五）建立专门的国家人权机构

近几十年来，国家建立专门的人权机构是一个普遍的现象。我国也应该考虑设立专门的人权机构，把妇女人权纳入各级政府的优先事项。

（六）加强对社会保障机制的支持

妇联等非政府组织在我国妇女权利保障方面发挥着越来越重要的作用，应当把其实践和新经验提升到法律制度层面，使之制度化、规范化。有关政府机构要进一步加强同非政府组织的联系，国家要从财政、政策等方面支持和鼓励社会维权机制的充分发展。

（七）建立性别/人权教育培训制度

性别平等意识和人权意识是一个问题的两个方面。从人权的高度重新认识和评价妇女的权利，就是社会性别平等意识。人权为性别平等意识提供了一个评价标准。设计人权教育方案，提高全社会的人权意识和性别平等意识，形成人权文化，对于保障妇女权利，促进性别平等具有不可低估的意义。

四、结语

妇女人权实现的程度是衡量性别平等的重要尺度。男女平等绝不是对妇女的一种恩赐，也不是让男性作出牺牲，它是要调整几千年来形成的不平等的性别关系，实现由于文化、体制、行为和态度方面的歧视而被剥夺的妇女的权利，由此获益的不仅仅是妇女，而是整个社会。

（载《广州大学学报（社会科学版）》2008年第9期）

利益与自由：人权的两个内在维度

常　健[*]

摘　要▶ 利益与自由是人权的两个内在维度。西方人权理论的利益论与自由论之争，展示了人权研究的两个相互依存并相互补充的视角。马克思从利益论视角对西方人权自由论的批判，揭示出自由论的局限。但这种批判不应当被理解为是对人权自由维度的否定。中国近代以来对西方权利学说的接受，更多的是从利益论视角加以解读。这种解读具有一定的历史必然性和合理性。但随着中国人权事业的发展，需要突破利益论本身的局限，从利益与自由平衡的角度来扩展人权理论的视野，并制定更加平衡的人权发展战略。

关键词▶ 人权；利益；自由

人权作为一种特殊的权利，内在地包含着两个相互依赖又相互制约的维度：一个是利益，另一个是自由。根据李步云教授的解释，权利的基础是利益，这里的利益不仅指物质利益，还包括精神利益、人身利益以及行为自由等。同时，权利主体对自己所享有的这种利益可以通过作为或不作为予以自由支配和处置。[①]

权利的利益维度，决定了权利必须与人的现实需要相联系，而不能仅仅是抽象的或理想的虚名。权利的自由维度，决定了权利与义务的区别。义务是指法律或道德规定的对法律或道德关系主体必须作出一定行为或不得作出一定行为的约束。如果某人被强迫去主张或放弃某种利益、要求，那么就不是享有权利，而是履行义务。具体来说，权利的自由维度包含两个方面：一是在内容上，人权不仅要保障人的物质利益和精神利益，还要保障人的自由；二是在形式上，人权作为一种权利允许权利主体自由选择对被允许的权利事项的作为或不作为。

关于人权的本质，存在自由论与利益论之争。这种争论不仅仅是理论解释

---

　*　常健，南开大学人权研究中心教授。
　①　李步云：《人权法学》，高等教育出版社 2005 年版，第 16 页。

上的分歧，而且在现实中会表现为不同的人权保障战略。基于利益的人权保障战略强调政府施惠于民，整体利益优先于个体利益，更注重经济、社会和文化权利的保障，并将自由视为实现更高目标的工具。相反，基于自由的人权保障战略强调公民自由，政府只是响应公民的要求，公民监督政府执行公民的委托，个人权利优先于集体利益，更注重保障公民权利和政治权利，并将自由本身视为目的。

从理论上说，利益与自由是人权的两个不可分割的维度。从人权保障的实践来看，应当建立利益与自由相互平衡制约的人权保障体制。

一、人权本质的自由论与利益论之争

在西方的人权学说中，存在对人权本质的两种不同解释：权利自由论和权利利益论。

（一）自由论与利益论之争

权利自由论，就是把权利看作法律或道德允许并保证人们享有的种种能作为或不能作为的自由。这里的自由强调的是意志自由，即认为权利就是人们做或不做某事的自由意志或自主性。霍布斯和斯宾诺莎将自由看作权利的本质，甚至认为权利就是自由；康德认为，权利就是意志的自由行使；黑格尔认为，权利的基础是精神，精神的出发点是意志，意志是自由的，所以意志自由是权利的实质，也是权利的目标。

权利利益论，就是把权利看作受到法律或社会舆论支持的利益。该观点认为，当人们的某种利益被法律或道德认为有责任保护和促进其发展时，该利益就成了人们的权利。当这种利益受到威胁或损害时，人们就会以自己的权利为理由寻求法律的帮助。西方的功利主义和法学实证主义大多坚持权利利益论。功利主义者认为，权利的实质是普遍的功利，应当用社会功利来规定全部的权利和义务，并派生出所有的道德标准。实证主义把权利置于现实的利益关系中来加以理解，并侧重于从实在法的角度来解释权利。德国法学家耶林指出，权利就是受到法律保护的利益。莱兹（Joseph Raz）认为，权利是义务的规范基础；当保护甲的利益非常重要，以至于构成了给乙施加义务的理由时，就可以说甲拥有权利。

对人权本质的这两种解释，都受到了来自不同角度的批评。对利益论的批评是：有许多权利与利益并没有关系，因此利益论并不能解释所有的权利。对意志论的批评是：它所说的选择或能力，只是一种可能性，而不是权利。

（二）西方人权约法中的自由论导向

在西方的人权约法中，我们可以看到自由论的理解居于主导地位，它突出表现在以下方面：

1. 强调人权源自人的尊严和人格属性

《联邦德国宪法》规定："人的尊严不可侵犯，尊重和保护它是国家的义务。为此，德国人民确认不容侵犯的和不可转让的人权是所有人类集团、世界和平与正义的基础。"

《美洲人权公约》规定："承认人的基本权利的来源并非由于某人是某一国家的公民，而是根据人类人格的属性……"

2. 强调自由的终极性

美国《独立宣言》宣称："人人生而平等，他们都从他们的'造物主'那边被赋予了某些不可转让的权利，其中包括生命权、自由权和追求幸福的权利。为了保障这些权利，所以才在人们中间成立政府，而政府的正当权力，则系得自被统治者的同意。如果遇有任何一种形式的政府变成损害这些目的的，那么，人民就有权利来改变它或废除它，以建立新的政府。"

法国《人权和公民权宣言》宣称："任何政治结合的目的都在于保存了人的自然的和不可支援的权利。这些权利就是自由、财产、安全和反抗压迫。""自由就是指有权从事一切无害于他人的行为。因此，各人的自然权利的行使，只以保证社会上其他成员能享有同样权利为限制。此等限制仅得由法律规定之。"

3. 强调自由的非功利性

美国《弗吉尼亚权利法案》宣称："一切人生而同等自由、独立，并享有某些天赋的权利，这些权利在他们进入社会的状态时，是不能用任何契约对他们的后代加以褫夺或剥夺的；这些权利就是享有生命和自由，取得财产和占有财产的手段，以及对幸福和安全的追求和获得。"

与上述西方人权约法中体现出的自由论精神不同，在《非洲人权和民族权宪章》中，人权就与民族权联系起来，成为实现民族权的一种手段。该宪章规定："一方面，基本人权源于人类本性，此乃人权国际保护的法律依据；另一方面，要实现和尊重民族权，保障人权实属必需。"

（三）马克思主义经典作家对人权自由学说的利益论剖析

早期马克思受到黑格尔主义的影响，将自由看作人的普遍本质。在《第六届莱茵省会议的辩论》（第一篇论文）中，他第一次谈到"自由"时指出："自由确实是人的本质，因此就连自由的反对者在反对自由的现实的同时也实现着自由……"①

在 1843 年秋所写的《论犹太人问题》中，马克思对西方人权观中的自由进行了利益论的剖析。他指出：人权之作为人权，是和公民权不同的。和公民不同的这个人究竟是什么人呢？不是别人，就是市民社会的成员。不同于公民权的所谓人权，无非是市民社会的成员的权利，即脱离了人的本质和共同体的利己主义的人的权利。自由就是从事一切对别人没有害处的活动的权利。自由这项人权并不是建立在人与人结合起来的基础上，而是在人与人分离的基础上。自由这一人权的实际应用，就是私有财产这一人权。私有财产这项人权，就是任意地、和别人无关地、不受社会束缚地使用和处理自己财产的权利，这项权利就是自私自利的权利。这种个人自由和对这种自由的享受，构成了市民社会的基础。这种自由使每个人不是把别人看作自己自由的实现，而是看作自己自由的限制。可见，任何一种所谓人权，都没有超出利己主义的人，没有超出作为市民社会的成员的人，即作为封闭于自身、私人利益、私人任性、同时脱离社会整体的个人的人。在这些权利中，人绝不是类存在物，相反地，类生活本身即社会却是个人的外部局限，却是他们原有的独立性的限制。把人和社会连接起来的唯一纽带，是天然必然性，是需要和私人利益，是对他们财产和利己主义个人的保护。②

在 1857～1858 年的《经济学手稿》中，马克思从生产关系的角度对资本主义社会中自由和平等的本质进行了剖析。他指出，如果说经济形式，交换，确立了主体之间的全面平等，那么内容，即促使人们去进行交换的个人材料和物质材料，则确立了自由。可见，平等和自由不仅在以交换价值为基础的交换中受到尊重，而且交换价值的交换是一切平等和自由产生的、现实的基础。作为纯粹观念，平等和自由仅仅是交换价值的交换的一种理想化的表现；作为在法律的、政治的、社会的关系上发展了的东西，平等和自由不过是另一次方的这种基础而已。交换价值，或者更确切地说，货币制度，事实上是平等和自由的制度。这种平等和自由证明本身就是不平等和不自由的。③ 在 1974 年《资本论》第 3 卷中，马克思进一步指出，创造资本主义社会的各种权利的，是

---

① 马克思：《第六届莱茵省议会的辩论》（第一篇论文），载《马克思恩格斯全集》（第 1 卷），人民出版社 1995 年版，第 167 页。

② 马克思：《论犹太人问题》，载《马克思恩格斯全集》（第 1 卷），人民出版社 1964 年版，第 435～439 页。

③ 马克思：《经济学手稿》，载《马克思恩格斯全集》（第 46 卷上册），人民出版社 1979 年版，第 192～202 页。

生产关系。一旦生产关系达到必须改变外壳的程度，这种权利和一切以它为依据的交易的物质源泉就会消失。①

列宁进一步发挥了马克思的观点。他指出："谁承认阶级斗争，谁就应当承认在资产阶级共和国中，即使在最自由最民主的共和国中，'自由'和'平等'只能表现为而且从来就表现为商品所有者的平等和自由，资本的平等和自由。""在资产阶级制度下（就是说只要土地和生产资料的私有制继续存在），在资产阶级民主下，'自由和平等'只是一种形式，实际上是对工人（他们在形式上是自由的和平等的）实行雇佣奴隶制，是资本具有无限权力，是资本压迫劳动。"②"只要阶级还没有消灭，任何关于自由和平等的笼统议论都是欺骗自己，或者是欺骗工人，欺骗全体受资本剥削的劳动者，无论怎么说，都是在维护资产阶级的利益。"③

（四）如何辩证地看待自由论与利益论之争

从权利的内在结构来说，它应当包括利益和自由两个维度。没有利益基础的权利是空洞的；缺乏自由基础的权利是没有价值的。对权利本质的自由论解说和利益论解说各自都强调了权利内在结构的一个方面。从这个角度来理解马克思对西方人权自由论的剖析，揭示出了自由论忽视人权的利益维度的局限性，但这不应当被狭隘地理解为是对人权自由维度的完全否定。应当将利益与自由看作是内在相互依存、相互制约的两个维度，失去任何一个维度，都会对人权作出片面的解释。只强调人权的利益维度，就会陷入对人权的功利性考虑，忽视人权的目的性；只强调人权的自由维度，就会陷入对人权的抽象追求，忽视人权实现的现实基础。同时，人权的这两个维度又是相互限制的。人权的利益基础会限制自由的限度；人权的自由性也会限制利益计算的边界。因此，现实的人权保障，要根据现实的条件实现自由与利益之间的相互平衡制约。

二、中国近代以来对人权的利益论解读

近代以来，中国在接受西方人权学说时，由于受到传统文化、现实问题和

---

① 马克思：《资本论》（第3卷），载《马克思恩格斯全集》（第25卷），人民出版社1974年版，第874～875页。

② 列宁：《〈关于用自由平等口号欺骗人民〉出版序言》，载《列宁全集》（第36卷），人民出版社1985年版，第361～362页。

③ 列宁：《论意大利社会党党内的斗争》，载《列宁全集》（第39卷），人民出版社1986年版，第423页。

历史过程的影响，对人权的解读更加偏重于利益论的视角。

（一）权利概念翻译的利益论倾向

"权利"一词在古代汉语中具有贬义的味道。如"接之于声色、权利、忿怒、患险而观其能无离守也"；"或尚仁义，或务权利"。19 世纪中期，美国学者丁韪良先生（W. A. P. Martin）在翻译《万国律例》时，选择用"权利"来对译英文"rights"，这才使"权利"一词逐渐具有了褒义。但由于"利"在中文中强调的是利益，因此，将 rights 翻译成"权利"，为权利的利益论解释提供了很大的便利。

（二）孙中山对自由的平衡论解释

孙中山融会中西文化建立了三民主义，其中之一便是民权主义。他对民权的解释，强调自由与秩序的平衡关系，并通过四个政权和五个治权来加以保障，他认为，政治中有两种力量，一种是自由力量，另一种是维持秩序的力量。这两种力量有点像物理学中的向心力和离心力。如果离心力大，物体便要四处分散；向心力大，物体便越缩越小，拥挤不堪。必须要两种力量平衡，物体才能保持正常状态。政治也是如此，自由成分太多，便成了无政府；束缚太过分，便成了专制。中外数千年的政治变化，总不外乎这两个力量的往来运动。因此，政治中的自由束缚两种力量也只有平衡，政治才能发展。四个政权和五个治权同时有了，政治里的自由和束缚就能达到平衡。①

（三）自由派知识分子对人权的偏利益论解读

在 20 世纪 20 年代末和 30 年代初，"新月派"知识分子通过宣传人权学说来抨击时弊。在他们对人权的解说中，可以看到利益论的影响。例如，罗隆基在《论人权》中对人权作出了这样的解释："人权是做人的那些必需的条件。人权是食、住的权利，是身体安危的保障，是个人'成我至善之我'，享受个人生命上的幸福，因而达到人群完成人人群的至善，达到最大多数享受最大幸福目的上必需的条件。""彻底些说，人权的意义，我完全以功用（Function）二字为依据。凡对于下列三点有必要的功用，都是做人的必要条件，都是人权：（一）维持生命，（二）发展个性，培养人格，（三）达到人群最大多数的最大幸福的目的。"②

---

① 萧家保、刘英琪：《中国百年人权史》，辽宁人民出版社 1994 年版，第 173 ~ 174 页。

② 罗隆基：《论人权》，载《新月》第 2 卷第 5 号。

（四）中国共产党人从利益角度对权利功能的认识

中国共产党人在争取民族解放和国家强盛的过程中，将给予人民自由权利作为重要的政策。这种对自由权利的强调，是与民族复兴的大业联系在一起的，其论证方式更多地与民族和国家的复兴目标相联系。

1922年，陈独秀在《对于现在中国政治问题的我见》一文中指出，中国革命至急切要的工作，是民主主义的争斗，即对内完全倾覆封建军阀，实现和平与自由，对外促成中国的真正的独立。"这种和平自由与独立，不但能给中国资产阶级以充分发展的机会，而且在产业不发达的国家，也只有这种和平自由与独立，是解放无产阶级使他们由幼稚而到强壮的唯一道路。"[1]

在1937年的抗日战争时期，毛泽东就从抗战的角度分析了民主和自由的必要性。他指出："争取政治上的民主自由，则为保证抗战胜利的中心一环。抗战需要全国的和平与团结，没有民主自由，便不能巩固已经取得的和平，不能增强国内的团结。抗战需要人民的动员，没有民主自由，便无从进行动员。没有巩固的和平与团结，没有人民的动员，抗战的前途便会蹈袭阿比西尼亚的覆辙……第二方面，是人民的言论、集会、结社自由。没有这种自由，就不能实现政治制度的民主改革，就不能动员人民进入抗战，取得保卫祖国和收复失地的胜利。"[2]

在1941年毛泽东从保障各阶级利益的角度，对三民主义进行了阐释。他指出："陕甘宁边区所实行的是革命的三民主义。我们对于任何一个实际问题的解决，都没有超过革命的三民主义的范围，就目前来说，革命的三民主义中的民族主义，就是要打倒日本帝国主义；其民权主义和民生主义，就是要为全国一切抗日的人民谋利益，而不是只为一部分人谋利益。全国人民都要有人身自由的权利，参与政治的权利和保护财产的权利。全国人民都要有说话的机会，都要有衣穿，有饭吃，有事做，有书读，总之是要各得其所。中国社会是一个两头小中间大的社会，无产阶级和地方大资产阶级都只占少数，最广大的人民是农民、城市小资产阶级以及其他的中间阶级。任何政党的政策如果不顾到这些阶级的利益，如果这些阶级的人们不得其所，如果这些阶级的人们没有说话的权利，要想把国事弄好是不可能的。"[3]

---

① 萧家保、刘英琪：《中国百年人权史》，辽宁人民出版社1994年版，第239页。

② 毛泽东：《中国共产党在抗日时期的任务》，载《毛泽东选集》（第1卷），人民出版社1991年版，第256～258页。

③ 毛泽东：《在陕甘宁边区参议会的演说》，载《毛泽东选集》（第3卷），人民出版社1991年版，第308页。

毛泽东 1957 年在《关于正确处理人民内部矛盾》中，从阶级斗争的视角对抽象自由理论进行批判。他指出："世界上只有具体的自由，具体的民主，没有抽象的自由，抽象的民主。在阶级斗争的社会里，有了剥削阶级剥削劳动人民的自由，就没有劳动人民不受剥削的自由。有了资产阶级的民主，就没有无产阶级和劳动人民的民主。有些资本主义国家也容许共产党合法存在，但是以不危害资产阶级的根本利益为限度，超过这个限度就不容许了。"① 在解释中国宪法中的自由权利时，他显然是从利益视角来解释的："我们的宪法规定，中华人民共和国公民有言论、出版、集会、结社、游行、示威、宗教信仰等自由。我们的宪法又规定，国家机关实行民主集中制，国家机关必须依靠人民群众，国家机关工作人员必须为人民服务。我们的这个社会主义的民主是任何资产阶级国家所不可能有的最广大的民主。我们的专政，叫作工人阶级领导的以工农联盟为基础的人民民主专政。这就表明，在人民内部实行民主制度，而由工人阶级团结全体有公民权的人民，首先是农民，向着反动阶级、反动派和反抗社会主义改造和社会主义建设的分子实行专政。所谓有公民权，在政治方面，就是说有自由和民主的权利。但是这个自由是有领导的自由，这个民主是集中指导下的民主，不是无政府状态。无政府状态不符合人民的利益和愿望。"②

三、利益论解读的历史合理性与局限性

应当看到，对人权的利益论解读，在中国已经形成了一定的传统。例如，在 CCTV 网站上，我们可以读到对人权实质的下述利益论解释："人权是为一定的道德理想与伦理观念承认与支持的人所应当享有的各种权益。权利这一概念由权威与利益这两个要素组成。这里所讲的权威，既包括法律的权威，也包括某些社会组织的章程、宗教的教规以及传统与习惯的权威。这里所讲的利益，既包括物质的利益，也包括人身的、精神的种种利益。所谓人权，就是在社会生活中，在个人彼此之间、群体彼此之间以及个人、群体与社会（甚至包括国际社会）之间存在的利益相互矛盾和相互冲突中，一定的权利主体（包括个人、群体、民族、国家等）在利益上的理想追求、合理分配和实际享有。离开利益讲人权是毫无意义的。无论是在一国内还是在国际间，人权问题

---

① 毛泽东：《关于正确处理人民内部矛盾的问题》，载《毛泽东著作选读》（下册），人民出版社 1986 年版，第 761 页。

② 毛泽东：《关于正确处理人民内部矛盾的问题》，载《毛泽东著作选读》（下册），人民出版社 1986 年版，第 760 页。

上经常存在的种种矛盾与斗争，都同一定权利主体的利益有关。"①

在中国，对人权解读的利益论导向，具有其历史的必然性和合理性。首先，中国是在遭受帝国主义和封建主义的多重压迫的历史背景下，开始向西方寻求思想药方的。在这一过程中，只有那些有助于中国民族独立和国家富强的西方观念，才能进入中国人的视野。因此，这时中国人对西方人权观念的解读，便自然而然地会从利益论的视角出发。其次，中国文化传统强调的是义务而非权利。在这种义务文化传统的长期熏陶下，中国人的权利意识相对较弱，而利益意识相对较强。因此对人权的解读更容易从利益的角度出发。最后，近代以来，中国经济处于落后状态，人民生活贫困，在世界的部分中缺乏发展的机会。因此，改变落后的经济状况和人民生活，成为中国人面临的首要任务。在这种背景下，对利益的强调，特别是对改善生存和发展状况的高度关注，是形成人权解读的利益论视角的重要动力。

但同时还应当看到，利益和自由是人权的两个内在维度，如果仅仅从利益角度来解读人权，便会产生一定的历史局限性。它具体表现在人权保障过程中可能出现的四种不平衡，即（1）利益给予与尊严维护之间的不平衡；（2）经济、社会、文化权利保障与公民权利、政治权利保障之间的不平衡；（3）集体权利保障与个人权利保障之间的不平衡；（4）国内人权保护与国际人权保护之间的不平衡。随着中国经济的发展、人民生活水平的提高、受教育程度的提高、对外交流的扩展，公民的权利意识正在不断增强，这种历史局限性所带来的不平衡也日益被人们所感觉。因此，中国人权事业的进一步发展，需要从理论上突破利益论的这种局限。突破的方式并不是放弃对人权保障中利益维度的强调，而是要使对利益的强调与对自由的强调达到平衡，即从利益论走向利益与自由的平衡论。

令人欣喜的是，随着中国人权事业的不断发展，对人权观念的理解正在朝着日益平衡的方向扩展。从宪法中关于"国家尊重和保障人权"的规定，到将经济、社会、文化权利与公民权利、政治权利视为一个不可分割的整体，再到温家宝总理对尊严的强调。温家宝总理在与网民对话中对"尊严"作出了如下解释："我提出'要让老百姓活得更有尊严'，主要指三个方面：第一，就是每个公民在宪法和法律规定的范围内，都享有宪法和法律赋予的自由和权利。无论是什么人在法律面前，都享有平等。第二，国家的发展最终目的是为了满足人民群众日益增长的物质文化需求，除此之外，没有其他。第三，整个社会的全面发展必须以每个人的发展为前提，因此，我们要给人的自由和全面

① http://www.cctv.com/zhuanti/renquan/zhishi3.html.

发展创造有利的条件，让他们的聪明才智竞相迸发。这就是我讲的尊严的含义。"① 在这段解释中，可以清楚地看到对利益与自由的平衡关注。

反观西方人权观念的发展之路，我们同样可以看到，在由于两极分化所导致的各种社会冲突面前，其以自由论为导向的人权观念也在不断地被加进利益论的考虑。罗斯福所讲的"四大自由"中，在表达意见的自由和崇拜的自由基础上，加入了不虞匮乏的自由和免除恐惧的自由。欧洲在 1950 年制定的《欧洲人权公约》中规定的主要是公民的各项自由权利和政治权利，而在 1961 年制定的《欧洲社会宪章》中进一步对经济、社会、文化权利作出了具体的规定。由此我们也可以看到人权观念的基本发展趋势，即尽管由于不同的历史和文化背景，各个国家解读人权的初始视角各不相同，但其后都会朝着更平衡地关注人权的自由维度或利益维度的方向扩展自己的视野。

（载《广州大学学报（社会科学版）》2011 年第 11 期）

———

① 《温家宝解读尊严：给人的自由和发展创造条件》，载新华网，http：//news. xin-huanet. com/politics/2010 – 02/27/content_ 13062217. htm.

论人权的人本内涵

陈佑武*

摘　要▶ 创新人权的人本理念是创新人权理论的关键所在，当代中国"以人为本"理念的提出则为人权人本内涵的创新提供了新的历史契机。以人为本视野下的人权的人本内涵主要包含以下几个方面：人是人权之本，具体的人与社会的人是人权的立足点，人的价值高于一切，从人的应有权利向法定权利发展，人人和谐共处，人人参与人权实现。

关键词▶ 人权；以人为本；人权理论

研究现实问题，创新人权理论，构建具有中国特色、中国气派与中国风格的人权理论体系是当代中国人权理论工作者应该认真对待的问题。在此问题意识下，理论工作者才有可能在理想与现实之间寻求有益的制度建设路径，促进人权的法治保障。这其中，创新人权的人本理念、变革人权的人本内涵是创新人权理论的关键所在。笔者认为，当代中国"以人为本"理念的提出为人权理论的创新与变革提供了新的历史契机。

一、人是人权之本

"以人为本"理念在人权理论上的直接体现就是人是人权之本，这是人权理论的立论基础。人权如果不是源自于人，既无存在的必要，也无存在的可能。这是因为，人权是因人的需要产生的，人权的价值与作用都是针对人自身而言的。人是人权之源，换言之，人权源自于构成人之根本特质的人的本性，即人的社会属性与自然属性，二者缺一不可。人的社会性是人权的充分条件，没有人的社会性，不可能产生人权。人的社会性表明，在人类社会中，人自始至终都是社会的一部分，这正如马克思所言"人是最名副其实的政治动物，不仅是一种合群的动物，而且是只有在社会中才能独立的动物"。① 因此，人

---

* 陈佑武，广州大学人权研究院教授。

① 《马克思恩格斯全集》（第46卷），人民出版社1995年版，第21页。

的本质也就是"一切社会关系的总和"①。生活在各种人与人之间的社会关系中的人，其利益与道德、思想与行为的实现在历史发展的进程中会逐步地表现为人权诉求。脱离了社会、集体以及他人完全孤独的个人是不会产生这种诉求的。所以，人权既不是先天就有的神秘的东西，也不是单个人所固有的抽象物，而是客观的、现实的、具体的，是由人的后天的社会实践所决定的。自然属性则是人权的必要条件，没有人的自然属性，人权便丧失其基本前提。正如马克思所说"人直接的是自然存在物。人作为自然存在物，而且作为有生命的自然存在物，一方面具有自然力、生命力，是动物的自然存在物；这些力量作为天赋和才能、作为欲望存在于人身上；另一方面，人作为自然的、肉体的、感性的、对象性的存在物，和动植物一样，是受动的、受制约的和受限制的存在物"，② 即"人是肉体的、有自然力的、有生命的、现实的、感性的、对象性的存在物"③。人的自然属性是人与生俱来的本性，没有人的自然属性，人就不会存在，也就谈不上人的社会性与人权。所以，人的自然性为人权提供了前提，人的存在也永远难以完全摆脱人的这种自然属性。正是基于人的社会属性与自然属性的存在，人类才会有生生不息的人权追求，追求人权的充分实现才会成为长期以来人类的伟大理想。

人的社会属性与人的自然属性作为人权的本原，二者是辩证的统一体。人的自然属性是前提，而人的社会属性条件，共同证成了人权的存在。人的社会属性与自然属性的统一的不同比例与程度决定了一个社会或国家不同时期的人权的内容与种类。相对于自然属性，人的社会属性对现实社会的人权观念更具有支配性，现实社会的人权观念也总是在更大的程度上体现人的社会属性的要求。当然，如果人没有自然属性，人权也就无所凭借、不复存在。

二、具体的人与社会的人是人权的立足点

"以人为本"理念对于人权主体理论的启示在于，不管何种主体学说的存在，一个不容否定的基本事实是，作为个体的人应该是当然的人权主体。这里所指的人乃是具体与普遍联系存在的个人，而非抽象与孤立存在的个体。因此，马克思主义人权观的"人"与古典人权理论上的"人"不可同日而语。古典人权理论中的人是具有生物性、抽象性、普遍性的人，将人置于空中并归于抽象，忽视了人的社会性与个体差异。古典人权理论的弊端导致了人权在实

---

① 《马克思恩格斯全集》（第 3 卷），人民出版社 1995 年版，第 5 页。
② 《马克思恩格斯全集》（第 42 卷），人民出版社 1995 年版，第 167 页。
③ 《马克思恩格斯全集》（第 42 卷），人民出版社 1995 年版，第 168 页。

际生活之中不能普及众生，人权仅仅成为了部分既得利益者的特权，却以所谓的"所有人"的人权的名义冠之，所以其一产生便具有欺骗性与虚伪性。这一缺陷曾被马克思一语道破，即"人权本身就是特权"①。从根本上来讲，古典人权理论的这种局限性是由生产资料私有制及其生产方式所决定。众所周知，在资本主义社会，资本家为了获得剩余价值的需要，于是"平等地剥削劳动力，是资本的首要人权"② 就成了资本主义社会人权状况的真实写照。在此状况下，资本家的人权被放大，而工人的人权则被践踏。而与之不同在于，马克思主义人权观建立在生产资料公有制基础之上，是以人人为本、所有人为本，即目的以每一个人为本，而且也能以每一个人为本，并能实现以每一个人为本的理论。这里的"人"是"在一定历史条件和关系中的个人，而不是思想家们所理解的'纯粹的'个人"③，是鲜活的、具有生命力的个体，尤指向那些弱势群体，不再是形而上的抽象观念。这一理论不仅仅关注人的类存在与抽象存在，更关注人的社会存在及其个性差异，认为人是具有种种欲望与需求的现实之人，将人置于纷繁复杂的社会关系之中，并使人从中获得解放。这正如马克思所言："任何一种解放都是把人的世界和人的关系还给人自己。"④ 马克思主义人权主体观并非抽象的原则或一般的宣示，而是构建在现实社会芸芸众生之上的理论。这一人权理论由于以社会主义生产方式为依托，以不断发展的生产力为保障，以广大人民的利益为依归，因为是真实的、可实现的。

所以，"以人为本"人权观中的主体是指所有个人，并非部分人。从这种主体视角出发，认为"人权就是公民权"显然难以成立。公民作为一个法律概念专指具有一国国籍身份的人，而且，在一个国家里，除了公民，还有无国籍人、难民和外国人。这种不同身份的人在一国法律中享有的权利并非都是相同的，而人权只仅仅因为人的资格不作权利区分，因此人权与公民权不可相提并论、等量齐观。从语义角度分析，似乎享有人权就是享有公民权，这是"人权就是公民权"的应有之义。其实这也是错误的。从历史维度来看，人权是人类社会特有历史现象，其主体人权保障具有一定的历史局限性。在原始社会、奴隶社会有人权，但那时人们并不必然享有公民权，如奴隶、农奴以至封建专制下的农民。人权转化为公民权是一个历史过程，依赖于法律的进步与法治的发展，且须有一定的社会、经济、文化条件作支撑。

---

① 《马克思恩格斯全集》（第 3 卷），人民出版社 1995 年版，第 228 ~ 229 页。
② 《马克思恩格斯全集》（第 23 卷），人民出版社 1995 年版，第 324 页。
③ 《马克思恩格斯全集》（第 3 卷），人民出版社 1995 年版，第 86 页。
④ 《马克思恩格斯全集》（第 1 卷），人民出版社 1995 年版，第 443 页。

三、人的价值高于一切

"以人为本"理念对于人权价值的影响表现为，在社会发展的整体性价值诉求上，人权理论应该秉持人的价值是第一位的观念，主张不能以牺牲人的价值为代价谋求社会政治经济与文化的发展。这一价值诉求首先就表现为对人性与人格尊严的尊重。就此意义而言，人性与人格尊严既是马克思主义人权价值观的理论源泉与基本前提。因此，马克思主义人权价值观是人权之源的价值观，人的全面发展的价值观，实现人的幸福的价值观，它的核心价值就是人的价值。这一价值观要求，在社会发展的进程中，要把人的价值当作宗教来信仰，要确立人是发展的中心地位，要把人的全面发展看作是最主要的事情，要以尊重人的方式处理人的问题。这表明，在马克思主义人权观视野之中，每一个具体的个人的价值自始至终值得认真、严肃与慎重的对待。其中，自由的人与平等的人是马克思主义人权价值观的出发点与归宿。脱离了自由的人与平等的人，不仅不可能存在马克思主义人权观，也不可能发展马克思主义人权观。基于人的价值高于一切是马克思主义人权价值观的诉求，所以相应法律制度不能"只见物，不见人"；不能只为了经济的发展，而忽视了对人们的基本人权与自由的尊重；不能把人充当社会发展的工具与手段，而应视人为社会发展的主体与目的。概言之，人的价值高于一切要求法律与法治建设要以人为本、尊重和保障人权。

在人权价值观的价值谱系中，仅主张以人的自由为核心的主体性价值，不可能产生人权观念。纯粹的以自由为核心主体性价值所解决的只是人作为存在物的独立品性与主体资格问题，而没有解决人与人之间的关系，即主体间性价值。在奴役与依附的人身关系之中不可能存在人权观念，人权观念的产生必须以人与人之间的平等主体间性价值的存在为前提。就此而言，以"以人为本"为核心的马克思主义人权价值观是人的自由与平等价值高于一切的价值观。

四、从人的应有权利向法定权利发展

人权发展观的"以人为本"的内涵认为，人权的发展应以人赖以存在的物质生活条件为基础，以人的应有权利向法定权利的历史演进为基本过程。首先，人权的本义就是指人的应有权利，即人之为人的权利、人区别于动物的权利。人的应有权利是一个历史范畴，其内涵并非永恒不变，会随着经济、政治、文化等因素发展而发展。因此，马克思主义人权发展观第一层次的基本内涵就是指人的应有权利的发展。从唯物史观角度来看，应有权利是从人的生产与生活中发展而来的，没有社会生活的本身，不可能存在应有权利。这一内涵

已经被马克思揭示，即"贫民在自己的活动中已经发现了自己的权利"。① 这表明，当一个社会的生产力发展到一定程度，新的应有权利经应运而生。例如，作为新的应有权利的公民权利和政治权利主要是在资本主义生产方式下产生的。其次，在法治社会里，人权发展主要体现为通过立法，将人的应有权利转化为法定权利，使人的应有权利获得法律保障，这是马克思主义人权发展观第二层次的发展。在人权法定化状态之下，人的各种应有权利具体表现为公民的各种法定权利，因此尊重和保障公民的法定权利是法治社会马克思主义人权观的基本要求。从其具体内容来看，这些法定权利包括公民权利、政治权利、经济权利、文化权利、社会权利等。

从人的应有权利向法定权利发展的过程中，人权的主体与人权的内容都有一个逐步发展的过程。主体的发展过程主要体现为人权普及到个人经历了漫长的历史演变，而个人人权发展到集体人权或人格主体人权则是新的历史态势。内容的发展过程主要体现为无论应有权利还是法定权利，其内容总是处于一个不断发展的状态。例如，在社会主义市场经济体制确立之前，我国法律赋予了国有财产、集体财产、私人财产权利所有人在民事法律活动中不同的权利能力和行为能力，这种物权上的等级差别使私人财产权保护受到不平等待遇。经过2004 年的宪法修订特别是 2007 年物权法的颁布，私人财产权享有了与其他权利同等保护的地位，这充分表明以人为本理念下的人的权利得到了更为全面的发展与保障。

五、人人和谐共处

谈及人权，人们往往谈到人权的对抗性或抵抗性特征，认为人权与权力之间存在尖锐矛盾，只有严格规制国家权力方可保障人权。这一观念源于"国家权力——公民权利"二元对立的资产阶级启蒙思想，即国家与公民之间有不同的利益与严格的界限。因此，古典人权理论高举人权旗帜，既主张对公民权利进行保障，也要求对国家权力进行限制，这也就造就了权力与人权之间的紧张关系。由于国家公权力的行使者是有生命的个人，这使权力与人权之间的紧张关系表现为人与人之间的紧张关系。

"以人为本"理念必然要求人们对古典人权观只强调人权内在的对抗精神的传统进行反思与创新，这也是马克思主义人权观对古典人权观进行扬弃的应有之义。在"以人为本"理念指导下，马克思主义人权观不仅仅认识到了权力与人权之间的内在矛盾及其冲突，而且也进一步认识到人与自然、人与社

---

① 《马克思恩格斯全集》（第 1 卷），人民出版社 1995 年版，第 253 页。

会、人与国家、文化与文化、宗教与宗教、民族与民族、国家与国家之间的冲突只是一个暂时现象，通过循序渐进的法治建设与社会治理，人类社会的各种元素及各种关系必然逐步趋于和谐，从而实现物质文明、精神文明、政治文明、生态文明四大文明同步协调发展。在这种历史趋势下，人与人之间的关系也由对立、对抗趋向缓和、对话，人类社会将出现天下为公、其乐融融的局面。因此，马克思主义人权观强调人权与权力之间的共生共荣、互信互爱。马克思主义人权观这一特征的本质是宽容与尊重，是对人权对抗性品质的补充，目的是更好地实现人的幸福。同时，马克思主义人权观的这一特征也是马克思关于人的认识在人权领域的拓展。马克思曾指出："你希望别人怎样对待你自己，你就怎样对待别人。"① 这里面的精神就是宽容与尊重，在"以人为本"理念的影响下，它理应成为马克思主义人权和谐观的精神内核。有了人与人之间的宽容与尊重，人权与权力之间的宽容与尊重就有了基础与保障。反过来，通过人权与权力之间的对话与沟通，不仅可以实现人人和谐共处，而且也可以激发社会的发展活力，促进社会的公平正义，维护社会的安定团结。

只要人权与权力的区分依然存在并发挥其效用，二者之间紧张关系便难以消除。因此，人权和谐观并没有也不可能从根本上消解人权与权力之间对立与冲突关系，而只是使人权与权力之间对抗关系对立统一于和谐关系之中。从这一点来看，人权与权力之间的对抗不是为了对抗而对抗，而是为了和谐才对抗，否则这种对抗就有侵犯人权的风险。

六、人人参与人权实现

"以人为本"理念对于人权实现的意义在于，人权理论不仅仅强调人作为人权主体即人权享有者的存在，而且同时旗帜鲜明地指出在人权实现上个人负有积极的义务。这一特点改变传统以来对个人在人权实现上的地位与作用的看法，赋予了人权实现新的内涵与方式。依据古典人权观，在人权实现上国家负有首要义务，因此国家长期以来被视为人权实现的当然主体。究其原因，这是由国家与公民之间相互关系以及国家权力与公民权利不同性质与特点所决定的。因此国家承担人权保障最主要的责任，在国际人权文书中有明确的规定与要求。除国家外，国际组织与非政府组织也在人权保障中发挥重要作用，而个人作为人权实现义务主体的地位未引起足够的重视。但历史事实已经证明，在人权实现上，除了国家与社会，并不意味个人不作任何努力、不尽任何义务便可以坐享其成。所以，马克思主义人权观要求每一个人都对自身或他人的人权

---

① 《马克思恩格斯全集》（第 1 卷），人民出版社 1995 年版，第 140 页。

实现负有义务，任何人不能只享有人权而不承担相应的义务。"没有无义务的权利，也没有无权利的义务。"① 换言之，在人权实现上，既没有无义务的人权，也没有无人权的义务。人人既是人权的主体，又是人权实现的义务主体。

当然，个人充当人权实现的义务主体，更多的是指个人在实现自身人权时承担的义务。如公民受教育权的实现，国家虽然承担不可推卸的责任，但受教育者也应承担各种义务，如遵守规章、道德戒律、努力学习等，否则其受教育权实现将会面临许多问题。值得注意的是，要把个人承担人权实现的人权义务与其作为自然人的法律义务要区别开来，人权义务应是一个更大的理论范畴。简言之，把人权的实现回归于人的自身，这是马克思主义人权观对古典人权的发展，也是其对现代人权理论建设的贡献，将极大激发人们参与人权实现与社会发展的热情。

概言之，人权理论并非一成不变的理论体系，其内涵发展至今已经发生巨大的变化。当代中国"以人为本"理念的提出，则为人权理论的这种变化与发展提供了新的理念与思路。为创新人权理论，解决现实问题，应该准确把握住人权人本理念变化的基本规律及其精神实质，只有这样才能为具有中国特色、中国气派与中国风格的社会主义人权理论体系的形成奠定坚实的理念基础。

（载《广州大学学报（社会科学版）》2011 年第 5 期）

---

① 《马克思恩格斯全集》（第 17 卷），人民出版社 1995 年版，第 476 页。

利益抑或意志：权利本质理论的流变

张立伟*

摘 要► 权利的本质是意志还是利益，在权利理论发展中一直争论不休，这也是权利概念中非常重要的一个问题。启蒙思想家们提出了现代意义上的独立的权利概念，将其本质界定为人的自由意志。而在启蒙之后，功利主义又提出了权利本质的利益理论。由此，利益论和意志论的争论开放了人们对于权利本质的理解。在阐释权利本质方面，这两种观点各有其理论优势和缺陷。

关键词► 描述性；评价性；功利主义；自由选择

一、权利本质对权利概念的意义

R. M. 黑尔指出，我们总是在两种意义上谈论某种事物，一种是描述性的，另一种是评价性的。[①] 人们对于权利概念的使用也是如此。权利的概念中总是包含着两层意思，人们用不同的语言来描述这两层意思。

评价性的这一层面，人们所用的语言通常是"正当"一词。西方语系中"权利（right）"一词本身就具有正当性的含义，rights 和 right 在很多人看来仅仅是主词和谓词之间的差别，尽管在汉语语境下这种权利和正当性的合一表现得并不那么明显。因此，除非是在某种具体权利的论争中，人们会质疑一项权利是否正当，而实际上这只是在质疑它是不是一项权利的问题。当人们一般性地谈及权利时，人们实际上已经将其作为正当的事物来看待。所以一般性权利理论中的正当性问题，不是来确认权利是否具有正当性的问题，而是来思考权利为什么具有正当性或者权利的正当性来自于何处的问题。换言之，也即是理论家们如何来论证权利的正当性问题。这是权利理论中一个非常重要的问题，关于权利的根据问题，即权利来源于哪里。从权利理论的历史来看，对于权利的正当性来源问题的思索通常有两种进路：一种是认为权利是从某种抽象的命

---

* 张立伟，中共中央党校副教授。

[①] ［英］黑尔：《道德语言》，万俊人译，商务印书馆 2004 年版，第 106 页。

题中产生，如自然法、理性命令、道德原则、人的道德能力等独立于人们的具体生活实践的事物；另一种是认为权利源自于某种经验的命题，如传统、历史的实践。前者被认为是理性主义的进路，而后者则是经验主义的进路。

描述性的这一层面，人们所使用的语言则各不相同。在这一问题上，从逻辑上大概分为两个部分：一是关于"权利是什么"；二是关于"权利是怎样的"，包括权利的主体、客体、内容、对应主体等，也即是"主体 X 对某物 P 针对 Y 拥有一项权利 R"这一陈述所表达的具体意义。前者是对权利的本原或本质的解释，后者则涉及权利关系中的诸要素、权利的内在结构以及权利的存在形式等。关于权利本质的解释是权利概念中更为基本的问题，权利的样态、种类以及构造的认识都是在前者的基础上得出的。在这一问题上，权利理论家们的解释充分体现了权利现象的复杂与认识权利本质的困难。康德说："问一位法学家'什么是权利？'就像问一位逻辑学家一个众所周知的问题'什么是真理？'同样使他为难。"① 美国法哲学家范伯格干脆承认给出一个严格的权利定义是不可能的任务。但是，尽管如此人们并没有放弃从各个角度来认识权利本质的知识努力。按照一般的概括，比较重要的权利本质的解释包括将权利看作是道德资格、自由、意志、利益、法律赋予的某种力量或能力等。② 有学者归纳了 9 种说法：资格说、主张说、法力说、规范说、优势说、可能说、自由说、利益说。③ 这些观点大致可以分为三类：资格说、法力说、规范说、优势说是一类，都是将权利的概念依托于制度对它的意义来描述的，制度授予的资格、能力、尺度、优势；而主张说、可能说、自由说、选择说则为一类，将权利描述为与人的自由意志的决定相关；而利益说则为一类。而在权利理论的发展演变历史上，后面两类意志说和利益说是影响最大的。

二、权利本质理论的历史考察

法学家们的研究表明，权利观念和权利实践古已有之。在古罗马时代，罗马法中就已经出现了表达某种特定权利义务关系的法律术语。罗马法中已经有类似于"rights"的表达，即"jus"一词。我们通常将罗马法的"jus"翻译为"权利"，实际上它的含义很广。罗马法中"jus"大概有 10 种意义，其中有 4 种与我们理解的权利概念最接近，分别是：（1）受到法律支持的习惯或

---

① ［德］康德：《法的形而上学原理——权利的科学》，沈叔平译，林荣远校，商务印书馆 2001 年版，第 39 页。

② 夏勇：《人权概念起源》，中国政法大学出版社 2001 年版，第 46 页。

③ 张恒山：《法理要论》，北京大学出版社 2002 年版，第 359~360 页。

道德权威；（2）权利，即一种受到法律支持的习惯或道德权利；（3）自由权，即一种受到法律承认的正当自由；（4）法律地位，即法律秩序中的地位。但法理学上并没有归纳出一个独立的权利概念。

在中世纪后期，托马斯·阿奎那提出了把"jus"理解为正当的事情本身，之后，奥卡姆的威廉、西班牙教士苏亚雷兹又进一步阐释了"jus"的含义，将其与人的权利或道德资格联系在一起。

然而，直到启蒙时代，现代意义上的权利概念才真正开始形成。这种权利概念开始明确地区别于法律，具有了独立的语义。与这个时代相适应，启蒙思想家们所阐释的独立的权利概念是以人的自由理性为本质特征的，正因为如此，这种权利才成其为"自然的"。所以，启蒙时代的权利理论人们又把他们称作自然权利理论。格劳秀斯把权利看作是人作为理性动物固有的一种品质。启蒙思想家们对于权利的理解是鲜明的，他们倾向于从自由的角度来解释权利。霍布斯和斯宾诺莎都把权利看作是一种免受干扰的条件，是法律上不干扰人类的自然自由。洛克认为，权利意味着我享有使用某物的自由。康德同样把权利看作是"与生俱来的自由"。由此，我们发现在此启蒙时代的思想家那里，更多的是从权利的主观方面——它所蕴涵的人的自由意志来界定权利的本质。这显然与整个启蒙时代的精神是联系在一起的。

在启蒙时代之后，权利语言在边沁那里发生了重大转变。边沁不满意启蒙思想家们以形而上的思辨来说明权利，而强调以分析的、实证的方法来看待权利现象，用精确的类型化的语言来说明权利，注重对权利的客观性的描述，即对权利客体与主体间的关联的客观描述，而不是主体的主观意志与权利客体的评价。因此，边沁将权利置于现实的利益关系中来理解，将利益看作是权利的本质范畴。边沁说，权利对于享有权利的人来说就是利益和好处，义务则意味着负担。在边沁那里，利益的含义与好处、快乐、幸福等相同，是进行功利计算的基础。正是在利益的基础上功利主义与权利概念结合起来。奥斯丁认为，权利的特质就是在于给予所有者以利益。而密尔也同样指出，拥有权利就是要求社会提供对我享有的东西的应有的保护。而之所以要保护这些东西，就是因为它们是对我们而言至关重要的利益。

利益概念是我们日常语言和哲学、社会学、法学、伦理学、政治学等诸多学科中所经常运用的基本概念之一。霍尔巴赫说："所谓利益，就是每一个人根据自己的性情和思想使自身的幸福观与之联系起来的东西；换句话说，利益其实就是我们每一个人认为对自己的幸福来说是必要的东西。"① 与他同时代

---

① ［法］霍尔巴赫：《自然的体系》，管士滨译，商务印书馆1964年版，第271页。

的哲学家爱尔维修进一步深化了利益的概念。他说："一般人通常把利益这个名词的意义仅仅局限于爱钱上；明白的读者会觉察到我是采取这个名词的比较广的意义的，我是把它一般地应用在一切能够使我们增进快乐，减少痛苦的事物上的。"① 他认为，利益是我们用以判断各种行为的根据，它使我们注意每一行为对于公众是否有利、有害或者无关紧要，因而判断它们是道德的、罪恶的或者可以容许的。② 在这里，利益不仅成为描述人们行为的范畴，而且成为评判各种行为的根据，具有了评价性的意义。它相对于德性而言，其优点就在于利益概念具有更强的客观性，这也是人们将它们称作是唯物主义的重要原因。爱尔维修的利益理论对于边沁的功利主义产生了巨大的影响。功利主义的贡献在于它将利益概念纳入到了法律的领域。强调利益的重要意义，是边沁的权利理论乃至其整个法律理论的重要特征。在《道德与立法原理导论》中，边沁就指出利益概念是不属于任何更广泛的逻辑种类的词汇之一，无法以通常的方式来定义。③ 在边沁那里，利益这个概念正如快乐、幸福一样，是一种元概念，无法进行定义，也不需要进行定义。需要指出的是，在边沁的伦理学中，利益与幸福、好处等概念有着相同的含义。边沁明确指出了这一点。但是，在边沁的法律理论中，他扩展了利益的概念。利益概念所体现出来的客观的、实证的特质是幸福概念所缺乏的。甚至可以说，利益论是边沁整个法律理论的基础。

这种学说被耶林发扬光大，他认为权利就是受到法律保护的一种利益。并非所有的利益都是权利，只有为法律所承认和保障的利益才是权利。从而，权利的本质理论中影响最大的利益理论得以形成。它的意义在于：一方面，利益论对权利的客观方面的描述，将一种新的方法论引入到权利理论中，建构了一种分析性的权利概念。正是因为功利主义者发掘了权利现象中的可描述要素，从而使在此基础上的权利分析得以进行。另一方面，利益理论也使权利与法律更紧密地联系在一起，引导人们相信对权利所采取的法律保护是因为权利所代表的利益，是为了防止利益侵害的发生。

当然，利益这一概念不是像边沁说的那么靠得住。有时候，利益的解释是含混的。利益在法律上也需要进行界定。而这种界定往往也会遭遇很多困难。如范伯格就提到，在《美国侵权法重述》就将利益一词定义为"人所欲望的

---

① 洪谦：《十八世纪法国哲学》，商务印书馆1963年版，第457页。

② 周辅成：《西方伦理学名著选辑》（下），商务印书馆1996年版，第44页。

③ ［英］边沁：《道德与立法原理导论》，时殷弘译，商务印书馆2000年版，第58页。

任何对象物"。但是，有的时候，我们说一个人对他当前并不欲求的东西"有一种利益"，甚至当一个人奋力反抗而不愿服药时，这剂药也许正是有益于这个人的。我们经常会遭遇到这种情况，有时候小孩子尽管病了但是不愿吃药，因为药是苦的，但是为了孩子的利益，父母和医生需要想方设法让孩子把药吃下去。这里，孩子的欲望与利益就并非完全一致。因此，从这个意义上说，利益的对象是"真正有益于人的东西"，不管他是否想要它。① 功利主义对于利益概念的解释就是着重于他的有用性。它对于增加人的快乐和减轻人的痛苦是有效的。尽管孩子吃药的过程对他来说是一种痛苦，但是对于治病而言避免了一种更大的痛苦，所以吃药对孩子而言是一种利益就得到了很好的解释。

三、利益理论与意志理论的当代争论

权利的利益理论在很长一段时间内占据了权利话语的优势地位，尤其是在分析法理学内部，将权利的本质看作是利益更被认为是理所当然的事情。然而，这种状况在哈特那里发生了改变。在哈特那篇卓越的论文《边沁论法律权利》中，他对权利的利益论进行了批判，提出了权利的选择理论，从而开启了在权利本质理论上利益论和选择论的争端。

哈特对利益论的批判主要是从两个方面：一方面，哈特指出，权利的利益理论或受益理论并不是一种有意义的解释，对于法律家而言是"冗长而无用的"。如果说某个人拥有权利仅仅意味着他是一项义务的将来的受益人。在此意义上，在法律的描述中，一项权利可能是一个不必要的、令人迷惑的词语，因为所有可以用权利的术语来表述的东西都可以，而且事实上最好用不可或缺的义务术语来表述。因此，对权利来说，受益理论并没有使其比起一个替代性的义务公式更有意义，而将义务语言转换为权利语言，并没有更加清晰或更有意义。② 这一现象在刑法中表现得尤为明显。从民法和刑法的规范方式来看，刑法规定的义务与民法并不相同，刑法的目的并非是保障个人的单独的利益，而是安全与秩序，所有的义务事实上都是不得以对社会一般利益构成损害的方式行为的义务。因此说，在刑法的义务上，它的受益人是不可指定的。权利的利益理论所提供的对于普遍义务的替代性解释，没有清晰地表明民法义务和刑法义务之间的区别，而"不过是将刑法上的义务转化为权利的术语学，这是

---

① ［美］范伯格：《自由、权利和社会正义——现代社会哲学》，王守昌、戴栩译，贵州人民出版社1998年版，第34页。

② HART H L A. Bentham on legal rights, in Essays on Bentham,: Studies in Jurisprudence and Political Theories ［M］. Clarendon Press, 1982.

一种多余的转换"①。另一方面，哈特认为，成为一项义务的未来的受益人并不是拥有一项权利的充分条件，它同样不是一项令人满意的必要的条件。② 他举出契约中的第三方受益的例子来说明这一点。在一些契约中，契约义务的履行会使第三方受益，但是受益的第三方却不一定拥有对契约义务的控制能力，也就是说即使契约义务的不履行会导致他的利益受损，但是他却可能没有权利要求义务人履行义务。例如，A 赠送一套房屋给 B，B 的妻子及家人的居住条件将会因这套房子而有很大改善。假设 A 没有履行赠送的义务，这时尽管 B 有权利请求 A 履行其义务，但是受益的第三方 B 的妻子并没有这样的权利。根据这一分析，一项权利的存在，拥有权利的人既非充分也非必然是义务的受益人；充分而必要的是他至少应当拥有对于相关义务的某些控制措施。

在上述批判的基础上，哈特提出了他的选择理论来取代利益理论。他指出，与义务相关的权利，仅仅是作为法律权力的一种特殊情况出现，在此情况下，权利拥有者对另一人的义务可以自由地放弃、取消、强制实施或任其自然。相应地，在这三种权利类型下，拥有一项权利的人，就拥有了一项为法律所尊重的选择。根据这种权利的选择理论，权利主体对于相关联的义务拥有排他性的控制权力。权利拥有者对于关联义务的控制力包括了三个不同的要素：（1）权利拥有者可以放弃或取消这一义务，或者让其继续存在；（2）在义务被违反或者受到违反的威胁后，他可以通过起诉以获得赔偿或者在某些情况下获得法院的禁止令或强制的命令来限制对义务的持续违反或进一步违反，也可以是相反；（3）他可以放弃或取消违反义务行为所产生的支付赔偿的义务。③哈特的权利选择理论实际上延续了启蒙时代从权利主体的意志自由的角度来认识权利本质的方法。正如卡尔·维尔曼所说，哈特令人尊敬的法律权利的选择理论是权利的意志理论的一个范例。④ 因此，利益论与选择论的争端也被认为是利益论与意志论的争端。从哈特开始，当代权利哲学家开始了新一轮关于权利本质到底是意志还是利益的争论。利益说的支持者，如拉兹、麦考密克、克雷默等。意志说的支持者，如卡尔·维尔曼、斯金纳等。他们在攻击对方的同

① HART H L A. Bentham on legal rights, in Essays on Bentham, : Studies in Jurisprudence and Political Theories ［M］. Clarendon Press, 1982.

② HART H L A. Bentham on legal rights, in Essays on Bentham, : Studies in Jurisprudence and Political Theories ［M］. Clarendon Press, 1982.

③ HART H L A. Bentham on legal rights, in Essays on Bentham, : Studies in Jurisprudence and Political Theories ［M］. Clarendon Press, 1982.

④ Carl Wellman. A Theory of Rights : Persons under Laws, Institutions, and Morals ［M］. Rowman & Allanheld, 1985.

时，分别从不同方面对各自的理论进行了完善。比如限制被解释对象的范围，承认他们各自的理论都有局限性，不试图用它来解释所有的权利现象。比如，麦克密克就把他的利益论限定在一个"规范环境"下：一个人用某种权利，意味着在规范环境下，他会获得某种好处。有的利益理论的支持者，比如，克雷默主张他的利益学说不是用来解释所有的权利现象，而只是来解释霍非尔德所分析的权利模式下的那个请求权或主张权。

四、评价

无论是权利的利益理论还是以哈特的选择说为代表的意志理论，都存在理论上的缺陷，无法周延地解释所有的权利现象。权利的意志理论的缺陷在于，第一，它可能会承认某种形式的权利侵害。在古典权利理论中，无论是边沁的，还是霍非尔德的关于权利的分析，都承认权力构成了权利的一种类型。与其相对应的就是这一类型的权利是不应被放弃的，因为伴随着责任。即使是在自然权利论者看来，权利也并非一定是可以选择的，如霍布斯等人，并不认为自我保存的权利具有可选择性。而在现在道德权利理论家那里，有些权利对人而言同样是不可放弃的，因为它们是如此重要，它们构成了个人的人格独立性。因此，大多数的权利问题上，法律都会给权利主体的自由选择给以充分的尊重；但是，对于某些基本人权，尤其是诸如不受奴役、免受酷刑等，法律并没有给予权利主体以自由裁量是否变更或放弃这些权利。过于强调法律对权利主体自由选择的尊重，可能会导致对某种权利侵害的放任。第二，意志理论所面临的另一个重大困境就是它极大地限制了权利的主体范围，限制了权利发展的可能性。选择理论是意志理论的一个变种，将权利定义为可选择的，必然要将权利的主体限于能够进行意思表达，有自主意志，有能力进行选择的人或主体，而不具备这种能力的主体将被排除在外，如尚不具备自主意识或者丧失了自主意识的主体，如胎儿、严重智力低下者等。尽管这些主体无法作出自由选择并得到法律的尊重，但如果因此否认他们拥有权利无疑是荒谬的。第三，选择理论无法解释在不同权利之间存在的差异，例如在基本人权和一般性权利方面。生命权与普通的财产权之间、言论自由的权利与一般的经济自由权利相比，孰轻孰重？对此，选择理论无法给出充分的说明。同样，哈特所指出的利益理论的缺陷——利益或受益并非拥有一项权利的必要或充分条件，特定情况下行使某项权利可能会使权利主体的利益受损，对此，利益理论的支持者也无法给予有力的反驳。另外一个缺陷在于，利益理论强调权利意味着受益，义务意味着负担。这也无法解释很多权利现象，有时候义务并不一定是负担，同样会带来利益。所以，利益理论忽略了权利义务关系模式中的另一个层面，就是权利和义务的拥有者的双赢情况。通过义务的行使，双方都能够获益。比如说，父亲基于监护关系，有权命令子女做某种事情，子女也有义务服从父亲的命令。

五、小结

考察理论史上人们提出的各种关于权利本质的观点，总是可以找出其中存在的逻辑不周延之处，以及以此种本质理论解释权利实践时解释力缺乏的问题。那么，我们是否可以提出这样的疑问：权利到底有没有本质？抑或如此复杂的权利现象中能够提炼出一种涵盖所有的本质论观点吗？通观权利的利益论与意志论的发展演变以及相互的论争过程，两种理论在界定权利的本质时都有其各自的阿喀琉斯之踵，在权利的分析论证上也是优缺互现。作为一个跨学科的概念，一个人们用以描述复杂多样的社会现象、制度现象的概念，权利在人们的日常语言和学术话语谱系中已经有了极大的扩展，试图用一种一元化的概念来解释权利的本质是极其困难的。也许只有一个多元化的理论才能够为权利提供充分的全面的分析。

（载《广州大学学报（社会科学版）》2009 年第 7 期）

论不同人性特点的不同人权诉求

鲜开林*

摘　要▶ 具体分析不同人性特点的不同人权诉求，对于我们彻底打破那种单纯片面的人权阶级化、政治化的思维定势和"以西方之是非为是非"的思维桎梏，从而真正确立科学发展观视野下"以人为本"的人文关怀有着不可小视的现实意义。即具体分析人类人性特点的人权诉求，具体分析群体人性特点的人权诉求，具体分析个体人性特点的人权诉求。

关键词▶ 具体分析；人性特点；人权诉求

多年来，由于人们对人性的理解过于简单化和抽象化，由此也带来了人权理解的简单化和抽象化。其实，当我们把人权与人性联系起来进行哲学理性思考时，就很自然地发现人权与人性二者的内在必然联系。笔者认为，这里的关键问题，就是要从人性的不同特点上具体思考不同的人权诉求。这样，与特定历史条件相联系的依据人的自然属性和社会本质规定的人之为人的基本权益和自由的人权内涵，[①] 也就随之相应地呈现出不同人性特点的不同人权诉求。即人作为人类人性特点的人权诉求，人作为群体人性特点的人权诉求，人作为个体人性特点的人权诉求。历史地、具体地分析不同人性特点的不同人权诉求，对于我们彻底打破那种单纯片面的人权政治化、革命化、阶级化思维定势，真正确立科学发展观视野下"以人为本"的人权人文关怀的现实意义是不容小视的。然而，某些西方国家却打着"人权外交"的旗号，既把人权问题片面的人性抽象化，又把人权问题唯我独尊的所谓人权国际化、政治化。而我们的现实生活中，至今的一些人们还仍然把人权问题简单地归结为政治人权和阶级人权，这是值得我们认真思考和反思的。其实，人权问题，是个非常人性化的多学科综合范畴。科学的思维方法就在于我们具体分析不同人性特点的不同人权诉求。正如毛泽东同志所指出的那样："马克思主义的最本质的东西，马克

思主义的活的灵魂，就在于具体地分析具体的情况。"① 而思想解放是推动学术进步的根本动力，如果说改革开放之初，中国人权学术界思想解放的主要任务是从将"人权"被视为资产阶级口号的"左"的思想桎梏中解放出来的话。那么，当前中国人权学术界的一个重要任务，既要继续破除人权阶级化、人权政治化的思维定势，更要破除"以西方之是非为是非"的思维桎梏，从而真正确立起科学发展观视野下"以人为本"的人权人文关怀理念，真正实现和构建中国人权文化自觉和中国人权文化自信的人权话语体系。②

一、具体分析人类人性特点的人权诉求

在人类历史上，人的现实社会本质是作为一切社会关系的总和来规定自己的本质的。但就人对自身本质规定的逻辑秩序而言，人首先是作为"类"即人类来规定自己本质的。正如马克思在探索人的本质问题时，就是首先从研究人的类本质出发的。马克思指出："人和动物一样靠无机界，而比动物越有普遍性，人赖以生活的无机界的范围就越广阔。"③ 因为，"动物只是按照它所属的那个种的尺度和需要来进行建造，而人却懂得按照任何一个种的尺度来进行生产，并且懂得怎样处处都要把内在的尺度运用到对象上去；因此，人也按照美的规律来建造"。④ 按照马克思的观点，当人有了自我意识之后首先要做的事情就是把人和自然界区别开来。而人与自然界、与其他动物区别开来的根本标志，便是人具有能动的思维能力和从事创造性的社会劳动。这是人类人性的共同本质特征。正因人以理性规定自己的类本质，从而才获得了人类人性的理智光芒和崇高人格的理智品质。

人类人性的独特特点。一是具有类的共同性。人类，即人之所以为人同属于一个"种族"，就在于他与其他动物不同所具有的人这个"类"的质。这种类的共同性，就是人自身活动的自由性、自觉性和创造性。与之相适应的人权诉求内涵也就是人之为人的基本尊严和自由度的人类共同性。二是自由平等性。凡是人所具有的自由平等性，都应该为人这个类中的每一个人所具有，每个人都具有天生平等地实现自由性的权利。虽然西方世界的民主、自由、平等和人权，有其严重的历史局限性和阶级局限性，但人类人性的根据，就是类人

① 《毛泽东选集》（第 1 卷），人民出版社 1991 年版，第 187 页。
② 参见董云虎在第三次全国人权研究机构工作经验交流会上的大会发言，载国务院新闻办网站，2011 年 11 月 9 日。
③ 《马克思恩格斯全集》（第 42 卷），人民出版社 1998 年版，第 45 页。
④ 《马克思恩格斯全集》（第 42 卷），人民出版社 1998 年版，第 97 页。

性的"自由平等性"，仅就这个意义而言，有其不可否认的合理性。当然，西方世界的人权观却又把它片面化、绝对化、抽象化、神圣化了，并掩盖其资产阶级人权观的阶级实质，这是我们应当警惕和反对的。然而，我们过去不承认或否认这一点，也是需要克服和纠正的。事实上，改革开放以来，特别是用以人为本的科学发展观对内构建社会主义和谐社会，对外共建和谐世界的伟大实践就是最有力的证明。三是思维规定的类人性的抽象性和具体性的统一性。作为类人性，具有最广泛意义的普世性，其存在形式的思维规定也具有普遍的抽象性。但是，人的类人性也是一个具体的历史范畴。它是相对物质世界的共同本质即客观实在性而言的。就像马克思和恩格斯在《共产党宣言》中分析资本主义的历史过程时揭示的那样，人类是社会化了的人类。四是类人性的整合性和联合性。人类是个体或者群体的有机组合。正因如此，人类才能组合成一个有机联系的整个人类社会。任何将人类理解为单独个人的简单相加，或者互不隶属的群体的任意组合的观点都是机械的、形而上学的。五是无限永恒性。一定的个人和群体，在一定的条件下都有一个产生、发展和消失的过程，但整个人类却要一代一代地延续下去。又由于人类是一个整体，具有整合力和联合力，所以人类是人的无限永恒的表现形态。

人类人性特点的人权诉求。第一，它是人的基本尊严和自由度价值取向充分肯定的内在根据。人的类人性，不仅是指人和动物相比，有哪些类特性，而且是指在人类人性中，自然内在地包含着对人类人性或人类基本尊严和价值的深刻反思和充分肯定。因为人类人性是区别于动物并且有利于人类自身的特性，这种特性的实现，表明人类优越动物的价值所在，从而彰显人类人性的类本质属性，即人性的光辉。2008 年的汶川特大地震和 2009 年的玉树特大地震中所彰显出的跨越国界、不分肤色的大爱无言善举就充分证明了这一点。马克思所说的人的最高价值就在于人本身的思想，就深刻包含这个道理。第二，它是深刻揭露一切反人性、反人道、反人权的内在根据。马克思主义认为，人类人性的观念，是人的理想之崇高价值的观念，也就是"人应当是怎样的人"的观念，它是同人的动物特性和有害于人的反人性、反人道、反人权相对立的。它表明，那些有害于或不利于人的非人性的反人性、反人道、反人权的丑恶社会现象，都必然受到人类公平正义和道德良知的审判和裁决。第三，它是正确理解未来共产主义社会人性复归的内在根据。在马克思主义看来，未来共产主义社会，将是人性和人的个性自由得到全面充分实现的社会。"在那里，每个人的自由发展是一切人的自由发展的条件。"① 因此，它要求人们必须认

---

① 《马克思恩格斯选集》（第 1 卷），人民出版社 1995 年版，第 85 页。

真思考人的类特性和人的个性自由问题。因为这个未来社会将使人类人性的完全复归或充分现实。也就是崇高人权的彻底实现。第四，它是昭示人与人之间和谐相处的内在根据。作为马克思主义产生于 19 世纪的三四十年代，资本主义社会中的人与人之间关系是极不和谐并严重冲突的，于是，金钱至上和商品拜物教的观点和行为极端盛行。为了改变这种不和谐的人与人之间的关系，马克思特别强调人类人性的共同性方面，主张人与人之间要按人性的方式和谐相处，主张人与人之间的平等、合作和友爱，主张共同维护人类自身的基本尊严和自由度，特别是主张无产阶级要解放自己，首先就要解放全人类。第五，它是理解人的一切问题的一个逻辑前提。从认识的思维逻辑看，认识人的逻辑秩序，首先应当认识人的类特性，然后才进一步认识人的社会特性和人的个体特性。因此，在马克思看来，对人的类特性的认识是对人的认识的逻辑开端和出发点，其意义在于，它科学地确定了人这个类与动物不同的类属性。这就为我们进一步深入研究人的社会人性提供了一个基本逻辑前提。因为，你要认识类人的这一现实社会性，就必须首先认识人的类特性，人的现实社会性只是在"你是人"这一普遍共同类人性的前提下的一种社会现实性，是人的类特性的现实人性化和现实社会化。对人的丰富个体人性的多样性认识也不例外。第六，它为正确理解和正确评价人类进步思想家们有关人的学说提供理论根据。近代西方"天赋人权"论者们之所提出自由、平等、博爱和人权的口号，并且主张回到"自然等同状态"中去，特别是主张"人民主权论"，马克思之所以提出人道主义的一些思想和主张，提出社会化的人类是新唯物主义的立脚点等，其理论根据都可以从人的类人性所具有的上述特性中去寻找。因此，在马克思主义看来，历史上那些进步思想家们关于人的学说中有关人类人性的合理因素，不是资产阶级的专利，我们是可以持扬弃分析态度的。但是，绝不能仅仅归结于抽象人类人性和抽象人道主义。以人为本的科学发展观，就是批判地继承了东西方思想史上的人本主义思想中的积极合理因素，更加彰显了中国特色和鲜活时代特征，是中国化的马克思主义最新理论成果。

二、具体分析群体人性特点的人权诉求

作为群体人性而言，是指由某种共同纽带和社会关系联系起来进行共同活动的现实各种社会关系的总和的共同体或复合体。在这里，一切社会关系的总和是社会关系人性的本质规定，这是社会化了的人性本质规定。由于这种既超出丰富个体人性的共同纽带的联系的现实社会人性，就使社会群体性人性不等于丰富个体人性的机械相加，而异于个人；又由于现实社会关系的群体性人性有自己的独特性，又使群体性人性不同于人类的类人性。同样的道理，人作为

社会关系特点的人权诉求，也有别于人作为人类人性特点的人权诉求。

人作为社会关系的群体人性特点。一是共同纽带性或共同规范性。社会关系层面的群体人性首先具有共同的联系纽带共同规范。在马克思那里的国家、民族、阶级、政党、团体和家庭等概念，就具有共同纽带或共同规范性。这样来看，就不能简单地认为任何一定数量的个人的组成都能构成群体。二是共同目的性。由一定数量的个人组成的有机整体，朝着共同的目标奋斗。如无产阶级，就有着消灭私有制、阶级剥削，实现人类平等和自由解放的共同目的。三是共同意识或群体意识。作为群体中的任何一员，都清楚地意识到自己是这个群体中的一员，认识到自己与这个群体的其他群体成员有着一致的东西，并且意识到与其他群体的区别。四是稳定的社会关系中的和谐互动性。群体内人与人之间有较稳定的社会关系，在这种社会关系中，人与人之间进行经常的交往和联系。他们的交往是和谐互动的，这种和谐交往既包括人与自然的和谐互动，又包括人与人之间的往来，还包括人与人和人自身内心心灵的沟通和情感的交流。五是共同活动性。即群体内的人们的活动具有共同性。这里的活动，当然指作为群体内的每个成员的主要活动。如中国特色社会主义社会的成员共同构建和谐社会的活动以及全面建设小康社会的活动。六是共同的需要和利益。属于同一群体内的成员，由于具有共同的需要和利益需求，而结成共同的利益体。没有任何共同的需要和利益需求，人们是不能构成现实的社会群体的。因此，马克思主义认为，社会关系层面的群体人性，最根本的本质特征，就是现实社会性的"一定的社会的共同性"。在阶级社会，最突出表现为具体的历史的特定的鲜明阶级性。

人作为群体人性特点的人权诉求。第一，它是理解人权社会性的内在根据。群体人性的本质其实就是人的社会本质规定性。正如马克思所指出的："人的本质并不是单个人所固有的抽象物。在其现实性上，它是一切社会关系的总和。"① 因此，群体人性的本质其实就是人的本质社会性。因此，作为群体人性特点的人权诉求，其真实本质也就是人权的现实社会权益关系。正是这一人权的现实社会性，从而与西方世界抽象人学史观的人权观根本相区别。也正是从这个意义上，马克思主义认为，人权不是天赋的、自然生成的，而是社会历史条件的产物。人权不是抽象的、超阶级、超时代、超历史的，而是具体的、历史的、有阶级性的。人权并非是空洞的政治权利，而首先是生存权和发展权。人权并不仅仅是个体人权，而是个体人权与集体人权的统一。人权并不是权利与义务的割裂，而是权利与义务的统一。人权并非纯自然的空洞抽象，

① 《马克思恩格斯选集》（第1卷），人民出版社1995年版，第56页。

而是特定社会制度的本质规定。第二，它是正确理解集体人权的内在根据。人作为群体的人，由于具有共同纽带或共同规范性、共同目的性、共同群体性、共同活动性、共同利益性，特别是"一定的社会的共同性"。由此，如今的"自然灾害是人类面临的共同挑战"。① 因此，与之相应的人作为群体人性层面的人权也就是集体的、民族的社会环境权。这一层面的公民基本人权的实现过程始终与国家层面的责任执政党和责任政府的积极作为联系在一起的。没有国家层面的责任执政党和责任政府的积极作为，公民对于这些基本人权的享有和维护，就只能是一种渴望而无法成为现实的空中楼阁。② 正因如此，我国《国家人权行动计划（2009—2010 年）》和《国家人权行动计划（2012—2015 年）》的实施和制定就充分证明了这一点。第三，它是正确理解"国权比人权重要得多"的内在根据。在人权与国权的辩证关系中，一方面，人权是国权的人性基础和法理基础。丧失人权的国权既不合法，更违背人性。另一方面，国权是保障和维护人权的基本前提和保障基础。没有共同权益的国权，就根本构不成现实的公民个人人权。这同样是人权的群体人性基础和群体法理基础。第四，它是正确理解人权阶级性的内在根据。在阶级社会中，由于社会关系层面的群体人性，最突出表现为具体的历史的鲜明的阶级性。人权作为上层建筑的意识形态，就必然具有鲜明的阶级性。这种鲜明的阶级性是社会关系层面的群体人性，在阶级社会中的集中表现。然而，过去，人们往往把人权的阶级性与人权的人道性绝对对立起来，其实二者有着内在的一致性。所不同的只是，人权的阶级性，更加具有特定的阶级实质。第五，它是正确理解国家公共权力与公民私权利良性互动的内在根据。由于社会群体内人与人之间有较稳定的社会关系，在这种群体关系中，人与人之间进行经常的交往和联系。他们的交往是和谐互动的，这种和谐交往既包括人与组织的联系，又包括人与之间的往来，还包括人与人之间心灵的沟通和情感的交流。这种和谐互动关系表现在社会权益上，集中表现在国家公共权力与公民私权利的和谐互动。随着社会法治文明的现代化与公民权利意识自觉维护化，当代社会文明正催生着一种崭新形态的国家公共权力与公民基本权利和谐互动和利益均沾的和谐社会。这种和谐社会的一个最基本特征，就在于"国家尊重和保障人权"的人权原则和人权精神。如果公民最基本的人权都得不到有效保障，公民私权利与国家公共权力

---

① 胡锦涛：《在中国科学院第十四次院士大会和中国工程院第九次院士大会上的讲话》，人民出版社 2008 年版，第 20 页。

② 参见俞可平：《政府对人民幸福有不可推卸责任》，载《人民日报》2011 年 2 月 22 日。

严重对抗和分离，人民就不是真正意义上的国家主人，国家权力就不是人民的权力。既不合法，又违背人性。因此，国家公共权力与公民私权利和谐互动的内在根据，就是人作为"一定的社会的共同性"即群体人性层面人与人的各种权益和谐互动的人权诉求。正因如此，改革开放以来，特别是党的十六大以来，我们党和政府自觉地把"尊重和保障人权"的条款写进了国家根本大法，写进了执政党的主题报告，写进了执政党的党章，写进了经济社会发展目标，2012 年又写进了新修改的《刑事诉讼法》。党的十八大报告特别强调"切实尊重和保障人权"。"保证人民依法享有广泛权利和自由。"①

三、具体分析个体人性特点的人权诉求

人作为个体人性的社会存在是由人的类人性存在，过渡到群体人性的根本出发点和落脚点。人的类人性和群体人性表明人与人之间人性的普遍性和共同性，而人的个体人性则表明人与人之间人性的差异性、丰富性和多样性。马克思指出："个人以及他们的商品的天然差别成为这些个人联合起来，建立起他们之间的社会关系的动因。"② 这就是说个人的社会存在是其人性存在的一个基础。而个体人性的差异性、丰富性和多样性，又是类人性和群体人性普遍性和共同性的现实前提和现实基础。马克思在《德意志意识形态》中反复强"现实中的个人"，"是从事活动的。进行物质生产的人"，是"从事实际活动的人"。③ 从个体人性这种现实性来讲，只能通过个人而存在，离开现实的个体人性，"人"和人性不过是一种空洞的纯思维抽象，只能存在于人们的头脑想象之中。因此，个体人性是类人性和群体人性的一种最现实、最直观、最生动的人性存在形式。个体人性与他所处的社会或社会是现实是紧密联系的。这就是说，有不同的社会关系或社会，就会有不同的个体人和不同的个体人性存在。也就是说，现实社会中的个人不仅作为群体人性的存在出现，而且还作为个体人性的存在出现。这样，个体人性存在包含两方面的基本内容：一是与类人性相对应的个人与个人之间的差异性、独一无二性、不可取代性和自我性；二是与个体人性的社会存在相对应的个人的独特性、独立自主性和自由自觉等鲜活个体主体性。

人作为个体人性的独特特点。一是具有独特性和完整性的统一。个体人性

---

① 胡锦涛：《坚定不移沿着中国特色社会主义道路前进 为全面建成小康社会而奋斗》，人民出版社 2012 年版，第 25 页。

② 《马克思恩格斯全集》（第 46 卷上），人民出版社 1972 年版，第 195 页。

③ 《马克思恩格斯全集》（第 31 卷），人民出版社 1998 年版，第 355～356 页。

是一种自身中把人的人性本质的各种规定结合为一个具体现实人的存在属性，同时又是具有某种具体的和独特个体人性的个人，即他不仅具体表现群体人性的社会性和历史性的鲜活个性，而且也表现他自身的个体人性的独特特点，还表现与社会成员之间的个体人性的个体差异性。这种具体个体人性的独特特性，内在地包含着个体人性的"自律性"、自主性、自尊性和排他性。二是具有发展变化的多样性，即在"社会关系的丰富性"的基础上能够表现各种能力、天赋、才干的差异，能够克服具有因循守旧的生产方式的闭塞性和地域性。三是具有活生生的生命性和崇高精神性。与人类人性、群体人性不同，个体人性首先是一个自然属性人，具有活生生的肉体生命，同时又是一个具有意识或思维的精神追求人。如康德所说，头顶星空，心中道德律。这是个体人性的伟大和崇高。四是具有现实可感性。由于每个个体间的肉体生命和个体精神的相互作用、相互制约，使个体人性成为可以通过经验观察来感知、感悟的现实人性。如实际生活中的每个个体人的生理、心理和情感的喜怒哀乐等。

人作为个体人性特点的人权诉求。第一，它使人类人权具有现实个人人权的具体实际意义，为我们尊重和维护现实生活中的具体个人的正当合法权益提供内在根据。个体人性有其自身丰富多彩的独特性，它与作为人类人性和作为群体人性是不同的。这就要求人们不能只注重作为人类人性和作为群体人性的人，而且还要关心作为个体人性的多样性和丰富多彩。只有这样，对人的关注才真正具有现实性、彻底性和具体性。在马克思看来，每个具体人的个性全面自由发展才是社会历史发展的最终目的，才真正消除了人本的异化，才是真正意义上的人性复归。第二，它使人类人权具有活生生的可感知性的实证性，为我们尊重和维护现实生活中的具体个人的正当合法权利提供观察的基本依据。虽然处于社会历史中的个体人性是一种不同一般生物个体存在的社会存在，但并不是一种反自然的存在，而只不过是自然存在在人的活动中的社会化而已。如果否认人的个体人性存在，必然导致把人类、群体和社会看成是一种反自然的抽象存在物，最终必然导致思辨的、神学的唯心主义。而承认人的个体人性存在，就必然要对人性进行唯物的、实证的考察，必然坚持人的问题上的具体多样性。这是我们思考人的问题的基本出发点。因此，马克思才把有生命的个体人看作人类历史的第一前提条件。原则不是问题的出发点，丰富具体的实现人，才是我们观察社会的真正出发点。第三，它使个人人权的内容具有活生生的丰富性和多样性，为我们尊重和维护现实生活中个体人权（公民权利）提供内在根据。多种多样的个体人权（公民权利），主要是由公民个体独自享有和行使的各种合法权利。如个体公民的人身权、自由权、财产权、人格尊严权等。当然它还包括个体协同权利，即为个人所有但只能在集体中与他人协同行使才能实现的权利，如言论自由权、出版自由权、集会自由权、结社自由权等。个体共有权，应当是两人或两人以上对同一财产共同享有的所有权，如夫妻或合伙人对共有财产的享有权。个体与集体并有的权利，即主体可以是个体又可以是集体的同一权利，如生存权、发展权、和平权、环境权、平等权、自由权、和谐权等。

总而言之，我们应当具体分析不同人性特点的不同人权诉求，对于我们继续解放思想，既彻底打破那种单纯片面的人权政治化思维定势，又彻底打破"以西方之是非为是非"的思维桎梏，从而真正确立科学发展观视野下"以人为本"的人权人文关怀理念，真正努力实现和构建中国人权文化自觉和人权文化自信的人权话语体系，有着不容置疑的现实意义。

（载《广州大学学报（社会科学版）》2013 年第 3 期）

论比例原则在基本权利保障中的适用

摘　要▶ 作为公法的一项重要原则，比例原则与基本权利的保障密切相关。它们之间的相关性体现在，比例原则是对基本权利进行限制的实质性要件。这意味着，任何对基本权利构成妨碍的干预措施，必须要符合比例原则的要求。在实务中，判断一项基本权利的干预措施是否逾越了比例原则的限制，需要依"适当性原则—必要性原则—狭义的比例原则"这一流程，并对照比例原则的适用标准，进行检视。

关键词▶ 比例原则；基本权利；保障；适用

基本权利对于公民的意义，在于免予不当干预。因此，对于基本权利的限制，并非可以完全自由的设置，而是有所限制。其中，对于基本权利的限制可以构成实质性限制的，正是比例原则。比例原则，作为公法上的一项重要原则，在基本权利的保障中应当如何运用，为此就有专门进行研究的必要。

一、基本权利的保障与比例原则

（一）主观性权利的保障与比例原则

宪法保障基本权利的目的，并非在于使人民的行为或法益免予受到任何的影响。事实上，任何权利皆有界限。如果权利不加以限制，那么许多基本权利的主体必将相互严重妨碍。因此，为了预防此种现象的发生，并使各种利益有所分际，各得其所，最终达到和谐的境界，国家自然应对基本权利的行使，设定某种程度的限制。

"基本权利存在限制"意味着，涉及基本权利保障的话题，基本可分为三个层次的思维步骤加以探讨：首先，是基本权利"保护领域"（Schutzbereich）的划定；其次，则是旨在判断有关的国家行为是否干预或限制到人民的基本权

利；最后，再确定对基本权利构成限制的干预措施是否具有 "宪法上正当化的事由"（Rechtfertigung）。① 在宪法学上，干预基本权利的措施是否具有 "宪法上正当化的事由" 主要有 "形式审查" 与 "实质审查" 两种检视思路：前者主要在于审查，对于人民基本权利的限制是否符合 "法律保留原则" 的形式要求；而后者则着眼于审查，相关限制的内容是否合乎 "比例原则"。②

所谓的比例原则（VerhältnismäBigkeitsgrundsatz），亦称为 "过度禁止原则"（ÜbermaBverbot），是源自于德国警察法上的一项重要原则。该原则作为法治国家原则中一个重要的内涵原则，是调和公私益间冲突并达至符合实质正义理念的一种理性思考法则。比例原则要求，国家为达至公益目的所采取的手段必须与其所侵害的基本权利间，有相当程度的 "比例关联性"，而不能为达目的不择手段。

比例原则在基本权利保障领域中的运用，历史并不悠久。在德国，直至第二次世界大战后，随着基本法的制定，比例原则才逐渐扩展到各公法领域（宪法领域和行政法领域），成为广被援用的公法原则。尤其是在涉及基本权利的领域，透过联邦宪法法院的不断解释运用，比例原则不仅能够拘束行政权的行使，而且还可以作为审查立法权的必要工具。③

（二）客观价值秩序的保障与比例原则

在基本权领域，比例原则有逸脱出原先发展的轨道而扩大其运用范围的趋势。就一直以来的发展状况而言，不论是于行政法领域或是于宪法基本权领域，在适用比例原则时，均很清楚的是扣紧某一侵害到人民基本权的国家公权力措施而进行判断。因此，包含有适合性、必要性与比例性的比例原则，其整体适用必然是以涉及人民权利位置的具体关联存在为前提。

然而，随着宪法解释与具体化等方式的运用，基本权利条款所负载的功能日益增多。原先扣紧基本权之防御性功能而发展的比例原则也随之转战新的领域，形成实质扩大其适用范围的结果。其中，尤以基本权客观规范理论的发展，影响最为深远。④

基本权利客观规范内涵的发展，可以说是肇因于对宪法作为一种价值秩序的肯认。在这样的价值秩序下，宪法中的基本权利规定除了原有的针对国家与

---

① 李建良：《宪法理论与实践》（一），学林出版社 1999 年版，第 57 页。

② 许宗力：《基本权的保障与限制》（下），月旦法学教室，2003 年第 14 期。

③ 陈淳文：《比例原则》，载台湾行政法学会：《行政法争议问题研究》（上），五南图书出版有限公司 2000 年版，第 105 页。

④ 蔡宗珍：《公法上比例原则初论——以德国法的发展为中心》，载《政大法学评论》1999 年第 62 期。

人民之关系而发的消极性防御功能外，基本权规定的整体乃至各该基本权规定，均同时具有价值决定的意涵；而此等价值决定具有普遍性、全面性，对所有人以及所有的法领域均有其效力。由此，一方面，解除了基本权第三者效力的理论困境；而另一方面，宪法基本权规定也发展出辐射性的客观规范力，可影响包括私法在内的所有法领域。在此种价值决定论的发展下，基本权规定显然是从原仅具有"相对性"的权利之性格，演变成具有"绝对性"的客观价值规范。

在基本权利客观化思想的发展下，所有根植基于此而进一步被"发掘"出来的基本权利的功能或任务，相当程度都可说是顺理成章的。首先被肯定的是基本权利的放射性效力——基本权利规定作为彰显价值决定的客观规范，理所当然地不仅对公法领域，而是对所有的法领域均有其影响；宪法基本权利的价值规范可以，甚至必须贯彻到整体法领域。其次，在基本权的客观规范的面向下，现代宪法更提出了国家保护义务的要求，认为国家有通过立法等方式，积极维护基本权利所保护的法益免予受公权力以外之第三者所侵犯的义务。

然而，对于此等新型态的基本权利功能，原有的基本权条款并未同时提供其效力之密度与范围广狭的规定。在此种情形下，援引比例原则作为基本权利保障适用的检视手段，有可能造成比例原则在适用上的客观性与可检证性大幅度降低的后果。

二、比例原则在基本权利保障中的适用要件

将比例原则上升为宪法的原则，并作为基本权利保障的实质性要件，来自于德国联邦宪法法院的判决实践。在德国的宪法裁判实务上，联邦宪法法院运用比例原则作为判决的准则，始于 1958 年 6 月 11 日的"药店案"判决（BVerfGE 7，377）。在该判决中，联邦宪法法院对于人民基本权利（本案是营业权）之侵犯的合宪性的问题，提出了手段的"适合性""必要性"及"比例性"的审查要旨。自此之后，"比例原则"的具体要件，便被固定为如下为"三阶原则"，即"适当性原则""必要性原则"以及"狭义的比例性原则"。

（一）适当性原则

适当性原则指的是，国家所采取的公权力措施或法律规定的"手段"，必须适合或者有助于所欲追求目的的达成。若通过某一措施或手段的采用，使得预定追求的结果或目的较容易达成，那么该措施或手段对于预定追求的结果或目的就是"适合"的；反之，若一个措施或手段的采取，并无助于结果或目的的达成，甚至有碍于该结果或目的之追求，则该措施或手段对于所预定追求的目的，就是不"适合"的。

一般认为，适当性原则是一种"目的导向"的要求。在适用中，它要求所采取的手段不必要求其为唯一有助于目的达成的方法，而只要求该手段对于目的的达成有所帮助即可。有关于此，德国联邦宪法法院曾经做过很明确的确认。①

（二）必要性原则

必要性原则又称为"最小侵害原则"，指的是在所有能够达成目的之手段中，必须选择对人民权利"最小侵害"的方法。换言之，在不"违反"或"减弱"该法律所追求目的的前提下，对于基本权利的限制，应选择侵害"最小"的方法来达成目的。

必要性原则的适用前提，在于为了追求同一个目的而有多数手段同时存在。否则，若只有"唯一"的手段方可达成目的，则"必要性"原则将无法适用。所以，对于此原则的思考重点应集中在"各个手段"间的"取舍"之上。

从必要原则的要求上看，"相同有效性"与"最小侵害性"两者无疑是核心要素："相同有效性"意味着，其他手段只有在可以以相同的适合性程度来实现目的时，方得以列入比较，以判断某一手段是否为最小侵害的手段。因此，倘若抽离"相同有效性"作为最小侵害要求之前置条件，则必要性原则将成为单纯的最小侵害之要求。②

"最小侵害性"则意味着，在数个相同适合的措施中，对相对人的基本权侵害最小者，即属必要。有关于此，德国联邦宪法法院曾于其判解中明确论及。依其见解，如果在目的达成的观点下，一个较强烈的侵害并不比另一个较温和的手段更有效时（更能只是相同有效或效果更差），立法者即有义务选择较温和之手段。"（BVerfGE 33，157）

当然，在实务中，无论是"相同有效性"还是"最小侵害性"，其之确定都不容易。为解决这个问题，在许多种类的基本权利，德国联邦宪法法院与学界业已逐步发展出具有说服力的基本权保护领域的阶层理论，大幅降低适用上的困难。例如在职业自由，宪法法院在前述之药店案中，即发展出单纯执业规定、主观许可条件以及客观许可条件等三个阶层。另外，德国联邦宪法法院在"药店案"中还明确表示，只有当有高度可能性可以证实前一阶层的手段不能

---

① 盛子龙：《比例原则作为规范违宪审查之准则——西德联邦宪法法院判决及学说之研究》，"国立台湾大学"法律学研究所 1989 年硕士论文，第 22 页。

② 盛子龙：《比例原则作为规范违宪审查之准则——西德联邦宪法法院判决及学说之研究》，"国立台湾大学"法律学研究所 1989 年硕士论文，第 60 页。

有效地防止立法者所担忧的危险时，立法者才可以采取下一阶层的措施。（BVerfGE 7, 377）

（三）狭义的比例原则

狭义比例原则又称为"过度禁止的原则"。它指的是为追求一定的目的所采取的限制手段的强度，不得与达成目的所需的程度不成比例，且因该限制手段所造成的侵害程度，不得逾越其所欲追求的成果。因此，依狭义比例原则的要求，倘若所造成之损害，与欲追求之成果，显不成比例之措施方能达成，则应完全放弃该种措施。

在狭义的比例原则的适用中，国家经由某一措施限制人民的权利，该措施是否合乎比例，除了比较因该措施对人民所造成的直接损害及对国家所获得的直接受益外，也应考虑该项措施是否亦对人民带来利益，或对国家带来损害。因此，当国家限制人民的言论自由或出版自由时，固然可以达成某项必要的目的，然而限制人民言论自由本身，对于以自由、民主为基本建构的国家体制而言，亦有或多或少的腐蚀作用，而这一附随侵害，在检视措施是否合乎比例性之际也应一并考虑。

从功能上看，狭义的比例原则不同于比例原则的其他两项原则。前两个原则，特别是必要性原则中最小侵害的审查，固然可以在相当的程度上阻确过度侵犯基本权的手段，但还是可能有遗漏（尤其是，通常对基本权侵犯越严重，对目的的达成也会越有效）。在这种情况下，我们经常可能确实难以找到一个对基本权限制较轻微，但对目的之达成却仍同样"特别有效"的可能比较手段。此时，狭义比例性便用来要求排除对基本权利严重侵犯的手段。[①]

在狭义的比例原则的适用中，真正困难是：我们应依何种标准来进行各式各样的法益、价值间的衡量？对此，德国联邦宪法法院最初的审查公式是："一个措施对于基本权利人，不得产生过度负担，对其要非无期待可能。"[BVerfGE 9, 338（345）]。不过，后来这一公式有了转化。时至今天，一般认为："就侵犯严重性，其正当化理由的重要性与迫切性的整体衡量，还须注意期待可能性的形式。"[BVerfGE 30, 292（316）]

为了便于操作，以确定所获致的利益的大小、分量，德国联邦宪法法院在实务中还以公益的"重要性"（Gewichtigkeit）与"迫切性"（Dringlichkeit）来作为考虑的因素。其中，在公益的重要性方面，宪法法院在"药店案"中同样在公益面向的讨论上，发展出"一般公益""重要公益"以及"极端重要

---

① 许宗力：《法与国家权力》（二），元照出版有限公司 2007 年版，第 134 页。

公益"这样一个类似于基本权利保护领域的阶层理论；而在公益的迫切性方面，则以公益所可能遭受危险的可能性大小以及严重程度来加以判断。

在分别确定系争手段对基本权利的侵犯强度以及所获得利益的大小及分量后，接下就需要进行法益的衡量，以确定该公益目的是否足以正当化对基本权侵害的侵害。其中，所使用的具体方法，德国著名的公法学者 Alexy 结合德国联邦宪法法院的判决实例，以"衡量法则"加以阐述，即"若一原则不被实现或被侵害的程度愈高，则另一原则实现的重要性就必须随之愈高"。①

三、比例原则在基本权利保障中的适用次序

比例原则作为保障人民基本权利之法原则，其功能与作用就在于，在该原则的要求之下，国家权力的利使，不可逾越必要的限度，而应保持一定程度上的手段与目的之合比性关系。

比例原则的三项子原则，对于基本权利保障而言，意味着限制适当性、手段必要性与目的正当性。然而，目的、手段之间的"合比例性关系"究竟应依何种次序来加以适用，则值得考虑。

传统的比例原则检视流程，首先，是对诸多可供选择的行政措施或法律规范进行适当性审查，以排除无助于预定之行政或立法目的达成的手段或法律内容；其次，是对通过适当性检验的手段或法律内容进行必要性审查，以确保行政机关所采取的措施或立法者所制定的法律内容是对于人民基本权利造成最小侵害的措施；最后，再对通过必要性检验的行政措施或法律内容进行比例性审查，以确保该项行政措施或法律内容不至于为了追求公益而过度侵害人民的基本权利。

在这样的操作次序之下，国家的公权力的行使，除应有助于预定目的的达成外，更应该在对人民权利具有最小侵害的前提下，追求公共利益并保障私人利益。因此，这样的检视顺序，有"自易入难，层次渐进"的优点：第一，行政机关在决定采取何种行政措施之时，或立法者在决定制定何种内容的法律之时，适合性原则要求其必须自始就往"有助于目的达成"的方向努力，而不得实行完全无助于目的达成的手段或法律规范，亦不容许以"偶然"或"恣意"的心态来选择行政措施或立法内容。第二，必要性原则的"最小侵害"这一内涵，即指出了对于不同的、可供选择的手段之间的利益衡量。因此，必要性的审查，就是为了找出何种行政措施或法律规范符合"相同有效

---

① Robert Alexy. A Theory of Constitutional Rights [M]. Translated by Julian Rivers. Oxford: Oxford University Press, 2002, p.385.

性"及"最小副作用"。第三，一旦找出符合"人民基本权利最小侵害"要求的行政措施或法律规范，再把它与预设的行政或立法目的进行利益衡量，以确保公益的追求与私益的限制符合比例性的要求，不至于因为公益的追求，而过度牺牲人民的基本权利。

当然，三分法的做法，亦不乏批评。事实上，由于必要性原则过于严苛，在具体的个案中，它早已窒碍难行。有关于此，有学者甚至以检验刑罚规范是否合乎基本权保障为例指出，在必要性原则的审查中，倘若以其作为制裁的手段，刑罚不可能是达成有效目的之中，侵害较小或最小的手段，充其量只能审查它是否为最后不得已的手段。①

由于传统的三阶法存在一些缺陷，晚近以来，关于比例原则的适用次序，学界开始出现一些其他阶段式的构想。概要起来，主要有以下观点：（1）两阶段审查论。该观点认为，对于基本权利侵害的比例原则审查，应分为两个阶段。其中，第一阶段是审查相关手段所欲追求目的的合宪（法）性；而第二阶段则是依比例原则之三个派生原则，检视其手段与目的之间是否合乎比例关系。②（2）四阶审查论。该观点认为，比例原则在审查目的与手段之关系时，忽略了目的之正当性，因此应在适当性原则之前，加入目的正当性之审查，以使比例原则的筛选功能更加完备。③（3）换序论。该观点认为，由于必要性原则的审查会将数种手段过滤至单一侵害最小的手段，并由此导致有利益衡量不足的现象，因此，应将比例原则的顺序调整为适当性、衡量性、必要性，使在进入必要性原则的检验之前，先以衡量性原则寻求效益大于成本的手段，才是较为理想的审查模式。④

目前，这些批评与完善的意见，仍只是学者的构想。在实践中，传统的三阶审查次序依然得以遵守。在德国，从 1958 年 6 月 11 日的"药店判决"（BVerfGE 7，377）开始，宪法法院在适用比例原则时，基本上就是循适合性、必要性与狭义的比例原则三个派生原则的顺序来逐一审查。虽然，有时这一固定的次序可能有所略简，而只进行其中一个或两个派生原则的审查，但不表示其他原则就不需适用。在特定个案中，比例原则的某项子原则之所以不进行审

---

① 许玉秀：《刑罚规范的违宪审查标准》，载《民主、人权、正义——苏俊雄教授七秩华诞祝寿论文集》，元照出版有限公司 2005 年版，第 380 页。

② 张志伟：《比例原则与立法形成余地》，载《中正大学法学集刊》2008 年第 24 期。

③ 蔡茂寅：《比例原则的界限与问题性》，载《月旦法学杂志》2000 年第 59 期。

④ 黄昭元：《宪法权利限制的司法审查标准——美国类型化多元化标准模式的比较分析》，载《台大法学论丛》2004 年第 3 期。

查，是因为各该原则显无问题，毋庸再以文字表达罢了。

四、比例原则在基本权利保障中的辅助适用标准

倘若对于基本权侵犯之所有公权力措施，一律以相同的标准进行审查，则原本基本权利规范体系中的多层次且宽严有别的保障体系，将大幅度平面化。因此，为达至案件类型化适用的目的，在比例原则的适用中采取宽严不同级别的审查标准，无疑是最好的选择。

目前，针对基本权利限制的宪法审查，德、美国已根据宽严不同的论证要求，分别形成为较具特色的适用标准。以下，笔者概述之。

（一）德国的三层密度

在德国，自1979年的"劳工企业参决权案"（BVerfGE 50，290）案件的判决开始，对于基本权利干预的审查，一般依三种密度来进行，此即明显性审查（Evidenzkontrolle）、可支持性审查（vertretbarkeitskontrolle）以及强烈内容审查（intensive Inhaltskontrolle）。

1. 最宽的标准：明显性审查

这是最不容易引起争议的一项标准。在该标准下，只有当系争措施很明显地、显而易见地、一望即知地、任何人均可辨认地侵害到基本权利时，才能认定为违宪。[①]

2. 最严的标准：强烈的内容审查

这项标准基本上要求干预措施的决定，必须是基于具有"充分之真实性"或是"相当之可靠性"。[②] 因此，依此标准，只要干预基本权利的有关举措的正确性存有合理的怀疑时，就可认定为违宪。

3. 中间的标准：可支持性审查（说得过去的审查）

该标准要求：对于基本权利的相关干预措施，必须是出于"合乎事理并可以支持"[③]，换言之，相关措施所具有的可行性，必须要达到能使联邦宪法法院具体理解，并加以支持的合理性程度。

在实务中，上述三种标准，有不同的适用领域。倘若是在统治性裁量领

---

① 何永红：《基本权利限制的宪法审查：以审查基准及其类型化为焦点》，法律出版社2009年版，第28页。

② 庄哲维：《相当性原则在宪法解释上之运用——法学方法论观点的考察》，台北大学法学系2004年版，第90页。

③ 苏彦图：《立法者的形成余地与违宪审查——审查密度理论的解析与检讨》，"国立台湾大学"法律学研究所1988年硕士论文，第75页。

域，如国防、外交、统一条约等领域，则除非涉及人权，否则原则上应采"明显性审查"标准，以示尊重；倘若是在经济管制政策领域，则原则上应采"可支持性审查"标准；倘若是在严重侵害基本权利的领域，特别是当立法措施有危及基本权核心领域之虞时，则应极度限缩立法者的预测空间，对之展开"强烈的内容审查"。

（二）美国的三重基准

相较于德国联邦宪法法院三层密度标准，美国联邦最高法院在审理关于基本权利的立法或行政措施是否超过界限时，若无先例所立下的具体审查原则可资依循，往往以合理性审查标准（rational relationship test）、中度审查标准（intermediate scrutiny test）以及严格的审查标准（strict scrutiny test）等来进行审查。

1. 最宽的标准：合理性审查基准

"合理性审查基准"通常适用于社会与经济性领域。它是三重审查基准中发展最早、最宽松之审查标准。依据该标准，倘若基本权利的规制手段，其目的在于追求"合法的"利益，并且其所采用的手段与目的的达成之间存在"合理的关联"（rational relationship），则该项措施便属合宪。

2. 最严的标准：严格审查基准

经常适用结社自由、选举权、州际旅行自由、隐私权、言论自由等基本性权利领域的"严格审查标准"，是三重审查基准中要求最为严格的基准。在该项标准体之下，干预措施需同时满足两项要求：第一，干预措施的目的必须是追求"非常重要的"政府利益；第二，为达成该目的，其所采用之规制手段必须是必要的且最侵害最小的。

由于在严格审查基准之下，法院对于基本权利干预措施的审查会采取"违宪推定"的方式，因此其证明的责任将会更大。事实上，政府的有关举措在这一原则下几乎不可能通过审查。①

3. 中间的标准：中度审查基准

传统"双重基准"到了1970年代初期以后，在平等审查领域中，已经开始出现松动交融的倾向。到了1976年时，美国联邦最高法院在"克雷格诉博伦案"一案（Craig v. Boren，429 U. S . 190）的判决中，进而提出并确立了介于传统"双重基准"之间的"中度审查基准"。该项基准的主要内容有两点：

---

① Laurence H. Tribe. American Constitutional Law ［M］. New York：The Foundation Press, Inc. , 1988, pp. 1451 - 1452.

第一，干预措施的目的必须是追求"质的或重要的"（substantial or important）政府利益。第二，干预措施所采用的手段与所欲达成的目的之间，必须有"实质性的关联"（substantial relationship）。

目前，这一基准除了在性别分类案件中适用外，也在非婚生子女案和（性别、种族）优惠性差别待遇等案件中适用。此外，有关政府的非针对言论自由内容进行限制的案件，实务中也采用此基准。[①]

（三）比较与启示

从上面的内容中我们可以看出，在基本权利的保障方面，德式与美式的适用标准，侧重点有所不同。其中，德国法显然更强调立法事实的判断与预测，而美国法则着重于手段与目的之关联程度的判断。

然而，毋庸置疑的是，尽管在诠释上与焦点上有所不同，德国与美国的适用标准，实际上还是相通的。美国式的标准，注重于判断手段是否有助于目的之达成、手段对基本权是否属最小侵害、手段所欲限制的私益是否与目的所欲达成的公益有失均衡等，其实都涉及立法事实的认定或预测。[②] 而相反的，德国有关立法事实的认定或预测，其实亦在于判断手段是否有助于目的之达成、手段对基本权是否属最小侵害、手段所欲限制之私益是否与目的所欲达成之公益有失均衡等的考虑，或者更真确地说，其实即在判断手段与目的之达成是否具有"妥适"的关联性。

德国式标准与美国式标准的实质相通之处，事实上意味着一种"宿命式"的结论，那就是无论我们在比例原则的适用中采取何种适用标准，最终都必须承认：对于某些基本权利，由于其具有较其他基本权利更为优越的地位，因此必须实行更为严格的保护；而对于像经济自由这类的非构成基本权利核心价值的领域，则宜以较为宽松标准来进行审查。

（载《广州大学学报（社会科学版）》2011 年第 5 期）

---

① 何永红：《基本权利限制的宪法审查：以审查基准及其类型化为焦点》，法律出版社 2009 年版，第 82 页。

② 许宗力：《比例原则与法规违宪审查》，载林山田教授退休祝贺论文编辑委员会：《战斗的法律人》，元照出版有限公司 2004 年版，第 215 页。

人权与国家权力的恩怨情仇

——梁启超对自然权利观的继受和改造一论

郑琼现[*]　　闫　岚^{**}

摘　要▶ 自然权利论者假定，在起源上，人权先于国家而存在，国家有义务尊重和保障人权，而不应侵犯人权或对人权施加不必要的限制，人权与国家之间存在紧张和冲突，国家权力是人权最强大、最危险、最经常的敌人。梁启超基本接纳了"人权先于国家而存在"的假定，但对"人权不能被国家权力所侵犯或施加不必要的限制""国家权力是人权最强大、最危险、最经常的敌人"之类西方逻辑心存疑虑甚至断然拒绝，于是，梁启超通过对自然权利关于人权和国家关系观点的接纳、吸收、批判和改造，实现了人权与国家关系的中国化论证。

关键词▶ 梁启超；自然权利观；人权起源；固有人权；国家权力

自然权利论者假定，在起源上，人权先于国家而存在，与生俱来。因为假定人权先于国家而存在，接下来的推论就是：国家权力是人权最强大、最危险、最经常的敌人，国家有义务尊重和保障人权，而不应侵犯人权或对人权施加不必要的限制。通过这两个相互联系的命题，自然权利论者证成了人权与国家之间的紧张和冲突，表达了人权对国家依赖的同时那种警惕、惶恐、畏惧的情感。梁启超在近代的民权启蒙，是以自然权利观为蓝本的，这一点学术界已有统一的认识。但是，我们要清醒地认识到：无论在知识背景层面还是在现实审视层面，梁启超都不愿承认人权与国家之间存在深刻的紧张和冲突，因此，对人权与国家关系的自然权利式阐述，梁启超在接纳、吸收的同时进行了批判和改造。他基本接纳了"人权先于国家而存在"的假定，但对"人权不能被国家权力所侵犯或施加不必要的限制""国家权力是人权最强大、最危险、最

---

　*　郑琼现，中山大学法学院人权法研究中心副教授。

　**　闫岚，中山大学法学院硕士研究生。

经常的敌人"之类西方逻辑心存疑虑甚至断然拒绝，于是，梁启超在尽量向我们呈现人权与国家之间浓情蜜意一面的同时，实现了人权与国家关系的中国化论证。

一、对"人权先于国家而存在"的继受和重述

在人权的起源上，自然权利论者认为，人权先于国家而存在，与生俱来。① 对于"先于国家"的状态，霍布斯、洛克、卢梭等假设为"自然状态"。他们异口同声地阐述道，人权在自然状态下就存在，就性质来说是一种固有权利，这些权利是基于人作为自然之物的本性的需要，人们在自然欲望、自然需要和自然情感的驱动下享有自然的平等和自由，因此，不依赖于任何政治法律条件，在没有公共权力和政治法律制度之前，人权就存在。按照自然权利观的推定，有了自然，有了人，也就有了人权，人权如同身体、生命，与生俱来，因此人权是对人的本性和理性的认同。

尽管这种假定充满了先验主义色彩，与梁启超的经验主义存在难以消解的冲突，梁启超还是接受了"人权先于国家而存在"这一假定。梁启超附和道，人权不是来自于国家和宪法，而是自人民出生时就存在，它先于国家和宪法、法律而存在，宪法、法律不能创造民权，而是确认民权："民与权俱起，其源在乎政府以前，彼宪法云，律令云，特所以维持之，使无失坠，非有宪法律令，而后有民权也。故国人皆曰政府可设，而后政府设，国人皆曰政府可废，而后政府废，国人皆曰宪法律令可行，而后宪法律令行，国人皆曰宪法律令可革，而后宪法律令革，国家大事措施得失，阖四境之民平议而行，其权盛矣。"② 梁启超认为人权不是宪法和法律所赐予，不是君主赐于臣民，不是国家赐予公民，不是任何外界赐予，而是人之作为人所应当享有的权利，是"人之所以贵于万物"的关键，是"我对我之责任"，是"天生物而赋之以自捍自保之良能"，从而完全接纳了自然权利观在人权来源上的假定。

有趣的是，自然权利论者在论证人权来源的用词上五花八门，莫衷一是，甚至相互矛盾。第一个词是"理性"，格劳秀斯说"自然权利乃是正当理性的

---

① 人权先于国家而存在，只是近代西方关于人权起源的一种假定。西方世界关于人权的来源观点纷纭，其他的观点譬如人是上帝的所造物，人的权利是神赋的；国家创制法律，法律设定权利，因此，人权不仅是法律赋予的，也可以由法律加以限制和剥夺；人权是由人与人之间的社会关系而产生的，因此法律不以保障人权为标准，而是以保护社会利益为归宿。

② 梁启超：《饮冰室合集·专集》（二），中华书局 1989 年版，第 12 页。

命令"①；霍布斯说"权利这个词确切的含义是每个人都有按照正确的理性去运用他的自然能力的自由"②。第二个词是"冲动"。有的自然权利论者只看到了与"理性"相反的"欲望"和"冲动"，斯宾诺莎说："自然权利，不应该由理性、而应该由人们借以决定行动和努力保全自己的诸种冲动来予以规定。"③ 第三个词是"天性"、"本性"。这是一个"欲望"、"冲动"的近义词。斯宾诺莎认为，自然权利不管是理性指引还是欲望驱使，都是自然力量的结果，"驱使人们采取行动的一切动机必然来自自然力量，自然力量不但表现于贤者的本性，同样表现于愚者的本性"；霍布斯概括道："著作家们一般称之为自然权利的，就是每一个人按照自己所愿意的方式运用自己的力量保全自己的天性——也就是保全自己的生命——的自由。因此，这种自由就是用他自己的判断和理性认为最适合的手段去做任何事情的自由。"④ 第四个词也是自然权利论者使用最多的词，是"自然"。格劳秀斯喜欢使用这个词，"自然权利乃是正当理性的命令，它依据行为是否与合理的自然相和谐，而断定其为道德上的卑鄙，或道德上的必要"。⑤ 斯宾诺斯也很喜欢这个词，"我把自然权利视为据以产生万物的自然法则或自然规律，亦即自然力本身"。⑥

依梁启超对西方文化的透彻了解，"理性""冲动""本性""自然"这些词汇他应该是能信手拈来的，但在论证人权先于国家而存在这个命题时，他舍弃了这些西方式的词汇，而使用汉语中的固有词汇。梁启超经常用"天"这个词来代替"自然"："民受生于天，天赋之以能力，使之博硕丰大，以遂厥生，于是有民权焉"，⑦"人权者出于天授者也"⑧。有时也用"固有"一词来取代"自然"一词："何谓全权？国人各行其固有之权。何为缺权？国人有有权者，有不能自有其权者。何谓无权？不知权之所在也。"⑨ 在梁启超笔下，

---

① 周辅成：《西方伦理学名著选辑》（上卷），商务印书馆 1996 年版，第 582 页。

② ［英］霍布斯：《论公民》，应星、冯克利译，贵州人民出版社 2003 年版，第 7 页。

③ ［荷］斯宾诺莎：《政治论》，冯炳昆译，商务印书馆 1999 年版，第 11 页。

④ ［英］霍布斯：《利维坦》，黎思复、黎廷弼译，商务印书馆 1985 年版，第 97 页。

⑤ 周辅成：《西方伦理学名著选辑》（上卷），商务印书馆 1996 年版，第 582 页。

⑥ ［荷］斯宾诺莎：《政治论》，冯炳昆译，商务印书馆 1999 年版，第 10～11 页。

⑦ 梁启超：《饮冰室合集·专集》（二），中华书局 1989 年版，第 12 页。

⑧ 梁启超：《国家思想变迁异同论》，载《饮冰室合集·文集》（六），中华书局 1989 年版，第 19 页。

⑨ 梁启超：《论中国积弱由于防弊》，载《饮冰室合集·文集》（一），中华书局 1989 年版，第 99 页。

"自主"被当作"理性"一词的替代："人人皆有自主之权"，① "西方之言曰：
人人有自主之权。何谓自主之权？各尽其所当为之事，各得其所应有之利，公
莫大焉，如此则天下平矣。防弊者欲使治人者有权，而受治者无权，收人人自
主之权，而归诸一人，故曰私"。② 至于"本性""冲动"这样的词汇，则被
"天生"、"生而享有"③ 之类的表达所取代："人也者生而有平等之权，即生
而享有自由之福，此天之所以与我，无贵贱一也。"④

　　以"天"替换"自然"，"自主"替换"理性"，"生而享有"替换"本
性"和"冲动"，当代中国人在翻译西方著作时不会再玩这种偷龙转凤的游
戏。但在近代中国，这是一种普遍现象，康有为用"天生""自立"，⑤ 陈独
秀用"自主""固有"⑥ 论证人权的来源，都一如梁启超般狸猫换太子，均非
翻译错误或阅读偏差，而是有意而为。透过自然权利论在论证人权来源用词上
五花八门、莫衷一是、相互矛盾的表象，梁启超抓住了论证的主题："人权先
于国家而存在。"并在汉语语境中，特别是，用中国百姓耳熟能详的词汇表达
出来。可见，梁启超对自然权利观的改造，甚至在词汇的使用上都已费尽心
机。前面我们曾提及，自然权利论者假定"人权先于国家而存在"，充满了先
验主义色彩，与梁启超的经验主义思维存在难以消解的冲突。我们应该看到，
在论证人权来源时，梁启超努力与先验主义保持距离，抛弃自然权利论者的自
然法概念，便是他这种努力的一种尝试。自然权利论者几无例外都是自然法论

---

　　① 梁启超：《国家思想变迁异同论》，载《饮冰室合集·文集》（六），中华书局1989
年版，第19页。

　　② 梁启超：《论中国积弱由于防弊》，载《饮冰室合集·文集》（一），中华书局1989
年版，第99页。

　　③ 自然权利论者也使用这种表达方式，如洛克就写道："人们既生来就享有完全自由
的权利，并和世界上其他任何人或许多人相等，不受控制地享受自然法的一切权利和利益，
他就自然享有一种权力，不但可以保有他的所有物——即他的生命、自由和财产——不受
其他人的损害和处罚，甚至在他认为罪行严重而有此需要时，处以死刑。"［英］洛克：
《政府论》（下篇），叶启芳、瞿菊农译，商务印书馆1996年版，第53页。

　　④ 梁启超：《论学术之势力左右世界》，载《饮冰室合集·文集》（六），中华书局
1989年版，第112页。

　　⑤ 康有为说："凡人皆天生。不论男女，人人皆有天与之体，即有自立之权，上隶于
天，人尽平等，无形体之异也。"钱钟书：《康有为大同论二种》，三联书店1998年版，第
188页。

　　⑥ 陈独秀写道："盖自认为独立自主之人格以上，一切操行，一切权利，一切信仰，
惟有听命各自固有之智能，断无盲从隶属他人之理。"《陈独秀著作选》（第1卷），上海人
民出版社1984年版，第240页。

者，如格劳秀斯认为，"自然法是正当的理性准则，它指示任何与我们理性和社会性相一致的行为就是道义上公正的行为；反之，就是道义上罪恶的行为"。① 霍布斯认为，自然法不必经过人的同意，它来自人的理性，是上帝的存在、上帝的法律，它天然合理，教导着遵从理性的人类。② 洛克说："理性，也就是自然法。"③ 卢梭认为，"自然法的观念，显然就是关于人的本性的观念"，④ 自然法完全出自理性的普遍正义，它是人民的公意。⑤ 在自然权利论者眼中，自然法永恒不变，适用于一切时代和一切民族，"自然的法则就是神的法则，就是神以他借以存在的那种自由建立起来的法则"。⑥ 当然，自然权利论对自然法的强调不是为了论证神意的伟大，而是希望通过对自然法存在的确认，来确认存在一种来自人的本性和理性的正义，从而在自然法和理性之间，进而在理性和人权之间建立起一种联系：既然自然法来自人的固有本性或称理性，并可为一切人所认识和运用，那么人权就是固有的。但梁启超的经验主义使他对自然法的概念以及与其紧密联系的所谓理性，抱持着一种警醒，至少抱持一种鸵鸟心理。梁启超介绍自然权利观的文章很多，但我们为什么很少看到"自然法"这个词，也看不见"理性"这个词，原因大概如是。

二、对"国家权力是人权最危险的敌人"的吸纳和改造

梁启超知识视野中的自然权利论者，绝大多数是社会契约论者或其拥趸。他们将国家假定为人们无奈之下相约的产物，对于人们的这种无奈，麦迪逊解释道："政府本身若不是对人性的最大耻辱，又是什么呢？如果人都是天使，就不需要任何政府了。"⑦ 国家尽管是必要的，但国家的本质却是"恶"，用潘恩的话来说，社会，不论是啥样的，都是一种善；但政府，即使是最好样的，

① 转引自法学教材编辑部《西方法律思想史》编写组编：《西方法律思想史资料选编》，北京大学出版社 1983 年版，第 143 页。

② ［英］霍布斯：《利维坦》，黎思复、黎廷弼译，商务印书馆 1985 年版，第 92～94 页。

③ ［英］洛克：《政府论》（下篇），叶启芳、瞿菊农译，商务印书馆 1993 年版，第 6 页。

④ ［法］卢梭：《论人类不平等的起源和基础》，李常山译，商务印书馆 1982 年版，第 64 页。

⑤ ［法］卢梭：《社会契约论》，李平沤译，商务印书馆 2011 年版，第 41 页。

⑥ ［荷］斯宾诺莎：《政治论》冯炳昆译，商务印书馆 1999 年版，第 19 页。

⑦ ［美］汉密尔顿等：《联邦党人文集》，程逢如等译，商务印书馆 1999 年版，第 264 页。

也仅仅是一种必要的恶。① 在自然权利论者笔下，国家这个利维坦必定是一种始终存在的危险或者一种罪恶。因为，如果国家要履行它的职能，那它必定拥有比任何个别公民或公众团体更大的力量；虽然可以设计各种制度，使国家权力被滥用的危险降到最低限度，但绝不可能根绝这种危险，侵犯公民的权利和自由，是国家的一种本能和冲动。因此，自然权利论者假定国家是人权最危险、最经常的敌人。特别是，当人权受到来自私人的侵犯时，国家可以作为私人关系中立的第三者，通过立法确认人权并对人权提供司法救济；而当人权受到来自国家的侵犯时，中立的第三者不复存在，由于国家相对于个人有压倒性的强势，对人权的侵犯在强度、广度和可能性上均远甚于私人对人权的侵犯，因此国家是人权最强大的敌人，防范来自国家对人权的侵犯必须更甚于防范来自私人的侵犯。自然权利论者看到了人权对国家权力的依赖，但依然坚执于人权的独立性，坚执躺在国家权力怀中的人权应睁着一双狐疑、防备的眼睛，随时准备起来反抗来自国家权力的侵犯。

从以上认识出发，自然权利论者将尊重和保障人权当成国家的义务，《人权宣言》中所谓"任何政治结合的目的都在于保存人的自然的和不可动摇的权利"，《独立宣言》中所谓"为了保障人权，人们才在他们之间建立政府"，"任何形式的政府，只要破坏上述目的，人民就有权利改变或废除它，并建立新政府"，便是自然权利论者这种思想的经典复述。在这种观念指导下，近代西方宪法不但将基本人权写进宪法，禁止一切政府机构改变它们，甚至不允许其他法律对之进行限制或规定例外情形，以免多数派支持的政府凭借法律来侵犯人权。美国的《权利法案》明确宣布基本人权，通过"国会不得制定有关下列事项的法律""不得……否定或轻视由人们保留的其他权利"等规定，通过对"内容由法律规定""在法律的范围内""依法享有""非依法律不得限制"等字眼的尽量避免，宣告了自然权利论者在将尊重和保障人权当成国家义务这一课题上的大功告成。②

但自然权利论者并没有就此止步，为了将国家尊重和保障人权落到实处，自然权利论者一再强调人权不可被国家权力剥夺、克减或施加不必要的限制，他们唠叨道，首先，侵犯人权有害于国家："凡有事端人们都应遵守统治者的

---

① 参见［美］托马斯·潘恩：《常识》，何实译，华夏出版社2004年版，第2页。

② 其实，英国自然权利派在这方面取得胜利的时间更早。《自由大宪章》对臣民权利和自由的肯定，全部是以国王"不得"这种否定语式表述出来的；《权利请愿书》全部是以陛下"不宜"的方式来肯定保障人民的权利的；而《权利法案》采用了"若国王……皆为非法"这种表达方式，对国王侵犯人权的行为预备下了以惩罚为内容的判决书。

命令而行，话虽如此，既是人都不能完全放弃他自卫的能力以自毁，我断言的天然所赋予的权利都不能绝对为人所剥夺，而人民由于默认或公约，保留几许权利，此诸权利若被剥夺，必大有害于国家。"① 其次，侵犯人权违反正义："人们既然都是平等和独立的，任何人就不得侵害他人的生命、健康、自由和财产。"② 最后，侵犯人权会招致不服从和抵抗："如果主权者命令某人把自己杀死、杀伤、弄成残废或对来攻击他的人不欲抵抗，或是命令他绝饮食、断呼吸、摒医药或放弃任何其他不用就活不下去的东西，这人就有自由不服从。"③ "谁使人流血的，人亦必使他流血。"④

梁启超接受了国家应尊重和保障人权的命题，⑤ 但是，为什么国家应尊重和保障人权？梁启超舍弃了自然权利论者从权利来源角度回答的先验主义思路，选择了人民主权理论、国家义务理论和中国传统的民本主义资源。他回答道，第一，因为民是国家的主人，君、官是民之仆人，所以，君、官所执掌的国家权力应尊重和保障人权："国也者，积民而成，国家之主人为谁，即一国之民是也。故西国恒言，谓君也，官也，国民之公仆也……所以尊重国民之全体而不敢亵，即所以巩护国家之基础而勿使坏也，乃吾中国人之理想。"⑥ 第二，尊重和保障人权是国家和政府的义务。就国家而言，"夫退原国家之所以立，亦不外为人民保安全谋安全耳。其意盖谓一人之力不能自保者，则国家为保之，一人之智不能自谋者，则国家为谋之，此国家之义务也。国家不为民保，不为民谋，是之谓失国家之义务"。⑦ 就政府而言，"政府之义务虽千端万绪，要可括以两言：一曰助人民自营力所不逮，二曰防人民自由权之被侵而已。率由是而纲维是，此政府之所以可贵也。苟不尔尔，则有政府如无政府，

---

① ［荷］斯宾诺莎：《神学政治论》，温锡增译，商务印书馆1963年版，第16页。

② ［英］洛克：《政府论》（下篇），叶启芳、瞿菊农译，商务印书馆1993年版，第6页。

③ ［英］霍布斯：《利维坦》，黎思复、黎廷弼译，商务印书馆1985年版，第169页。

④ ［英］洛克：《政府论》（下篇），叶启芳、瞿菊农译，商务印书馆1993年版，第9页。

⑤ 梁启超著作的这种论述颇多，例如他论述道，"若一国人民皆无权，则虽集之，庸有力乎？数学最浅之理，言零加零，则仍为零。虽加至四万万零，犹不能变而为一，集之何补？故医今日之中国，必先使人人知有权，人人知有自由，然后可。民约论正今日中国独一无二之良药也"。梁启超：《答某君问法国禁止民权自由之说》，载《饮冰室合集·文集》（十四），中华书局1989年版，第31页。

⑥ 梁启超：《中国积弱溯源论》，载《饮冰室合集·文集》（五），中华书局1989年版，第16页。

⑦ 梁启超：《饮冰室合集·专集》（四），中华书局1989年版，第6页。

又其甚者，非惟不能助民自营力而反窒之，非惟不能保民自由权而又自侵之，则有政府或不如其无政府。数千年来，民生之所以多艰，而政府所以不能与天地长久者，皆此之由……然则其政府之权限当如何？曰，凡人民之行事，有侵他人之自由权者，则政府干涉之，苟非尔者，则一任民之自由，政府宜勿过问也。所谓侵入自由者有两种：一曰侵一人之自由者，二曰侵公众之自由者。侵一人自由者，以私法制裁之；侵公众自由者，以公法制裁之"。① 梁启超的这类论述，与《独立宣言》"为了保障人权，人们才在他们之间建立政府"的表述并无二致。第三，民为邦本，国家是树，民之权利是根，故国家应尊重和保障人权："国家譬犹树也，权利思想譬犹根也。其根即拨，虽复干植崔嵬，华叶蓊郁，而必归于槁亡，遇疾风横雨，则摧落更速焉。即不尔，而旱叹之所暴炙，其萎黄凋敝，亦须时耳。"②

在回答国家权力能否剥夺、克减人权或对人权进行限制这个问题时，梁启超用词是审慎的，态度是游弋的，自觉地与自然权利论者保持一种距离。梁启超不是没有看到国家权力与人权的紧张和冲突，但当国家权力和个人权利不能兼容时，梁启超断然拒绝了自然权利论提供的武器，宁愿到伯伦知理等保守主义者那里去寻求援助："虽然，若遇变故，而二者不可得兼，各私人之幸福与国家之幸福，不能相容。伯氏之意，则以为国家者，虽尽举各私人之生命以救济其本身可也，而其安宁财产更何有焉。故伯氏谓以国家自身为目的者，实国家目的之第一位，而各私人实为达此目的之器具也。虽然，伯氏之论，常无偏党者也，故亦以为苟非遇大变故，则国家不能滥用此权。苟滥用之，则各私人亦有对于国家而自保护其自由之权理云。"③ 这就是说，只要是出于"遇大变故"的原因，国家可以用各种手段来限制、克减甚至剥夺某些权利和自由。

"如果说西方人是靠把自己置于和国家的对抗关系中来求得其权利的实现，那么，中国人就是靠推行君民共守的规则来保证其权利。"④ 的确，在国家权力和人权的关系上，梁启超喜欢展示它们之间一种同志加兄弟，甚至夫妻或情人的关系。偶尔，梁启超也用自然权利论的语调表达对国家权力的防备："民权者，君不能夺之臣，父不能夺之子，兄不能夺之弟，夫不能夺之妇，是

① 梁启超：《论政府与人民之权限》，载《饮冰室合集·文集》（十），中华书局1989年版，第2~3页。

② 梁启超：《饮冰室合集·专集》（四），中华书局1989年版，第39页。

③ 梁启超：《政治学大家伯伦知理之学说》，载《饮冰室合集·文集》（十三），中华书局1989年版，第78页。

④ J. C. HSIUNG. Human Rights in East Asia: a Cultural Perspective [M]. St. Paul: Paragon House Publishers, 1985, p. 12.

犹水之于鱼，养鸟之于鸟兽，土壤之于草木。"① 偶尔，梁启超也如自然权利论者那样主张民权的刚性："欲君权之有限也，不可不用民权；欲官权之有限也，更不可不用民权。"甚至将民权的这种刚性提升到"不易之理，而万国所经验而得之也"的高度。② 但在其思想主脉中，流淌的不是人权与国家权力的紧张和冲突，而是人权与国家权力的搀扶前行、相濡以沫："国者何？积民而成也。国政者何？民自治其事也。爱国者何？民自爱其身也，故民权兴则国权立，民权灭则国权亡。为君相者而务压民之权，是之谓自弃其国，为民者而不务各伸其权，是之谓自弃其身体。故言爱国必自兴民权始。"③ 在这种人权与国家权力关系的认识之下，我们看不到自然权利论者笔下的你猜我防、剑拔弩张，而是一幅"民权兴则国权立"的和谐景象。国家是人权最强大、最经常、最危险的敌人？在梁启超看来，这是一个玩笑。在那篇名为《论政府与人民之权限》的文章中，梁启超把国家视为高于政府和人民、代表国家主权而有其独立人格之存在；④ 在那篇名为《宪政浅说》的文章中，梁启超使用了一种国家是父母、民权是子女式的比喻："凡国家者，则最高最大之团体，而具有人格者也。明乎此义，则知指土地为国家固不可，即指人民指君主为国家亦不可矣。国家实超然立于君主与人民之上而自为一体者也。"⑤ 在"虎毒不食子"的中国传统之下，说作为父母的国家会侵犯作为子女的民权，不是玩笑，那就是变态了。

三、人权与国家关系的梁氏窘境和纠结

列文森曾经揭示过近代中国知识分子的窘境和纠结："他们在情感上执着于自家的历史，在理智上却又献身于外来的价值。换言之，他们在情感上认同儒家的人文主义，是对过去一种徒劳的、乡愁的祈向而已；他们在理智上认同西方的科学价值，只是了解到其为当今的必然之势。他们对过去的认同，缺乏知性的理据，而他们对当今的认同，则缺乏情感的强度。"⑥ 梁启超自然也是

---

① 梁启超：《饮冰室合集·专集》（二），中华书局 1989 年版，第 12 页。

② 梁启超：《立宪法议》，载《饮冰室合集·文集》（五），中华书局 1989 年版，第 3 页。

③ 梁启超：《饮冰室合集·专集》（三），中华书局 1989 年版，第 73 页。

④ 梁启超：《论政府与人民之权限》，载《饮冰室合集·文集》（十），中华书局 1989 年版，第 1 页。

⑤ 梁启超：《宪政浅说》，载《饮冰室合集·文集》（二十三），中华书局 1989 年版，第 34 页。

⑥ 杜维明：《探究真实的存在：略论熊十力》，林镇国译，载《近代中国思想人物论——保守主义》，台北时报文化出版公司 1980 年版，第 327 页。

这身陷窘境和纠结中的近代中国知识分子中的一员。在情感上，他认同中国传统价值，对传统的政治制度的不满亦不过一种怨妇似的哀婉；但在理智上，他不得不委身与中国传统格格不入的自然权利，在人权与国家的关系上，梁启超对自然权利观的继受、重述、吸纳、批判、改造，对自然权利观的欲迎还拒、欲言还止，便是他身陷窘境和纠结的反映。

作为没有宗教信仰、欣赏实证主义的儒家知识分子，梁启超为什么接受了"人权先于国家而存在"这一先验假定并不遗余力地推销？在这里，我们必须分析梁启超引进自然权利观，特别是引进"人权先于国家而存在"命题的无奈。其一是为了抨击中国封建专制政治。数千年的皇权专制格局使权力从一个中心发源，进行由上而下的权力传递，整个国家形成一级叠一级的专制权力结构，从而使权力走向一元化。梁启超一再批判，这种皇权专制的一元格局，是中国羸弱的根源："当知三代以后，君权日益尊，民权日益衰，为中国致弱之根源，其罪最大者，曰秦始皇，曰元太祖，曰明太祖。"[1] "故夫西人以国为君与民所共有之国，如父兄子弟，通力合作以治家事，有一民即有一爱国之人焉。中国则不然，有国者仅一家之人，其余则皆奴隶也……实为中国弊端之端，病源之源，所有千疮百孔，万秽亿腥，皆其子孙也。"[2] "自秦迄明，垂二千年，法禁则日密，政教则日夷，君权则日尊，国威则日损。"[3] 在梁启超的解剖之下，至高无上的皇权使人民地位卑微并且日益愚昧，于是国家日益衰落，如果不革除这种弊习，中国必不能立足于未来的世界。其二是痛感于中国没有民权、不知民权的现实。二千多年的中国传统，形成了"普天之下，莫非王土，率土之滨，莫非王臣"的权力、权利关系，国家成为一姓、一家、一人的私产，皇帝可以任意处置他的"所有物"和"所有人"。在这种关系之下，当权者将自己的"权"看作天经地义，将"民"的"权"看作被恩赐的阳光雨露，"民"的一切都是君主的恩赐，甚至连生命都是皇帝的恩赐，如果生命权被剥夺，叫作"赐死"，竟成为死者的一种殊荣；在这种关系之下，自尊、自主、自立、自卫等权利观念淡薄，于是催生了"奴才""琐劣""薄陋""虚薄""馊才""刍贱""犬马""犬子""贱内"等自轻自贱自愚的习

---

① 梁启超：《〈西学书目表〉后序》，载《饮冰室合集·文集》（一），中华书局 1989 年版，第 128 页。

② 梁启超：《中国积弱溯源论》，载《饮冰室合集·文集》（五），中华书局 1989 年版，第 17 页。

③ 梁启超：《论中国积弱由于防弊》，载《饮冰室合集·文集》（一），中华书局 1989 年版，第 96 页。

惯。当社会成员——民还没有摆脱"小民""草民""贱民""愚民"的镣铐，还不知道"权"乃固有、不可剥夺之物时，作为启蒙者的梁启超，不得不扛起先验主义的人权大旗，用"人权先于国家而存在"为武器，反抗各种各样的"恩赐的人权"。但在内心深处，梁启超未必信服"人权先于国家而存在"，A. J. 内森在谈到梁启超的人权观时写道："梁启超把人曾在自然状态下存在于社会之外这一观念视为新奇之谈。他对霍布斯有关每个人对一切人的战争的想象力、也就是他的原始道德观表示震惊。梁似乎没有意识到，个人的利益独立于社会的利益这一点恰恰是两位作者（霍布斯和卢梭）的基本前提。梁更赞赏一位瑞士政治学家 J. K. 布伦彻利的观点，他是从日文译著中发现后者的论著的。J. K. 布伦彻利论证说，国家不是单纯的个人集合体，它还是一个有组织的统一体。这向梁证明，个人作为公民的地位及其由此享有的权力来源于国家而不是相反的说法。"① 在考察梁启超对"人权先于国家而存在"这个命题的接受程度时，我们有必要照顾到 A. J. 内森的灼见。

在回答国家权力能否剥夺、克减人权或对人权进行限制这个问题时，梁启超为何要自觉地与自然权利论者保持远远的距离？梁启超为什么要坚决地拒绝国家权力是人权最危险的敌人的命题？在这里，我们必须分析梁启超引进人权概念、阐述国家与人权关系的用心。

梁启超对人权的渴望、引进和呐喊，不过是西方冲击、民族危亡下的一种反应，他顺手抓起人权这件武器，作为民族复兴、国家富强的救命稻草。身在武器库中的人权，其主人"人"，不再有自然权利论者笔下那种无牵无挂和任性潇洒，不仅享有权利和自由，更应该承担救亡图存、兴国安邦的社会责任。因此，当人权作为工具来到梁启超身边并被他操起时，也就失去了自然权利论者眼中那种绝对的、至上的、独立的价值。德沃金揶揄道："权利理论对于中国的相关性完全依赖于它的基本价值观对于中国文化来说是否合理，它的文化血统只有人类学上的意义。"② 自然权利对梁启超而言是否亦"只有人类学上的意义"，我们不得而知，我们知道的是，"他对群体凝聚力和国家统一的关注不久便导致他感觉到自然权利学说的危险，并最终从这种思想立场上退却下

---

① ANDREW J. NATHAN. Political Rights in Chinese Constitutions, in Rorandle Edwards. LOUIS HENKIN, ANDREW J. NATHAN. Human Rights in Contemporary China [M] . Columbia：Columbia University Press, 1986, p. 28.

② ［美］德沃金：《认真对待权利》，信春鹰、吴玉章译，中国大百科全书出版社1998 年版，第 29 页。

来"。① 梁启超看到，当时的中国最缺乏和最需要的是有机体之统一与有力之秩序，而民权是次要的："深察祖国之大患，莫痛乎有部民资格，而无国民资格……比先铸部民使成国民，然后国民之幸福乃可得言也。如伯氏言，则民约论适于社会而不适于国家，苟弗善用之，则将散民复为部民，而非能铸部民便成国民也。故以此论，落欧洲当时干涉过度之积病，固见其效，而移植之余散无友纪之中国，未知其利害之足以相偿否也。"②

在这种观察之下，梁启超开始了对民权价值的打折出售："谓国家之性分寄于各人耶，则我国四万万人，应为四万万国。谓累集四万万人便成为国耶，则集砖千万块，不得命之为屋；集木千万片，不得命之为舟。盖物各有其本性，集多数同性之物于一处，只能增其分量，而不能变之使成他物，此一定之理也。"③ 打折之后的民权，已经蜕变成国家的孳息："天下未有无人民而可称之为国家者，亦未有无政府而可称之为国家者，政府与人民，皆构造国家之要具也。故谓政府为人民所有也，不可；谓人民与政府所有也，尤不可。盖政府、人民之上，别有所谓人格之国家者，以团之统之。国家握独一最高之主权，而政府、人民皆生息于其下者也。"④ 既然民权的主人"民"生息于国家之下，怎么可能将国家当作民权的危险和敌人，又怎么可以将民权作为反抗国权的武器呢？

国权始终是一支黑暗中燃烧的火炬，吸引着梁启超这只飞蛾；无论他对民权的呐喊多么铿锵有力、掷地有声，均在碰到国权这堵厚墙时折身而返。梁启超在人权和国家关系问题上态度的百般转和，不过围绕着一个原点：中国要屹立于世界并与西方列强争雄，就必须合力增大国家权力，只有当国家权力聚集起来，能充分有效地运行时，国家的所有部件才会跟着动起来，民权的意义不过在于使国家能够发挥他的最高功效。只有凝视这个原点，我们才能明白，为什么高举民权大旗的梁启超，冲锋的口号却是国家的强制力和统治权："国也者，必统一有秩序而始成立者也。如何而后能使之统一而有秩序，必有命令者焉，有服从者焉。以我之命令，而强制人使不得不服从，谓之权力。国家具有此权力，谓之统治权。无统治权则非国家。亦惟国家始能有统治权。无论何

---

① 张灏：《梁启超与中国思想的过渡》，江苏人民出版社 1995 年版，第 137 页。

② 梁启超：《政治学大家伯伦知理之学说》，载《饮冰室合集·文集》（十三），中华书局 1989 年版，第 69 页。

③ 梁启超：《宪政浅说》，载《饮冰室合集·文集》（二十三），中华书局 1989 年版，第 32 页。

④ 梁启超：《论政府与人民之权限》，载《饮冰室合集·文集》（十），中华书局 1989 年版，第 1 页。

人，皆不能强制他人。人之得强制他人者，必其为国家机关而代国家形此权者也，如君主及一切文武官吏是也。否则由国家法律赋予以此权者，如地方自治团体及民法上一切私权是也。国家之特质，实在于是。"① 难得的是，梁启超找到了统治、强制与民权的相辅相成关系："一国民权之盛衰、自由之完缺，宪法之固否，恒视其民族制裁力之大小以为比例差。"② "吾尝观万国之成例，凡最尊自由权之民族，恒即为最富于制裁力之民族。"③ 总之，"自由愈盛之国，则其人制裁之力愈厚，而其服从之性亦愈丰"。④ 既然统治权要以强制为用，那么人们皆应当服从，"主权者，绝对者也，无上者也，命令的而非受命的者也，凡人民之自由皆以是为源泉。人民皆自由于国家主权所赋予之自由范围内，而不可不服从主权"。⑤ "服从者亦天下最美之名词，而为国民必不可缺之性质者也。……故夫真爱自由者，未有不真能服从者也。"⑥ 如果不服从，后果必然是自由和民权的副作用发酵及自由、民权的消损，"则自由之祸，将烈于洪水猛兽矣"。⑦ 于是，从"人权先于国家而存在"到"民权服从于国家"，梁启超迷失在人权与国家关系的悖论之中。

可见，从"人权先于国家而存在"起步，经过与"民权不能夺"的短暂调情，梁启超与国权一见钟情，在与国权的缱绻缠绵之中涌起了被强制和服从的快感，痛痛快快地献出了人权，实现了"民权为国尽忠"的夙愿，也实现了一个西方自然权利的拥趸向中国爱国主义者的转型。

（载《广州大学学报（社会科学版）》2013 年第 9 期）

---

① 梁启超：《宪政浅说》，载《饮冰室合集·文集》（二十三），中华书局 1989 年版，第 33～34 页。

② 梁启超：《服从释义》，载《饮冰室合集·文集》（十四），中华书局 1989 年版，第 17 页。

③ 梁启超：《十种德性相反相成义》，载《饮冰室合集·文集》（五），中华书局 1989 年版，第 46 页。

④ 梁启超：《服从释义》，载《饮冰室合集·文集》（十四），中华书局 1989 年版，第 17 页。

⑤ 梁启超：《政治学大家伯伦知理之学说》，载《饮冰室合集·文集》（十三），中华书局 1989 年版，第 87 页。

⑥ 梁启超：《服从释义》，载《饮冰室合集·文集》（十四），中华书局 1989 年版，第 10～11 页。

⑦ 梁启超：《十种德性相反相成义》，载《饮冰室合集·文集》（五），中华书局 1989 年版，第 46 页。

"国家尊重和保障人权"条款的逻辑解释

秦 强[*]

摘 要▶ 我国宪法中的人权条款是指 2004 年修宪时新增加的"国家尊重和保障人权"条款。从逻辑结构上看,人权条款的逻辑主体是"国家";人权条款的逻辑客体是国家的"尊重和保障"行为;人权条款的逻辑内容是"人权"。厘清人权条款的逻辑结构并对其进行规范解释是落实和实施人权条款的前提和基础。

关键词▶ 国家;尊重;保障;人权

2004 年 3 月 14 日,第十届全国人民代表大会第二次会议通过了《中华人民共和国宪法》第四次修正案,其中宪法修正案第 24 条规定:"原宪法第三十三条增加一款作为第三款,即'国家尊重和保障人权',原第三款相应地改为第四款"。此次修宪中所新增加的"国家尊重和保护人权"条款,由于其对人权的旗帜鲜明的张扬,而被人们习惯称为"人权条款"。"国家尊重和保障人权"条款作为人权规范的特殊表现形式,由不同的构成要素组成。从人权规范的逻辑结构来看,人权条款主要由人权条款的主体、客体和内容等三部分内容构成。从"国家尊重和保障人权"的文本表述上,我们很明显可以看出:人权条款的逻辑主体是"国家";人权条款的逻辑客体是国家的"尊重和保障"行为;人权条款的逻辑内容是"人权"。随之而来的问题是,"国家尊重和保障人权"中的抽象化的"国家"究竟指的是谁?什么是"国家尊重人权"?什么是"国家保障人权"?"国家尊重和保障人权"的"人权"究竟是什么含义?这是我们在落实宪法中的人权条款时必须首先要厘清的问题。

一、国家的人权义务:何谓国家

从规范结构上看,"国家尊重和保障人权"的逻辑主体是"国家"。国家之所以负有"尊重和保障人权"的义务,是由人权的性质决定的。从性质上

---

* 秦强,中宣部全国宣传干部学院讲师。

看，人权是一种应然性的权利或道德性的权利，它是人作为社会主体所必须享有的权利，这种权利不因时间、地点、国家和人种的差别而有所差别。根据古典的社会契约理论，人们达成契约组建国家的直接目的就是保障人们的自由和权利，也就是保障人权。从一定意义上讲，人权已经成为衡量一个国家是否具有最终的合法性的价值依据之一，也是衡量一个国家的文明程度的试金石。人权的保障力度也凸显了这个国家的政治文明程度。不论一个国家的经济发展再迅速，政治运作再高效，只要这个国家的人权保护状况是糟糕的，那么人权价值的至上性就会把经济、政治发展的成果全部抹杀掉。因为，在人权主义者看来，经济的发展与政治的进步，归根结底还是为了人权的全面进步，如果经济的发展与政治的进步是以人权的侵害为代价的，那么这种发展就是本末倒置，就丧失了其发展的意义。人权的价值在于它已经"从背叛者、异议人士的话语变成合法政府的话语"。① 因此，"在现今及未来很长一个历史时期里，国家将是最主要的人权的义务主体。因此，促进和保障人权基本自由的实现，最根本的是取决于国家一级的人权保障机制是否完善和有效"。②

从文本规定看，"国家"是"尊重和保障人权"的主体，这自无疑问。但是，这里的"国家"又该如何予以界定呢？按照国际法上的通说，国家应该具备以下四个要素：第一，具有一定数量的固定的居民；第二，具有较为确定的领土；第三，具有一个有效统治和治理的政府；第四，享有对内具有最高权力和对外具有独立权力的主权。而作为人权条款的主体的国家究竟为何，法学界存在不同的观点：

第一种为"抽象国家说"，认为人权条款中的"国家"是一种抽象意义上的国家概念，泛指国际关系和政治领域中的活动主体。如王启富、刘金国等教授认为："当代的政治国家是捍卫人权的基本机构，政治国家对人权的落实要承担更大的责任。"③ 王孔祥也认为："国际人权法上的义务主要指向国家，国家是国际人权法上主要的义务承担者。"④

第二种为"公共权力机关说"，人权条款中的"国家"，主要是国家的公共权力机关，如方立新、夏立安教授认为："人权法律关系中的义务主体主要是国家或政府，即公共权力机关。……国家作为人权法律关系的基本义务主

---

① ［美］杜兹纳：《人权的终结》，郭春发译，江苏人民出版社 2002 年版，第 7 页。

② 李步云：《人权法学》，高等教育出版社 2005 年版，第 87 页。

③ 王启富、刘金国：《人权问题的法理学研究》，中国政法大学出版社 2003 年版，第 276 页。

④ 王孔祥：《国际人权法视野下的人权教育》，时事出版社 2008 年版，第 105 页。

体，在于作为权利主体的个人、特殊社会群体等都生活在特定的国家和地域之中，与国家具有紧密的关系。一国、一地区的人权状况如何，直接与该国、该地区的公共权力机关的活动相关。"①

第三种为"广义政府说"，认为人权条款中的"国家"，实际上指的是一种广义上的政府。如李步云先生认为："这里所说的国家，主要是指一个国家的政府。而'政府'取其广义，即将国家的立法、行政与司法等机关都包含在内。国家是人权实现的最主要的义务主体，其作用与责任远远在其他义务主体之上。"②

第四种为"国家机关说"，认为人权条款中的"国家"，指的是具体行使各种公权力的国家机关。如韩大元教授认为："从中国宪法实施的基本要求看，尊重与保障人权的主体是国家机关，特别是立法者要积极地承担保护义务，使人权的理念在立法过程中得到实现。行政机关和司法机关在执行或适用法律时，应尊重基于人权条款而作出的保护义务，确立具体的程序与规则。"③

在以上四种学说中，笔者赞同"国家机关说"的主张，因为，人权条款中的"国家"主要是指行使国家公权力的具体国家机关。因为，国家作为一抽象的政治实体，一般只在国际法上承担责任。如果将"国家"作为"国家尊重和保障人权"的主体，则会造成宪法责任的无从着落。所以有必要在人权保障实践中，将抽象的国家转化为具体的国家机关，正如于沛霖所言："国家是尊重和保障人权的义务主体。作为人权保护义务主体的国家，也从最初的抽象意义上的国家向实际生活具体的国家转变，即国家实际上是指具体行使国家权力的国家机关的活动，包括国家立法机关、司法机关和行政机关，以及与公权力活动有关或实际上行使公权力的机关活动。"④ 因此，在具体的人权保障法律关系中，国家与人权的关系往往表现为国家机关与人权的关系，国家的人权保障义务往往转化为国家具体机关的人权保障和救济义务，所以，人权条款中的"国家"具体是指"国家机关，而在国家机关中，权力机关、行政机关、审判机关和检察机关都应构成义务的主体"。⑤

---

① 方立新、夏立安：《人权法导论》，浙江大学出版社2007年版，第27页。

② 李步云：《人权法学》，高等教育出版社2005年版，第82页。

③ 韩大元：《宪法文本中"人权条款"的规范分析》，载《法学家》2004年第4期。

④ 于沛霖：《"国家尊重和保障人权"之法律关系解读》，载《法学杂志》2007年第6期。

⑤ 焦宏昌：《"国家尊重和保障人权"的宪法分析》，载《中国法学》2004年第3期。

二、国家如何"尊重和保障"人权

"国家尊重和保障人权"条款的客体对象是国家的"尊重和保障"行为。国家作为人权的最主要义务主体，其对人权的义务履行是通过"尊重和保障"的行为方式实现的，国家的"尊重和保障"人权的义务体现了立宪主义传统中的国家权力和人权之间的逻辑关系。从立宪主义传统来看，宪法基本精神是一种控制国家权力的理念，因而在宪法规范中如何限制国家权力、保障人权就成为宪法规范的根本使命。在宪法关系中，国家权力与人权的关系通常表现为国家权力和公民权利的关系。在立宪主义传统中，国家权力与公民权利的关系表现为："公民权利产生国家权力，国家权力为公民权利服务，公民权利制约国家权力。"[1] 在宪法规范中通常体现为：第一，明确地宣布公民的权利和自由。由于宣布公民的权利和自由是宪法非常重要的基本内容，所以在现代宪法中已经基本形成了一种固定的模式，即在宪法中专门设立一编或一章来规定公民的权利。第二，规定国家的权力。对于国家权力来说，只有在宪法规范中明确予以列举的权力才是可以行使的权力，对于宪法中没有明确列举的权力，对国家权力机关来说，就意味着禁止行使。第三，规定制止或纠正滥用权力或行使权力错误的国家行为和使公民权利获得保障的方法。[2] 由于国家权力具有侵害公民权利的内在天性，所以，在宪法规范中明确规定滥用权力的法律后果以及对受到侵害的权利的救济就成为宪法的一个重要任务。一般的宪法中都会规定一些违宪审查或宪法诉讼等救济渠道，对违反宪法、滥用权力、侵害权利等行为予以制裁，并通过这种途径对达到限制权力、保障人权的终极目的。

由于国家是一种抽象性存在，因而，在具体的人权条款中，国家的"尊重和保障"人权行为通常体现为国家机关"尊重和保障"人权的行为。这里的国家机关不仅仅包括政府，还包括立法机关和司法机关。由于人权是"关于公共权力评价的道德标准"，[3] 所以，人权条款中对国家机关的行为模式的要求，也即是国家对待人权条款的基本义务要求。根据人权条款的逻辑结构，这种义务要求又具体分为国家对人权的尊重义务和国家对人权的保障义务。具体而言，国家尊重人权主要是指国家对待消极权利的态度，是国家消极义务的法律表现；保障人权主要是指国家对待积极权利的态度，是国家积极义务的法律表现。尊重人权要求国家不干预人权主体享有和行使权利即可，如尊重人的

---

① 周叶中：《宪法》，高等教育出版社 2000 年版，第 256 页。
② 徐进：《宪法学原理》，法律出版社 1998 年版，第 6 页。
③ 李先波等：《主权、人权、国际组织》，法律出版社 2005 年版，第 162 页。

生命权、人身自由权、言论自由权、选举权和被选举权等不受非法侵犯和剥夺；保障人权则需要国家采取措施确认和促进实现某些方面的人权，包括经济性权利、各种社会福利权利等，包括劳动权、受教育权、社会保障权等。① 所以，在一般的意义上，所谓国家尊重人权是指国家对人权负有不侵犯的义务，这种义务主要依靠国家通过消极的不作为方式实现；所谓国家保障人权是指国家负有人权实现以及人权遭受侵犯时的救济义务，这种义务主要依靠国家通过积极的作为方式实现。

在国家尊重人权和保障人权的关系上，"国家尊重人权"是其首当其冲的义务，集中反映了国家对人权的尊重义务。从制度形态渊源上看，人权条款中的"国家尊重人权"主要体现的是自由主义人权观下的人权理念，强调在一些特定的自由权领域，国家应当奉行谦抑、克制的态度，尽量以消极不作为的形式，来实现对这部分人权的最大尊重。在人权条款的逻辑结构中，之所以把"国家尊重人权"放在"国家保障人权"之前，是具有深刻的价值背景的。首先，从逻辑关系上看，尊重人权是保障人权的前提，保障人权是尊重人权的延伸。只有在尊重人权的前提下，对人权的保障才有可能，否则，连最起码的人权尊重都无法实现，对人权的保障更是无从谈起。其次，从实现的难易程度上看，相对于保障人权来说，尊重人权在实现程度上比较容易一些。很多的自由权仅仅需要国家的不干涉、不侵犯就能实现，而不需要借助于国家的经济、物质条件予以帮助。对人权的保障则需要国家实施一系列的积极作为并借助于必要的经济、物质条件才有可能实现。基于以上考虑，我国的人权条款在设计国家的人权义务时，就把"国家尊重人权义务"放在"国家保障人权义务"之前，以示尊重义务的逻辑优先性。

相比较于国家尊重人权的义务，"国家保障人权"表明了国家人权义务的加重。国家的人权保障义务不能仅仅依靠国家的克制、谦抑态度就能得以实现，它要求国家必须通过一系列积极的行为，创造一系列的条件来满足人民的权利请求和利益诉求。因此，相对于人权的尊重义务而言，人权的保障义务意味着国家的人权责任的加重。国家不仅要在价值理念上树立起尊重人权的基本立场，而且还要承担起落实人权、实现人权的艰巨使命。在范围上，"国家保障人权"条款所规范的人权范围不仅仅包括需要国家积极行为才能实现的社会权，而且还包括需要国家克制、谦抑就能实现的自由权。社会权需要国家的积极作为才能予以实现，这自是无疑，但是，对于自由权是否需要国家的积极

---

① 于沛霖：《"国家尊重和保障人权"之法律关系解读》，载《法学杂志》2007 年第 6 期。

作为来予以保障，不少人仍存有一定的理论误区，误以为自由权是一种不需要国家作为就能实现的消极人权。实际上，尽管自由权的实现在更大程度上体现为国家的一种尊重态度，但是自由权的实现所必需的经济、社会、文化、物质条件仍然需要国家来予以落实。因此，在自由权的实现上，国家的尊重义务虽然是非常必要的，但又是远远不够的，要想使自由权真正得以实现，必须在国家履行尊重义务的前提下，充分发挥国家的保障义务。

三、作为法定权利的人权：人权条款的逻辑内容

"国家尊重和保障人权"的主体是"国家"，客体是国家的"尊重和保障"行为，那么，内容则是"国家"的"尊重和保障"行为的指向对象，即"人权"。需要注意的是，人权条款中的"人权"与作为一般概念的"人权"的内涵是不一样的。人权条款中的"人权"属于法定人权的范畴，具有特定的规范含义，需要结合宪法文本来对其进行综合性的解释。在逻辑结构上，我国人权条款中的"人权"由两部分内容组成：作为主体的"人"与作为对象的"权"。

（一）人权条款中的"人"的规范解释

首先，人权条款中的"人"，涉及的是人权条款中的人权主体问题。曲相霏博士认为，"人权主体是所有人权问题中的一个关键性问题"。这是因为，"人权主体是先于权利从而是先于人权而存在的"。所以，"主体理论是整个人权理论的核心，主体的要素是人权构成的基础性要素，人权的全部内容最终都要以主体为归宿。"[1] 在古典人权主体理论中，人权的主体是"理性人"，主要指的是拥有不动产和动产的白人男子纳税人，因此这个时期的世界也被称为是"白人的世界"（The White Man's World）。[2] 因此，在这个意义上，印第安人不是人权的主体，因为他们不纳税；妇女也不是人权的主体，因为她们不享有财产权。[3] 而到了现代人权理论中，"人权的主体是普遍的抽象的人，不分种族、性别、语言、宗教、肤色、智力水平、健康状况、精神发育程度，并包括

---

① 曲相霏：《人权主体论》，载徐显明：《人权研究》（第一卷），山东人民出版社2001年版，第1页。

② J. M. Roberts, Twentieth Century: The History of The World, 1901 - 2000, Penguin Books Ltd, 1999, p. 82.

③ Lee Epstein and Thomas G. Walker, Constitutional Law For A Changing America: Rigths, Liberties, and Justice (4th ed), A Division Of Congressional Quarterly Inc. 2001, p. 619.

了人的所有发展阶段，即胎儿、婴儿、儿童、青年、成年、老人。平等的无差别的所有的人，都是人权的主体。""第二次世界大战后，人权理论与实践进入了一个新的发展阶段。人权主体不仅从特殊的某些人发展为普遍的生物学意义上的每个人，而且从个人发展到集体，从生命主体发展到人格主体。"① 人权主体的发展意味着人权保障的进展。瑞士学者胜雅律曾经根据人权主体的发展演变情况，提出了著名"人权的两个阶段的学说"，他认为，第一个阶段是直到 1948 年《世界人权宣言》以前的非普遍人权阶段。那时从理论上和实际上，人权根本不是普遍的，奴隶、妇女、有色人种等等都被排斥在人类之外，"人"权仅属于欧洲人尤其是男性欧洲人；第二个阶段是《世界人权宣言》通过后，在理论上讲，人权是普遍的。②

从文本依据来看，《世界人权宣言》以及各国宪法文本中的关于人权主体的规定也都验证了胜雅律"人权两阶段学说"的正确性。1948 年《世界人权宣言》起草时，采纳了联合国起草委员会主席罗斯福夫人的建议，将"Rights of Man"改为"Human Rights"。③ 这种文字上的变动在表述方式上改变了西方传统的"男性中心主义"的人权观，使人权属于"所有国家的所有的人"，预示着人权的普遍化阶段的到来。④

与《国际人权宪章》所确立的普遍人权主体观不同的是，在 2004 年宪法修改之前，我国宪法文本中确立的是公民主体观，这主要体现在我国宪法第二章"公民的基本权利和义务"的表述中。正如一些学者总结的那样，我国宪法中的权利绝大部分是公民的基本权利，而《国际人权宪章》的权利是人的基本权利，即人权。在《国际人权宪章》中，人权中的人，一般用"一切个人""人人""任何人""所有的人"来标称，只在参政权上用公民。而我国宪法中的权利绝大部分冠以中华人民共和国公民或公民，仅在《宪法》第 32 条规定对外国人给予政治避难权时，没有出现给予"人人"的权利。这也就意味着，我国宪法中的权利只为中国公民享有。刘连泰博士将中西人权主体观的不同概括为是"立体的人权主体结构框架"与"平面的人权主体结构框架"的区别，认为西方普适性的人权观确立的是"立体的人权主体结构框架"，既

① 曲相霏：《人权主体论》，载徐显明：《人权研究》（第一卷），山东人民出版社 2001 年版，第 1 页。

② 沈宗灵、黄枬森：《西方人权学说》（下），四川人民出版社 1994 年版，第 250 页。

③ 沈宗灵：《比较宪法》，北京大学出版社 2002 年版，第 56 页。

④ Paul Gordon Lauren, The evolution of international human rights: Visions, seen, Universtiy of Pennsylvania Press, 1998, p. 234.

包括强势群体，也包括弱势群体；既包括多数群体，也包括少数群体；既包括主流群体，也包括边缘群体。而中国采用的阶级性的人权观，确立的是"平面的人权主体结构框架"，将人权仅仅规定为是人民的权利。① 这种公民主体观带来的一个弊端，会使人误以为中国宪法中的权利仅仅是"公民的权利，而非人的权利。这使人觉得非公民毫无权利保障和非公民身份本身在宪法上不受保护。结果是，一个没有被给予公民身份的人或一个被剥夺了公民身份的人，根本没有被应允任何权利"。②

在 2004 年宪法修正案通过以后，人权概念首次进入宪法文本，这使我国宪法文本中原来的基本权利体系开始向人权体系转化，从而使宪法中的公民主体人权观向普遍主体人权观转型。人权条款的入宪使我国宪法文本第二章中同时出现了"公民的基本权利"和"人权"概念，这就意味着我国宪法中原来的以基本权利形式表述的那部分人权，开始正式以人权的形式予以出现。宪法文本中的"公民的基本权利"与"人权"的关系可以表述如下：基本权利是人权的重要组成部分和特殊表述方式，人权是基本权利的整体表述。在这种关系下，作为人权的下位概念，在人权概念写入宪法文本之后，基本权利的主体也就由原来的"公民"转为"人"。宪法中的基本权利的主体变化具有深刻的社会背景和现实意义。随着经济全球化、公共事务全球化、环境全球化，人权问题也越来越呈现国际化、全球化的趋势，人权不仅受到国内法的保护，也受到国际法的保护。③ 因此，在全球化的语境下，"把人权保障仍然限定在国民的范围内已经是不可能的了"。④ 这样一来，在人权条款入宪之后，在人权保护方面带来的一个最大变化是人权主体观的转变："以前我国是公民人权观，现在的主体是一切人，一切人都是人权的主体。"⑤ 这就意味着我国宪法中的基本权利的主体就不再仅仅限于公民，还包括外国人、无国籍人等。

---

① 刘连泰：《〈国际人权宪章〉与我国宪法的比较研究》，法律出版社 2006 年版，第 69～70 页。

② 沈宗灵、黄枬森：《西方人权学说》（下），四川人民出版社 1994 年版，第 623 页。

③ Jernej Pikalo， "Economic Globalisation, Globalist Stories of the State, and Human Rights", in Wolfgang Benedek, Koen De Feyter and Fabrizio Marrella ed, Economic Globalization and Human Rights, Cambirdge Universty Press, 2007, p.17.

④ ［日］杉原泰雄：《宪法的历史——比较宪法学新论》，吕昶、渠涛译，社会科学文献出版社 2000 年版，第 189 页。

⑤ 徐显明：《宪法修正条款修正了什么》，载中国人权研究会：《"人权入宪"与人权法制保障》，团结出版社 2006 年版，第 47 页。

（二）人权条款中的"权"的规范解释

人权条款中的"人"解决的是人权条款的主体资格问题，而人权中的"权"则要解释人权条款中的人权的具体内涵。尽管人权主体问题是人权研究中的一个非常重要的问题，但是，相对于人权的具体内涵来说，人权的内容仍是人权研究的重心所在。正如夏勇教授所言，"人权的重心落在权利上，这样，就可以把关于尊重和维护人的尊严和价值的要求通过每个人的主张、利益、资格和能力加以落实"。① 对于人权中的"权"的内涵，很多学者都进行过专门的研究，如李步云先生认为，人权就是"人的权利"，这里的"人"是指一切人，不仅指公民，而且包括非公民；不仅指个人，也包含作为人的群体，即国内的集体与国际的民族群体。这里的"权利"是指人的一切权利，不仅指基本权利，而且包括非基本权利。② 徐显明教授认为，人权中的"权"，可以解释为"自然的权利""市民的权利""国民的权利""人民的权利""公民权""基本权""公民的基本权利"等，"它回答的是人权在所有权利中的地位问题"。③

界定人权条款中的人权的内涵，首先涉及的是人权与其他相关概念的区分问题。在不同时期的各个宪法文本中，存在着许多与人权相关联的概念，典型的有"基本权利""基本权""民权""公民权""基本人权"等。对于这些概念与人权的区别，学术界存在两种观点："一致说"和"区别说"。"一致说"认为，人权与上述概念虽然在表述上不完全统一，但是在内涵上却是一致的。比较有代表性的主张有：Peter R. Baehr 认为人权（human Rights）和基本权利（fundamental Rights）是对个人发展所不可缺少的那部分基础性人权的共同称呼。④ 徐显明教授认为，"对基本权利的称谓可因文化传统而有所差异，有的直呼人权，有的则称公民权，还有的称为宪法权、国民权、市民权、基本权、基本的人权等，但其含义是同一的"。⑤ 林来梵教授也认为，基本权利是人们所必不可少的权利，是宪法保护的基本的和基础性的权利。基本权利的内涵和外延因时代思潮的变化和各国的见解不同而异。一般而言，英美学者倾向于称

---

① 夏勇：《中国民权哲学》，三联书店 2004 年版，第 133 页。

② 李步云：《论人权的三种存在形态》，载中国社会科学院法学研究所：《当代人权》，中国社会科学出版社 1992 年版，第 6 页。

③ 徐显明：《法理法学教程》，中国政法大学出版社 1994 年版，第 393 页。

④ Peter R. Baehr, The Role of Human Rights in Foreign Policy（2nd ed）, Mcamllan Press Ltd, 1996, p. 3.

⑤ 徐显明：《"基本人权"析》，载《中国法学》1991 年第 6 期。

之为人权，而德国学者则称之为基本权利或基本权，日本学者则取其平衡，称之为基本人权。我国宪法第二章专门规定了公民的基本权利和义务，因此大多数学者采用宪法上的用语，称之为公民的基本权利。① 日本宪法学家芦部信喜教授也认为，基本人权（fundamental human rights）又被称为人权（human rights）或基本权（fundamental rights），是总称信教自由、言论自由、职业选择自由等个别性人权的用语。② 所以，尽管这些概念名称不同，但是在内容上却是基本一致的。

与"一致说"相对应的是"区别说"，认为人权概念与上述概念虽然有着千丝万缕的渊源关系，但是也存在细微缜密的逻辑区别。尤其是人权概念写入宪法文本之后，尽管人权与基本权利、民权、公民权等概念有着密切关联，但是，人权与这些概念还是有着较为明显的区别。人权概念与其他概念的区别主要体现为对人权自身内容的界定上，但是作为一种概念，人权自身的内容界定也是非常有争议的，存在多种观点。如英国著名人权学家米尔恩提出了"作为最低限度普遍道德权利的人权"概念，认为人权的内涵主要由七项主要权利构成：生命权、公平对待的公正权、获得帮助权、在不受专横干涉这一消极意义上的自由权、诚实对待权、礼貌权以及儿童受照顾权等。③ 郭道晖教授认为，根据人权在现代社会中的实际状况可以将人权的内容分为以下三类：第一类为共享权，指全社会乃至全人类共享或应当共享的基本权利，如生命权、环境权、和平权等。第二类为独享权，指作为基本人权，本应为人人共享，而实际上却只为少数人所垄断的权利。第三类为特享权，指只为社会一部分人专享的特殊权利，如妇女、儿童、老年人、残疾人等特殊人群的权利。④ 王惠均教授认为，人权在内容上可以分为共性人权和个性人权两种：共性人权是指"现代国际社会中，部分国家的社会制度、发展水平和文化传统，对一切自然人和社会人普遍适用的人权"；个性人权是指"国家负有国际法的一般义务而必须尊重和保护的共性人权在具体的国家的特定社会环境制约下，其普遍适用性不能在每一个具体人人权上得到充分体现，有关国家根据国情不同顺序、不

① 林来梵：《从宪法规范到规范宪法》，法律出版社2001年版，第75页。
② ［日］芦部信喜：《宪法》，林来梵、凌维慈、龙绚丽译，北京大学出版社2006年版，第73页。
③ ［英］米尔恩：《人的权利与人的多样性》，夏勇、张志铭译，中国大百科全书出版社1995年版，第171页。
④ 郭道晖：《论人权的阶级性与普遍性》，载中国社会科学院法学研究所：《当代人权》，中国社会科学出版社1992年版，第68页。

同程度的予以尊重和实现保护的人权"。① 而对于人权内涵的发展规律，童之伟教授认为，人权"是一个内涵逐步丰富的社会历史概念，其具体内容受各国历史、社会、经济和文化等条件的制约。在世界范围内，基本人权的发展经历了一个从主要注重人身自由、政治自由到政治、经济、社会文化和发展的权利并重，从单纯注重个人的权利到个人权利与集体的权利、民族和人民的权利并重的过程"。② 童之伟教授的观点在一定程度上揭示了人权内容发展的基本趋势。因此，"并不能狭隘地将人权定义为个人和国家的关系或局限于民事权利和政治权利，人权应当包括所有的发展需要，其中包括 1966 年联合国《经济、社会、文化权利国际公约》中规定的所有权利"。③

关于人权内容之间是否存在价值意义上的权利位阶，在理论上仍存有一定的争议。否定权利之间存在价值位阶的观点主要以《欧洲人权公约》为代表，在《欧洲人权公约》之中，"并没有正式规定权利的等级，这就意味着公约并不具有权利位阶体系。也就是说，公约并不认同：当两种权利发生冲突时，其中一种权利会被赋予超越另一种权利的优先性"。④ 而肯定权利之间存在价值位阶的观点认为，权利之间是有层次的，有着高低上下之分，在所有的权利中，最重要的应该是生命权（right to life）。美国最高法院对于在所有的权利中是否存在一个更为根本的权利（Fundamental Rights）的认识经历了一个过程：在 1986 年的 Bowers v. Hardwick 中，最高法院认为在涉及同性奸问题中不存在更为根本的权利。⑤ 而在 2003 年的 Lawrence v. Texas，最高法院推翻了1986 年的判决。⑥ 在 Washington v. Glucksberg 中，一个病人得了非常痛苦的不治之症，但是限于法律规定，他却无法寻求医生给予其安乐死。病人就起诉现行的法律剥夺了他的自杀权（right to die），因而是违宪的。最高法院认为，尽管宪法赋予病人以自由的利益（liberty interest），但是国家更重要的利益在于保护人的生命。⑦ 因此，相对于病人的自杀权来说，国家保护人的生命的权

----

① 王惠均：《试论人权国际性保护的质的规定性》，载中国社会科学院法学研究所：《当代人权》，中国社会科学出版社 1992 年版，第 305 页。

② 童之伟：《法权与宪政》，山东人民出版社 2001 年版，第 282 页。

③ John O' Manique, "Development, Human Rights and Law", in Human Rights Quarterly, Vol. 14, No. 3 (Aug. , 1992), p. 406.

④ ［英］奥维、怀特：《欧洲人权法》，何志鹏、孙璐译，北京大学出版社 2006 年版，第 6 页。

⑤ 478 U. S. 186 (1986).

⑥ 123 S. CT. 2472 (2003).

⑦ 521. U. S. 702 (1997).

利就是一种更为根本的权利。"自由的实质是一种保护人的生命的存在、意义、领域和神秘的权利。"① 因此，生命权就是一种优越于自杀自由的根本权利。J. D. Sethi 认为，在一般的社会中都存在三种基本的权利（Basic Rights），其他的所有权利都是伴随它们而生，这三种权利分别是：（1）选举权和在法律面前平等对待的权利；（2）劳动权；（3）在特定国家和跨国家领域内的迁徙自由和集会自由。② 在国内，杨宇冠教授也认为，人权是应当有层次的，例如生命权是一种最基本的权利，如果没有生命权，其他权利则无从谈起，但是，如果缺少了结社或集会的权利，人们仍然可以享有其他的一些权利。这就说明了"各种权利本来是有层次的"。③

笔者认为，人权是人之所以为人的必不可少的条件，既然人权都是必不可少的，那么人权之间就不应当存在高低优劣意义的权利位阶，但是这并不是意味着人权之间不存在一个统领全局的价值核心，这个价值核心就是"人的尊严"。因为，作为权利观念的一个升华，人权观念"表明权利主体关于权利的意识从利己的本能冲动和简单的利益动机上升到维持自己作为人所固有的尊严和价值的层次，表明权利主体在维护自己的利益和尊严时有了一种终极的凭借"。④ 不论在任何社会及任何时期，人的价值和人的尊严始终是社会发展的终极目标和价值归宿。相对于社会发展的其他衡量因素，"一个社会的文明程度不仅取决于经济上的成就，更取决于对人的重视和尊重程度，取决于在多大程度上把人当人看。"⑤ 所以，对人的价值的张扬和人的尊严的维护始终是人权恪守不渝的价值目标。而在立宪主义传统中，对人的尊严的保障主要是通过宪法来实现的。对于人的尊严的这种核心价值，日本学者大须贺明有过形象的比喻，"一般地说，人权保障的宪法秩序的终极目的，是在于保障人的尊严……所有的人权保障秩序的内部构造，就是以自由权的保障为中轴的，各种人权群体像卫星一样拱围于其四周，同时又保持着一定的紧张关系，总体上构成一个井然有序的体系。"⑥

---

① Charles Fried, Saying What the Law Is: The Constitution In The Court, Harvard University Press, 2005, p. 200.

② J. D. Sethi, Human Rights and Development, In Human Rights Quarterly, Vol. 3, No. 3 (Aug., 1981), p. 14.

③ 杨宇冠：《人权法》，中国人民公安大学出版社 2003 年版，第 134 页。

④ 夏勇：《中国民权哲学》，三联书店 2004 年版，第 169 页。

⑤ 丁启文：《人性·人道·人权》，华夏出版社 2008 年版，第 49 页。

⑥ ［日］大须贺明：《生存权论》，林浩译，法律出版社 2001 年版，第 35 页。

四、结语

综上所述，人权作为一个价值概念写入宪法之后就具有特定的规范内涵。人权条款的主要构成要素可以简要总结如下：第一，人权条款中的人权主体，不仅仅包括我国宪法文本中的基本权利的主体——公民，还包括其他的外国人和无国籍人等。这样一来，宪法文本中的人权主体与基本权利主体就有着价值通约性，从而使我国宪法文本中的基本权利的主体从公民主体论拓展到了普遍主体论。第二，人权条款中的人权内容，包括但是并不仅限于宪法文本中的基本权利的范围，作为一个上位概念，人权条款中的人权除了包括宪法文本中的基本权利以外，还包括一些应当为人们享有、但是还没有写入宪法的那部分权利。正因为此，所以有学者主张，有必要对宪法中的"人权"概念作扩大解释，承认其自然性，从价值层面对人权进行界定，认识到其应然性。这样才能实现对权利的充分保障，从而实现人权概念入宪的初衷。[①] 从人权保障的角度出发，对人权内容的扩大解释有助于拓展宪法文本中的基本权利的规范内涵，使人权概念成为解释和补充基本权利概念的对照性指标和确定性标准。

（载《广州大学学报（社会科学版）》2011 年第 11 期）

---

① 秦前红、陈俊敏：《"人权"入宪的理性思考》，载《法学论坛》2004 年第 3 期。

具体人权

公民的政治参与权与政治防卫权

郭道晖[*]

摘　要▶ 党的十七大报告提出要"保障人民的知情权、参与权、表达权、监督权"。公民的政治参与权和政治防卫权（包含知情权、表达权和监督权）是公民基本政治权利的核心，也是基本人权。公民运用这些权利，不但经由人大、政协等国家机构来表达民意，行使人民权力；而且要能以公民个人和社会组织的身份，直接参与管理国家和社会事务，并从中实现"人民当家作主"。

关键词▶ 公民；政治参与权；政治防卫权

党的十七大报告在"坚定不移发展社会主义民主政治"这一节中，开门见山地指出"人民民主是社会主义的生命"，提出要"坚持国家一切权力属于人民，从各个层次、各个领域扩大公民有序政治参与，最广泛地动员和组织人民依法管理国家事务和社会事务，管理经济文化事业"。要"尊重和保障人权，依法保证社会全体成员平等参与、平等发展的权利"。要"加强民主监督，发挥好舆论监督作用，增强监督合力和实效"。要把人民政协的政治协商职能"纳入决策程序，完善民主监督机制，提高参政议政实效"。要"保障人民的知情权、参与权、表达权、监督权"。此外，在"深入贯彻落实科学发展观"一节中，也一再申明要"努力实现以人为本"，"尊重人民的主体地位，发挥人民首创精神"，"扩大社会主义民主"，"公民政治参与有序扩大"，等等。这一系列亮点闪耀的宣示，也是一个个庄严的承诺。它们都事关政治人权和公民权，特别是公民的政治参与权和政治防卫权。这二权如果能全面落实，不打折扣，则我们党一贯宣传的"支持人民当家作主"的原则可望实现。为此，首先还得转变某些过时的观念和习惯思维，厘清一些基本理论问题。本文拟就此略述浅见。

---

[*] 郭道晖，广州大学人权研究院教授。

一、作为人权和公民权的政治参与权

（一）参与权的主体——由"人民参与"到"公民参与"

党的十五届五中全会通过的《关于制定国民经济和社会发展第十个五年计划的建议》（以下简称《建议》）中，首次确认了"公民参与"的概念，明确提出了"扩大公民有序的政治参与"的命题，这是我国法治观念的一个进步。十七大对此又有了上述进一步的具体发挥。

长期以来，在我国的政治词汇中的提法是"群众参与"或"人民参与"。这在国外，同"公民参与"无甚差别，人民即宪法中的国民或公民，区别只在于"人民"是个复数。而在我国，"群众"是相对于"领导"而言，说群众参与，就意味着是"领导人"（或领导党）去动员、组织群众参与；或群众的参与不是公民固有的权利，而是党和政府的钦赐。至于"人民"，过去也是与"敌人"相对立的政治概念，提"人民参与"，意味着敌人不能参与。从"反右"到"文革"，不要说公民的政治参与，即使民事参与，也是将所谓"敌人"排除在外。在"反右"中，就曾经批判1954宪法中确认的"公民在法律面前一律平等"的原则，说是"敌我不分"。党的十一届三中全会的公报中，也仍审慎地提为"人民在自己的法律面前一律平等"，而不是"公民"，当然更忌讳从人权视角提为"人人"。这意在表明我们在法律上同"敌人"是不讲平等的，也排斥了适应国际法上的平等。当时有的法学者即已著文指出这个提法的片面性与有害性，认为应当改为"公民在法律面前一律平等"。后来法律界与法学界还争论过在判罪量刑中应否区别"两类不同性质的矛盾"。有的法院院长甚至提出："凡判刑十年以上的，就是敌人。"可见，"人民"与"公民"一字之差，界线何等分明！这反映出当时政法界"阶级斗争为纲"的旧思维犹存。

将近30年过去了，上述这些观念已有了很大改变，1982年宪法也早已确认了公民在法律上的平等地位与权利。但是人民参与政治，还是所有公民都有参与政治的权利？并不是十分明确。譬如法学界曾经争论过"公民在立法上是否也是人人平等"，一些学者仍坚持只能在适用法律上人人平等，因为立法权是政治权利，只有人民才有资格和权利参与；再则，敌人同人民怎能享有平等的权利，特别是政治权利？——这样抽象地说似乎有理。问题在于，依据什么标准来事先划定敌我？过去是根据其阶级出身和历史，现在不能再这样划分了。在非战争与和平时期，敌我界线并不很分明，只能在依法审判后，才能确定其是否犯罪和是否需要剥夺其政治权利；即使被剥夺了政治权利，也不一定就是敌人（如破坏选举是犯罪，要剥夺罪犯的政治权利，但显然并非他们都是"敌人");再则,称之为"剥夺",就意味着他原本享有平等权利,只因犯了罪,才被剥夺了某些权利。因此,套用敌我矛盾这样的政治概念于法律与法治,是行不通的,也是违反法理的。

自《建议》以后,所有党政文件中,都已将"人民参与"改为"公民参与",这有利于在观念上澄清混乱,在实践上尊重每个公民的政治参与权利,这是法治国家应有之义。问题还在于,公民参与管理国家、管理政治,也不能只当作是执政党和政府"依靠群众""走群众路线"的工作方式,或调动民智民力的策略,更不能当作党和政府的恩赐。而应明确这是不容忽视的公民宪法权利,要"尊重人民的主体地位"。一切重要国策的决定和重大社会工程的规划实施,法治建设的各个重要环节(修改和实施、维护宪法,重要立法、行政执法和司法,监督法律实施等),以及有关公民和公众切身利益的举措,都需要有公民、特别是利益相关人的参与、听证,否则,这些政府行为就会是无效的。本文开头所引十七大报告中关于把人民政协的政治协商职能"纳入决策程序,完善民主监督机制,提高参政议政实效",就意味着这种协商程序将被确认为执政党和人大、政府作出决定的必经程序,即非经政治协商,不得作出决定,否则无效。如此,则这种政治协商就不只是民主党派和人民政协的一项政治权利,而可以归为程序性权力或准权力(因为它具有国家强制性)。而尊重公民政治参与的权利,就执政党和政府而言,则是它们作出决策时的程序性义务。

(二)政治参与权既是公民权,也是人权

马克思在《论犹太人问题》一文中早就指出,公民即"公人",是参与社会政治共同体即参与国家公共事务的人,是"政治人",他们参与国家事务的政治权利即公权利,这种公民权是同政治共同体相结合的权利,而与作为自然人的"私人"所享有的私权利相区别。后者的特点是个人与社会共同体相分离,不受国家和社会干预的权利;而公民权的内容则是"参加这个共同体,而且是参加政治共同体,参加国家。这些权利属于政治自由范畴,属于公民权利的范畴"。就公民政治参与权的理论渊源来说,古希腊政治哲学家亚里士多德就认为,公民的本质,或"全称的(完整意义上的)公民"是"凡得参加司法事务和治权机构的人",或"凡有权参加议事和审判职能的人"。[①] 也就是拥有参与国家事务的政治权利的人。可见,公民的资格是同他享有政治参与权

---

① [希腊]亚里士多德:《政治学》,吴寿彭译,商务印书馆1983年版,第109～113页。

密不可分的。

在古希腊时代，"人是城邦的动物"（或译为"人是政治的动物"）。"城邦的一般含义就是为了要维持自给生活而具有足够人数的一个公民集团。"①英文 citizen，字义本是"属于城邦的人"或组成城邦的人，中文译为"公民"，也有寓意"公人"、有权参与公共事务的人的意思。在古希腊，城邦既是国家又是社会，二者尚未严加区分，而是融合为一体的，公民身份意味着公民权，公民是享有政治参与权的法律资格概念。进而言之，政治参与权也是人类的"天赋人权"。在原始社会就存在。人的本质是社会关系的总和（马克思）。人类一开始就处于社会共同体中，就有社会关系和社会活动，有对于社会共同体的权利和义务的事实（如氏族社会中选举酋长和共同抵御外族的入侵等），这就属于政治参与权利（或义务）的萌芽。这也是人之所以为人的原始的"政治人权"（Human Political Right）。对此，美国学者阿德勒有过一段论述，他指出："人是群居性的，它需要和别人共同生活，只有在这个意义上，我们才可以说人类社会是自然的社会……政治社会就是这样组成的社会：承认人在本质上既是政治动物又是自然动物，也就是承认人类在本质上倾向于生活在政治社会中并参与政治活动……这就是人类按照自然权利要求政治自由的权利基础。"②

不过，英国思想家米尔恩却断然否定政治权利是人权。他认为，"人权是道德权利，不是政治权利。没有正式的政治组织，人们也能一起生活，而且自古皆然……（认为）人之作为人就享有政治权利，纯属乌有。从不存在超时空的政治权利。人权只有在具体解释时，方成为政治权利"。他还认为，选举权、参与民主决策权并非"政治人权"，因为在专制统治下，这些政治权利只赋予特定阶级，故不是人权。③

两位学者的论断似相对立，实质上却是互补的。阿德勒所讲的是整个人类社会，包括前国家的人类共同体，即群居的氏族社会，他主要是从人的自然本性上，论证人类为了生存，为了对抗强大的自然力量，必须过群居生活，天生有结社的需要，结社权成为人类的"天赋人权"。在这个社会中已经有原始的

---

① ［希腊］亚里士多德：《政治学》，吴寿彭译，商务印书馆1983年版，第109～113页。

② ［美］摩狄曼·J.阿德勒：《六大观点》，陈珠原等译，团结出版社1989年版，第158～159页。

③ ［英］米尔恩：《人权与政治》，载沈宗灵：《西方人权学说》（下），四川人民出版社1994年版，第353页。

政治，如共同选举氏族首领，共同参与决定狩猎、分配食物和用水、迁移、战争等等公共事务，这就是政治人权的萌芽。而广义的"政治"就是管理公共事务，即孙中山说的"管理众人之事"，原始社会就有需要运用权力（或恩格斯所说的"权力的萌芽"）去管理部落群体、氏族社会的公共事务了。

至于米尔恩所讲的"政治"则是指国家出现后的政治，他所说的在专制统治下选举权、决策权只赋予特定阶级，是说明了作为法定政治权利的阶级性、历史性，政治参与权没有成为人人普遍享有的实在权利。这只是人类出现阶级和国家以后才产生的现象，并不因而否定它作为道德权利、人人应有权利的普适性。而原始社会萌芽的政治人权，却是作为普遍人权而存在的。虽然那时的政治人权是很低度的。

（三）在直接参与管理国家和社会事务中实现"人民当家作主"

作为社会主义国家，在强调要支持和保证"人民当家作主"的时候，过去较多地从作为整体上的人民着眼，强调我国人大、政协、民族自治地方、基层群众自治等基本制度的作用。这固然是重要的、主要的，但却往往忽略了《宪法》第2条第3款所确认的，人民还有权"通过各种途径和形式，管理国家事务、管理经济和文化事业，管理社会事务"。这里，作为主体的人民，不只是指作为整体的、抽象的人民，也不仅是人大代表，而主要是普通公民、民众、群体、社会组织。他们通过各种直接参与管理国家政治和社会事务的活动，也是"当家作主"的重要途径和形式。前引十七大报告对此已予以强调，笔者认为是一个重要进步。

在推行政治体制改革和政治民主建设时，对这些基本制度的改革固然是治本的，但难度与阻力较大，难免拖延滞后；而如果我们同时能重视对公民权、公民参与权及公民社会的权利的保障，抓紧有关这类公权利的立法，使公民和社会组织的知情权、表达权、结社权、言论自由权、政治参与权在宪法和法律范围内得到正常的畅通而有序的行使，使蕴藏在民众中的巨大政治与社会潜力得到充分的释放，就会大大有益于对国家和社会的治理，而且这比之基本制度的改革也较轻而易举。

（四）公民参与国家事务的方式

政治体制改革和经济文化的发展，如果没有公民和公众有序的直接的参与，如果不借助社会力量和社会权力从外部予以促推，就很难打破各种旧思想、旧习惯、旧制度以及权力者的阻力，也难以调动和集中民力民智，顺利地实现现代法治政府的目标。"扩大公民有序的政治参与"，是现代民主政治的一个通则。公民社会参与国家事务的方式可以概括为以下几个方面：

一是社会用权——国家将本应属于社会主体的权利与权力，还归为社会自主、自治权力。公民社会不再只是被控制、被支配的"顺民"，或只是仰给于国家、坐等"替民作主"的"父母官"救济的"子民"。而能运用自有的公民权，利用其拥有的社会资源和社会权力，解决社会成员自身的一些问题，也减少了国家权力的负担。

二是公众参权——通过公民和社会组织集中和反映不同社会群体的意见与要求，直接参与国家行政、司法以及立法活动的决策过程，对国家的治理工作提供社情、民情的依据，贡献来自人民群众和各行各业专家的智力资源与物资和精神支持，并促进政务活动的公开性和透明度，克服"黑箱作业"的弊端。

三是民众监权——通过公民集体行使公权利，去监督国家权力，既支持政府为民谋利益的举措，又遏制、抗衡、扭转政府有可能存在的不法、侵权行为。通过运用舆论媒体和社会组织的游说，对政府机构施加积极影响。

这些，也可以说是中国古代格言"水可载舟，亦可覆舟"的当代体现。

（五）公民政治参与的"有序性"

所谓"有序"，最主要的是建立和遵守法治秩序，亦即使"民主法制化"。这里强调"有序"，是为了"防乱"。这有利于解除党政干部怕"一放就乱"，怕群众参与政治会"犯上作乱"的顾虑，也可防止群众"无法无天"地重演"文革"中的"大民主"。

公民参与的"有序"，首先要求参与的平等性，即各社会阶层的所有公民都享有平等的政治参与权。绝不能根据某个社会阶层的社会地位或经济重要性来确定其政治参与的重要性，更不能因为该社会阶层的社会地位或经济重要性为其提供特殊的政治参与权。市场经济必然导致社会群体之间的经济不平等；这种不平等导致的对社会的负效应，应当由政治来调整，由公民平等的政治参与来矫正。

总之，扩大公民有序的政治参与，解决日益复杂和紧张的各种社会矛盾，当务之急应是积极推进政治体制改革，从制定公民政治权利的法律入手，抓紧落实有利于扩大公民政治参与的立法。诸如新闻法、出版法、社团法、舆论监督法、政务公开法、公民举报法、请愿法（使公民的上访和对政府的批评、建议纳入法治轨道）、申诉法等。

上述立法的宗旨，主要是保障公民的政治自由与权利的正当行使，同时也要对这些自由有适当的限制。但限制的目的还在于保障自由，即防止公民滥用自由权利来侵犯他人的自由或干扰政府合法行使公务。在立法精神上，应当贯彻公民权利与自由神圣不可侵犯，以人为本、以公民权为本，以权利制衡权力和维护国家与社会稳定等原则。

二、公民的政治防卫权

(一) 消极防御与积极防御

英国的约翰·密尔在他的《论自由》这部名著中给自由的定义是:"人类之所以有理有权可以个别地或者集体地对其中任何分子的行动自由进行干涉,唯一的目的只是自我防卫。"① 这主要是指国家权力不能出于非"防卫"的目的或超出"自我防卫"的限度 (防卫过度),而对公民和社会组织自由作扩大的限制。就公民和社会组织而言,宪法中确认的公民各项基本权利与政治自由,倒是公民对国家权力的政治防卫权。其中,公民的基本私权利是国家权力不得干预的禁地;公民的公权利——政治权利,则是公民参与影响国家政治的权利,是公民的积极防卫权。德国联邦宪法法院在一项判决中指出:"基本权利主要在于确保个人的自由领域免予遭受公权力的干预;基本权利是人民对抗国家的防御权。"②

前已述及,以赛亚·伯林所论的"消极的自由"与"积极的自由",其中消极自由是指不受他人的干预和限制,即"免予……的自由"。③ 这类自由主要是保护社会中的弱势群体的权利免受强势群体——特别是统治者、国家政治权力——的侵犯。所以又称"防卫性、保护性的自由"。④

伯林认为消极自由比积极自由更重要,消极自由强调了自由的"免受侵犯"的属性,其立足点是放在抵制那些侵犯自由的社会强势力量,主要是统治者的政治权力对公民和社会群体、特别是弱势群体的自由和权利的侵犯上。所以,消极自由是防卫性的自由,这种自由是其他自由的保证。

不过,这种消极自由的防卫作用毕竟是消极的,在受到国家权力侵犯时还有赖于通过国家权力予以权利救济 (行政救济或司法救济)。而作为积极防御的政治权利,则可以事先通过参与立法和行政决策与监督,参与国家权力的形成和行使,预防侵权行为的滋生。它不仅是"自由于国家权力之外",而且是

---

① [英] 约翰·密尔:《论自由》,程崇华译,商务印书馆1959年版,第11页。

② 参见德国联邦法院在 Luth – urteil BVefGE, 7, 198 (204f) 案的判决。转引自董保成:《法治人权与和谐社会》,山东大学法学院"依法治国十周年"研讨会论文,2007年4月26日。

③ [英] 以赛亚·伯林:《两种自由概念》,载《论自由》,胡传胜译,译林出版社2003年版。

④ [美] 乔·萨托利:《民主新论》,冯克利、阎克文译,东方出版社1998年版,第339页。

积极地进入国家之内，行使参政权和受益权，"要求国家给付"，要求国家创设条件保障人权和公民的基本权利。这种主动防御，或者说是"以攻为守"的积极防御，比之主张不受国家干预的自由，更具实效。

（二）公民的抵抗权

与防卫性自由相通和互补的是公民对专制统治或恶法的抵抗权。

美国独立宣言和法国人权宣言中都把"推翻专制政府""反抗压迫"作为公民"不可转让"的基本人权。"二战"后的德国基本法确认，对企图排除宪法秩序的执政者，"所有德国人都有抵抗权"。

我国宪法尚无此权，但有对国家机关及其官员的批评、检举、控告权。在《农业法》《全民所有制工业企业法》《行政处罚法》中有"拒绝权"（拒绝乱收费、乱摊派等）。

欧美十七、十八世纪启蒙思想家人权理论，本来是作为对封建专制的政治反抗权而提出的。"二战"后出现现代人权的新高潮，也是导源于政治上对法西斯蹂躏人权的反思。联合国于1948年通过的《世界人权宣言》，就是这一反思的产物，其主要精神也重在强调人民的政治自卫和抵抗权。

我国1982年宪法中，恢复和增加了此前宪法中被删除或未曾列入的某些公民的基本政治自由和权利，如公民在法律上一律平等；公民的人格尊严、通讯自由、住宅不受侵犯，特别是公民有批评、检举、控告国家机关和国家工作人员的权利等。是为防止"文革"中践踏人权事件重演而设置的抵抗权，1982年修订宪法时，笔者正任职于全国人大常委会法制委员会办公室（后来的法制工作委员会），听到主持修宪的宪法修改委员会主任彭真不止一次地强调设置这些基本权利就在于防止"文革"时期恣意践踏公民基本权利的事件重演。1979年制定刑法时，还列入"禁止打砸抢""禁止诬告"等条款，也是鉴于"文革"的教训，有意赋予公民和党政干部以防卫权。也都可以归属于公民的政治防卫权。

（三）政治防卫权的类别

如上所述，所有公民权——政治自由，无论消极的还是积极的自由，都可以归入防卫权范畴。防卫权可以分为两类：

一类是事先的防卫。从积极进取意义上说，行使表达自由、政治参与自由，公民的批评建议权等，表达民众的意志和愿望，献计献策，要求政府为人民利益应当怎样作为或不作为，给政府的行为加以人民意志的导向，从而防止政府滥权和侵权。

更积极的事先防卫，是实行权力分立体制。波兰宪法法院在1993年11月

9 日的一项有关"法官的独立"案件判决中指出:"分权原则是国家为阻止权力集中和权力滥用所设置的预防措施。"①

而主张或要求权力分立,则是公民的一项政治权利。在法国人权宣言审议过程中,讨论到宣言的范围并非仅限于"人权",而且也包括公民权时,两位议员达阶和布瓦依兰分别指出,"权分则自由存在;权合则人民呻吟于虐政之下"。"统治权必须分立,这是人民的一种权利。此种权利应当载于人权宣言中。"他们认为分权原则属于公民权范畴,应当列入《人权与公民权宣言》,他们的建议获得通过,即宣言的第 16 条:"任何社会,如果在其中不能使权利得到保障或者不能确立权力分立,即无宪法可言。"②

另一类是事后的救济。在政府已发生滥权或侵权行为时,公民和社会组织有各种权利和救济渠道,来抵抗、制止政府的侵权行为和贪腐行为,补偿或赔偿公民和社会组织的损失。从公民的政治权利角度来说,实现权利救济的主要方式是:运用公民的拒绝权或抵抗权,抵制政府的恶法或不法行政行为;运用公民和媒体(包括互联网)的言论自由、新闻自由权利,形成强大的社会舆论,促使或迫使政府接受公众正当合理的诉求;运用宪法确认的公民批评、控诉和申诉的权利,通过上访、诉愿,向司法机关投诉,向人大反映,通过社会组织提起公益诉讼,直到依法组织集会游行示威,以制止、纠正政府的不法行为。

(载《广州大学学报(社会科学版)》2008 年第 5 期)

---

① 转引自王末明:《宪法转型国家违宪审查制度研究——以东欧国家为例》,北京大学 2007 年博士论文。

② 参见张奚若:《法国人权宣言的来源问题》,载《张奚若文集》,清华大学出版社 1989 年版,第 189~190 页。

结社自由简论

王四新 [*]

摘 要▶ 宪法性法律和国际人权条约承认和保护的结社自由,是个体基于不同的原因而与他人结成名称、规模、宗旨和目标等各不相同的组织的权利。本文从四个方面,即什么是结社自由、它有什么功能、法律如何对之进行保护以及结社自由与表达自由之间的关系,对结社自由进行了界定。

关键词▶ 结社自由;表达自由;功能;保护

结社自由作为现代社会中公民的一项基本权利,保护的是个体基于不同的原因,比如信仰、职业、爱好和追求等而与他人结成名称、规模、宗旨和目标等各不相同的组织的权利。人权条约和宪法性法律承认和保护结社自由,意味着政府和其他私主体不应当随意对人们结社和以社团的方式开展的活动予以无端的限制或干预。

作为一项政治权利,结社自由在现代民主政治中起着举足轻重的作用。人们只有在能够与他人联合(成为一个政党、利益团体、行业组织或其他追求特定公共利益的社团)的条件下,才能克服个体在能力、影响力等方面存在的局限,组织化、规模化地在不断变革的社会当中有效地提出并实施自己或自己所钟情的政治主张,开展各种有益于组织成员,同时也有益于社会的活动。

具有类似想法的人也可以为了经济原因而建立或加入某个既存的社团,并通过持续的社团活动,追求社团成员共同追求的经济利益,改变他们在经济上所处的不利地位。从这个角度来讲,结社自由还是一项重要的经济权利。资本主义国家的工人组成的工会,曾经成功地利用结社这一武器,有效地改变了他们的经济状况,促成了更公平的社会制度的创建。

因此,探讨结社自由和与之相关的各种问题,如其概念、功能和法律如何对之进行保护等问题,便具有非常重要的现实意义。同时,由于结社与言论出版等自由共同规定在我国《宪法》第35条,即表达自由条款,因此,本文还

---

[*] 王四新,中国传媒大学政治与法律学院教授。

在最后一部分，重点讨论了结社自由与表达自由之间的关系。

一、什么是结社自由

在现代社会的公共和私人生活中，除政府和与政府有直接关系的各类团体外，还存在各种性质、规模和宗旨等各不相同的由民众自己结成的社团。这些社团可能是因为意识形态的原因而成立的，也可能是因为宗教的、政治的、经济的、劳工的、社会的、文化的、运动的或其他目的而成立的。商业组织、工会、农会、职业协会、政党、宗教团体、教育组织和文化群体等，都是比较常见的社团形式。中国《宪法》第35条明确承认和保护结社自由，但全国人民代表大会及其常务委员会并没有制定专门调整社团的法律，国务院1998年制定的《社团登记管理条例》是目前中国调整社团活动最主要的法律依据，按照该条例第2条的规定，社会团体，是指中国公民自愿组成，为实现会员共同意愿，按照其章程开展活动的非营利性社会组织。

根据上述规定，我们认为，结社有如下特征：（1）民间性——与政府相比，政府是公共管理机构，是凌驾于社会之上的权力机构，可以对其治下的所有民众行使权力，但社团是由部分民众组成的，社团的章程、规定只对加入社团的成员有效，社团对非社团成员不行使权力。（2）非营利性——成立社团的目的是大家在一起共同推进某项事业或某种系统的理念、理想，是一群志同道合的人共同宣明其意志的结果，而不是为了以集体或组织的方式获得经济上的好处。这使得社团区别于各类公司和企业法人等依靠法律而成立的经济组织。但这并不是说社团不可以为着一定的经济目的而组织、存在或活动。（3）居间性——社团处于国家、政府和个体之间。对于政府来讲，社团是享有一定法律特权或权利的自治性组织，对于个人来讲，社团既是他们以集体的方式提升自己的主张、能力所借助的手段，也是国家权力的一个缓冲地带。个体可以借助于自己加入的社团，对抗国家或政府，更有效地防止政府滥用或不正当地行使自己的权力。（4）自愿性——个体加入和退出社团应当是自愿的，社团应当是个体与具有类似想法的其他个体基于共同的意思表示而建立或加入的组织。无论是政府，还是社团及社团中的其他成员，都无权随意强迫个体加入或退出某个社团。

第一，结社自由意味着人们可以基于各种可能的目的而结成规模、名称等各不相同的组织，政府不能因它自己的爱好而有选择地同意或拒绝某个社团的成立，不能任意因即将成立的社团的宗旨和它所倡导的观念不符合主流的价值而对其横加限制。第二，结社自由还意味着结社的法律形式不应当受到严格的限制。对社团成立的条件和社团开展的活动要求过高的做法，很有可能损害结社自由。第三，对个体来讲，结社自由一方面意味着个人有权加入社团，成为享有管理权限并履行一定义务的某个社团的成员，另一方面意味着个体有不参加或不被强迫参加某个社团的权利。第四，从国际人权条约，比如从《公民权利和政治权利国际公约》第22条的规定来看，结社自由还派生出一系列的国家义务，比如支持社团为追求其成员的共同利益而集体活动的义务；提供建立法人的法律框架的积极义务和保护社团的形式和活动不受私主体干涉的义务等。①

为了更清楚地说明什么是结社自由，我们还可以通过正面的例子来进一步认识结社自由。在人权领域，当一个国家只有一个促进人权的组织，但某个个体并不同意其宗旨和目标，该个体也没有因为强迫而被迫成为这个唯一的人权组织的成员。在没有其他选择的情况下，个体是否只能被动地加入或不加入这个组织呢？联合国人权事务高级专员诺瓦克认为，个体应当享有这样的权利。因为《公民权利和政治权利国际公约》第22条还保障个体与其他具有相同想法的人建立另外一个更符合个体的意愿的人权组织的权利。成员国保障其国民行使结社自由的权利不因在某些领域创建了某个社团就算它履行了公约的义务，该条第2款还要求成员国在法律上和实际上使所有的人都可能在既存的（国家和私人）组织中进行选择。如果这些组织中没有任何一个对他们有吸引力，则他们有权再创设一个新的组织。②

二、结社自由有什么功能

按照亚里士多德的观点，人天生就是政治动物，具有与他人一道过集体生活（城邦生活）的需要。个体存在的价值也只有通过像城邦这样的共同体，才能实现。如果没有像城邦这样的政治共同体，个体的存在便毫无价值。现代生活的多元、快节奏和现代人面临的越来越重的压力，使现代人比两千多年前的雅典人更需要结成不同的团体，并通过团体在不断变革的现代社会生活中一方面找到自我，另一方面更有效地促成其政治、经济、文化或其他方面的愿望的实现。因此，对于孤零零的个体来讲，结社自由的功能首先在于它能够满足个体获得某种归属感的需要。个体可以通过结社寻找到自己事业和情感可以寄托的地方，而各种社团也可以成为个体之间进行交流的精神家园，成为个体之

① ［奥］诺瓦克：《民权公约评注——联合国〈公民权利和政治权利国际公约〉》，毕小青、孙世彦等译，三联书店2003年版，第383页。

② ［奥］诺瓦克：《民权公约评注——联合国〈公民权利和政治权利国际公约〉》，毕小青、孙世彦等译，三联书店2003年版，第383页。

间分享情感、成功经验的地方。此外，从自然法的角度来讲，任何人都有权以自己特有和擅长的方式参与公共生活，使社会或公共事务朝着自己所期望的目标和方向发展，而个体不通过与一群志同道合者的共同努力，是不可能实现这类目标的。于是，通过与他人结成稳定的联合并共同参与群体性的活动，便成为个体改变现实，特别是不公平的现实的有效选择。从这个角度来讲，结社自由还会影响到其他权利和自由享有的程度和行使的方式。通过集体方式行使的其他权利，比如言论和出版自由，也会产生更加理想的效果。在面对诸种由现代社会急骤变化的政治、经济和文化生活带来的不适，比如环境问题、就业问题和大量他所认为的社会不公时，单独的个体通常会因为能力有限而感到绝望。如果个体的这种心理问题不能通过适当的方式予以排解或消除，除了对个体是一种巨大的精神痛苦外，还会给社会带来不安定因素。通过将自己托付给某个自己认同的组织，通过团体组织的各种活动，个体可以与他人以集体的方式共同面对困难，共同解决他所认为的不公、不义等问题，在这个过程中，个体不仅能够找到精神寄托的地方，还能够体会到自己能力的强化和扩大。

此外，在现代社会，各种各样的社团还可以在国家和民众中间起到缓解二者之间张力的作用。通过集体表达政治和其他诉求的方式，一方面，社团成为个体愿望展现和达成的平台；另一方面，社团还可以借助远远大于个体的力量，对公权力的运用形成有效的制衡与监督。这样，个体对政府或国家因种种原因而产生的积怨甚至仇恨，会因为社团提供了适当的表达机制而得到一定程度的化解。社团也可以成为抵制国家权力损害个体基本权利，特别是毁灭性地伤害个体权利的一道阀门。托克威尔就认为，在民主国家，结社自由是防止一党专制或大人物专权的有效办法。借助于结社自由，人们能够走到一起，结成"防止暴政的堤坝"，避免一个伟大民族受到一小撮无赖或一个独夫的残酷压迫。[①]

在中国建设社会主义民主制度、完善社会主义法制和迈向现代法治国家的过程中，个体自由结成的各类社团还是民众形成有效的政治参与的平台，是培植现代民主政治理念的土壤。同时，结社自由还是制定并实施真正反映人民利益的法律的前提，是社会主义法治建设的重要保障。因此，政府对民众的结社应当持包容和宽容的态度，尊重人们自主活动的能力，认可人们通过结社而自主化地安排自己生活的权利。

---

① ［美］托克维尔：《论美国的民主》（上卷），董果良译，商务印书馆1996年版，第217页。

三、法律怎样保护结社自由

美国的宪法第一修正案规定了人们享有的各类表达自由，但并没有规定人们享有结社自由的权利。结社自由是否属于表达自由呢？1927 年美国社会党人惠特尼（Whitney）女士因为参加共产主义劳动党的一次大会而被判有罪［WHITNEY V. California 274 U. S. 357 (1927)］，说明当时结社自由不受宪法第一修正案保护。但这种情况到了 1958 年的全国有色人种民权促进会案［National Association for Advancement of Colored People V. Alabama Ex tel. Patterson, 357 U. S. 449 (1958)］时有了改变。在本案中，亚拉巴马州的法律要求企业或协会在开展活动之前应先获得州政府的批准。但全国有色人种民权促进会却在没有获得州政府批准的情况下，在州内开展活动。州政府以该协会违犯了该州的法律为由向法院提起诉讼，要求法院终止该协会的活动，州法院同意州政府的请求，除责令协会提供包括财务状况在内的文件外，还要求协会向法庭披露其成员的身份信息。官司打到美国联邦最高法院的时候，最高法院的法官哈兰代表法院撰写的裁定书推翻了亚拉巴马州法院的全部判决。

哈兰在裁定书中认为，强迫协会披露其成员的材料并将其公开的做法，会导致许多成员因为害怕遭受迫害而离开协会，对协会提供财政或其他支持的人或组织也会抽回自己的资金。这会极大地削弱协会的力量，使协会所致力于促成和实现的目标——为美国少数民族争取政治、经济、教育等方面的平等权利——受到损害。因此，为了维护人们为促进信念和理想而结合在一种稳定的组织并通过这种组织将其发扬光大的自由，即结合自由，协会成员的隐私利益应当受到尊重和保护。它是维护结社自由所必需的，在协会的主张和信念是非主流的、有争议的情况下，就更应当如此。

与美国到 1958 年才通过判例确立民众享有结社自由不同，中国自建国以来颁布的几部宪法，都明确规定公民有结社自由的权利。1954 年《宪法》的第 87 条、1975 年《宪法》的第 28 条、1978 年《宪法》的第 45 条和现行《宪法》的第 35 条，都规定了公民享有结社自由的权利。目前，在中国现有的法律体系当中，除《宪法》第 35 条明确承认公民有结社自由的权利外，国务院还在 1998 年制定了《社团登记管理条例》，以具体落实和细化对公民结社自由的保障，同时防止少数人滥用结社自由危害国家安全和公共秩序。为了规范民办非企业单位的登记管理，保障民办非企业单位的合法权益，国务院在 1998 年还制定了《民办非企业单位登记管理暂行条例》。为了规范基金会的组织和活动，维护基金会、捐赠人和受益人的合法权益，促进社会力量参与公益事业，国务院又于 2004 年制定颁布了《基金会管理条例》。

结社自由权也被规定在许多国际人权条约中，《世界人权宣言》的第 20 条、《经济、社会、文化权利国际公约》的第 8 条、《公民权利和政治权利国际公约》第 22 条等，都明确承认人们有结社或组织工会的自由。其中，《公民权利和政治权利国际公约》第 22 条规定，人人有权享有与他人结社的自由，包括组织和参加工会以保护其利益的权利。该条还规定，除为维护国家安全或公共安全、公共秩序，保护公共卫生或道德，或他人的权利和自由外，成员国不得限制人们自由结社的权利。国际社会专门制定的承认和保护结社自由的公约是 1948 年公布、1950 年生效的《结社自由及保护组织权公约》。

在地区性人权条约当中，承认和保护结社自由的规定主要见之于《欧洲人权条约》的第 11 条、《非洲人权和民族权宪章》的第 10 条和《美洲人权公约》的第 16 条。其中，《美洲人权公约》的第 16 条明确规定，为了思想的、宗教的、政治的、经济的、劳动的、社会的、文化的、体育的或其他的目的，人人都有自由结社的权利；行使这种权利，只能受到依照法律规定的，在一个民主社会为了国家安全、公共安全或公共秩序的利益，或者为了维护公共卫生或道德，或者为了保护他人的权利和自由所必需的限制。

四、怎样保护社团和社团成员的表达自由

在现代民主国家，由宪法性法律和其他普通法律承认和保障社团享有一系列权利或特权，是社团正常运营并发挥其功能的前提。但这些由个人在自愿的基础上成立的社团，完全有可能借助法律的保护和社团成员经济和道义上的支持，在实践中演化成大型、非人化的科层式机构，发展成对其成员能够产生远大于政府的影响的秘密或私人"政府"。在这种情况下，会产生另外一个问题，即如何保护社团成员的权利问题，尤其是表达自由的权利问题。这个问题之所以重要，是因为在许多情况下，个体既会受到社团中其他成员的影响，还会受到社团本身、包括社团中有影响的领导人的影响。当社团成员在某些问题上与社团或社团领导的意见相左时，便会发生如何在社团中保障个体成员的表达自由问题。与这个问题同等重要的问题，则是社团如何表达的问题，尤其是社团表达的理念、观点与内部成员的想法不一致的时候，成员的表达自由权与个体的自由表达权之间的协调问题。

表达自由是一项对抗国家的基本权利，当像社团这样的私主体事实上成为侵犯其成员的表达自由权的始作俑者时，如何适用表达自由条款的规定来保护社团成员的表达自由权就成为相对棘手的问题。毫无疑问，政府应当允许社团成为一个相对自治的组织，但允许社团无限制地行使自治的权利，同样也会是非常危险的。因此，保持政府对社团事务的适当干预和介入的权力，不仅有法

理上的依据，而且也有事实上的依据。在社团内部，政府至少应当重视社团成员基本权利的保护，限制社团或社团领导侵犯社团成员的基本权利，尤其是表达自由的权利。政府应当迫使社团承认和尊重其成员表达自由的权利，政府也应当承认和保护社团自身的表达自由权。

当遇到社团这一门槛时，是否可以直接享有和行使宪法规定的表达自由，或者社团是否可以从社团本身的利益考虑，在社团内部克减或限制自己成员享有的表达自由权？对这个问题的解答，需要考虑由社团的宗旨、章程等确定的社团的性质。如果社团完全属于基于自愿基础上的私人结社，社团不与社会上的其他个人或组织，包括各级政府机构发生政治、经济或其他方面的关系，社团应当享有完全的自治，政府不应当干预社团和社团成员的表达自由问题。因为这种社团活动与国家、政府无关，其行为不能被看作是政府行为，通常也不会产生表达自由问题。

但必须指出，这种情况在实践中是非常少见的。实际情况是，现实生活中的社团总是与政府有着这样或那样的关系。它们的成立、运行要么带有政府权力不同程度的介入，要么直接从政府那里获得了某些准行政性的权力。即便没有直接的关系，社团多半也都具有公共性，它们的活动都会或多或少地与公共事务有关，因此，社团不应当是宪法规定不发生作用的地方。此外，法院还会将法律的相关规定，分别适用于对社团和社团成员行为的调整。无论是这几种情况中的哪一种情况，宪法和其他法律，包括人权条约确立的表达自由的人权标准，都应当是衡量社团行为的标尺。如果社团没有尊重其成员的表达自由，政府应当责成其予以改正，而如果社团违犯了宪法的相关规定，侵犯了其成员的表达自由权，社团成员应当有权通过司法的途径来维护自己的合法权益。

另外，社团本身也存在如何通过特定形式的表达，推广自己所信奉的理念，来获得社会认同的问题。社团表达的观点、意见和推广的理念可能与社团成员一致，也可能与部分社团成员的想法不一致。在社团宣传的理念与部分个体成员的观念发生冲突的地方，怎样协调二者之间的关系呢？我们认为，出现这种情况，首先，应当考虑社团的表达是否与社团成立的宗旨、目标协调。如果社团表达的是与社团成立的宗旨、目标一致的思想、观念或理念，即便社团成员有不同意见，社团成员的表达自由也应当让位于社团的表达自由。其次，社团成员代表社团行使表达自由的权利，或与社团其他成员集体表达时，个体的想法应当让位于社团的总体和长远目标的要求，个体的表达自由应当服从于社团的表达自由。也就是说，个体应当避免表达与社团的目标、宗旨相冲突的言论，尤其是对社团会产生明显的不利影响的言论。最后，社团可以要求成员在日常生活的表达中，发表与社团的宗旨、目标相一致的言论，但不能强迫社团成员以放弃自己的宪法权利为代价。

依据上述原则，笔者认为，要求律师放弃批评律师协会的政策、组织管理等以维护协会权威的做法，是有违宪法确定的原则的。但律师协会可以要求自己的律师不发表鼓动人们采取违法行为的言论，可以要求自己的会员坚守职业道德；工会不能要求自己的会员在工会的事务上都保持沉默，但可以处罚不投自己选出的代表的票而将自己神圣的一票投给其对手的会员。

(载《广州大学学报（社会科学版）》2008 年第 7 期)

论我国举报人权利的立法保护

——贡献、局限与构想

王　欢[*]　金圣春^{**}

摘　要▶ 作为基本权利的举报权，是法治和民主政治的实质内容。在我国宪法和各种层次的立法中，均在一定程度上肯定了公民的举报权，但举报人权利的立法保护构架仍存在诸多缺陷，亟待制定统一的《举报人权益保护法》为举报人权利提供系统保护。《举报人权益保护法》应从举报人权利、举报受理机关的义务和法律责任以及举报人的特殊保护等方面进行制度设计。

关键词▶ 举报权；基本权利；立法保护；制度构架

举报是现代民主政治的重要内容，在我国政治实践中，举报制度在促进廉政建设、改善行政管理、规范权力运行等方面发挥了重要作用。据资料统计，全国诸多大案、要案的查处，70%以上的线索来源于社会各界的举报。但与此同时，由于制度的缺陷使举报人屡遭打击报复的事件也常见于各类媒体。举报人权利未能得到充分保障的现实，在一定程度上制约着举报权的实现和举报制度功能的发挥，因此，如何从立法上完善举报人权利的保护机制以实现制度存在与制度效能的正向关系，是我们当前应当予以认真解决的一个实践性课题。

一、作为基本权利之举报权的理论内涵与价值意蕴

在中国语境中，人们一般是在政治权利的视域下来考察举报权的，即举报权是"公民对国家机关及其公职人员实施的侵犯自己合法权益或社会公共利益的违法失职行为向有关机关揭发事实真相，并依法请求处理的权利"。① 学界关于举报权的这一认识，其直接法律依据是《宪法》的第41条，即"中华

　＊　王欢，广州大学人权研究院副教授。

＊＊　金圣春，广东省深圳市宝安区人民法院法官。

　①　李步云：《人权法学》，高等教育出版社2005年版，第205页。

人民共和国公民对于任何国家机关和国家工作人员，有提出批评和建议的权利；对于任何国家机关和国家工作人员的违法失职行为，有向有关国家机关提出申诉、控告或者检举的权利，但是不得捏造或者歪曲事实进行诬告陷害"的规定。客观地说，上述关于举报权的理解仅仅是形式意义上的，因为这种理解没有指明举报权作为宪法制度设计的功能与本质，即举报权基于何种实质功能而能够或者应当成为一项基本权利。众所周知，某项主张或诉求之所以或者应当作为一项基本权利，是需要进行正当性论证的。也就是说，只有当某项主张或诉求能够被证成为基本权利时，其作为基本权利的客观存在才能获致正当性基础。

在笔者看来，举报权的基本权利地位是由作为权利主体的公民在政治国家中的地位、意义和作用决定的。从内容上说，举报权体现了权利对权力的监督与制约，而权利监督和制约权力则是现代代议制间接民主的主要特点。代议制间接民主政治组织形式是以代表公民执掌政权的少数执政者与作为国家权力的公民之间存在一定程度的分离作为运作构架的，在这种分离必须存在的前提下，有产生国家权力不依人民意志而仅依少数执政者意志运作的可能，如果没有适当的监督和参与机制，这种可能将会转化为必然，所谓的代议制民主亦将形同虚设。因此，"以有效的监督机制制约把这种不可避免的分离规制在一定限度内，防止权力的任性、专横和腐败，使权力始终依照人民意志的法律来配置和运作，便成为了法治和民主政治的实质内容"。[1] 在这个意义上说，举报权在实质上是作为主体的公民自主、自为地参与国家政治生活，管理和影响国家事务的权利。毋庸置疑，公民此种自主、自为地参与国家事务、监督国家机关依法行使权力地位的获得，只有在民主政治体制之下才有可能。在专制政体之下，公民对政府的监督既无可能也无必要，对国家机关及其公职人员的举报权也就没有存在的制度空间和现实土壤。

二、举报人权利立法保护的确立与发展

（一）举报人权利立法保护的基本现状

除了《宪法》之外，其他若干层次的立法均在不同程度上肯定了公民的举报权。例如，《刑事诉讼法》第 84 条第 1 款规定："任何单位和个人发现有犯罪事实和犯罪嫌疑人，有权利也有义务向公安机关、人民检察院或者人民法院报案或者举报。"《价格违法行为举报规定》第 2 条规定："公民、法人或者

---

① 张文显：《法理学》，高等教育出版社 2003 年版，第 288 页。

其他组织认为经营者有下列行为之一的，可以采用书信、来访、电话等形式，向价格主管部门举报，价格主管部门应当按照本规定予以受理。"然而，权利的宣告只是权利的一种存在形态，即法定权利而非现实权利形态。只有这种法定权利转化为现实权利，才能成为再现生活的事实，才对主体具有实际的价值，才是真实的和完整的；对于国家来说，才算实现了它的意志和它期待的法律价值。然而，从法定权利向现实权利的跃迁是有条件的，这个条件就是权利运行和保障机制，没有完整的权利运行和救济机制就不可能实现权利。① 这是人们的一个基本共识。

对于举报权的实现，最为关键的机制无疑就是举报人保护制度，即只有当具备了完整的举报人保护机制时，举报权才有真正转化为现实权利的可能。然而，正如有的学者所言，我国"现有法律法规关于举报人的保护停留在宣示性规定上，而没有建立一套成体系的公民举报权保护机制，为公权力的乱作为打击举报人提供了可能"。② 不仅如此，即便是已经制定了的条款，其结构亦存在明显的不合理。从整体上说，我国举报人权利的立法保护具有明显的重事后惩罚、轻事前预防；重奖励、轻保护的缺陷。

重事后惩罚、轻事前预防是对举报人的消极保护，其主要是从对打击举报人行为的视角来进行制度构建的。以 1997 年《行政监察法》为例 。该法第 6 条规定，"监察工作应当依靠群众。监察机关建立举报制度，公民对于任何国家行政机关、国家公务员和国家行政机关任命的其他人员的违法失职行为，有权向监察机关提出控告或者检举"。但是，对于举报人保护的条款仅限于该法的第 45 条，"对申诉人、控告人、检举人或者监察人员进行报复陷害的，依法给予行政处分；构成犯罪的，依法追究刑事责任"。至于事前预防性的保护措施则只字未提。需要强调的一点是，在其他诸如《刑事诉讼法》《公务员法》等法律中，其立法模式亦是如此。据考察，对举报人保护的预防性措施主要体现在有关国家机关内部关于保守秘密的规定，即接受举报的单位将举报人的举报材料设定为本单位的内部秘密，要求本单位工作人员保守。这种内部措施方式的局限性非常明显：一方面，内部措施位阶相对较低，只对相应机关内部具有约束力，不能产生外部效力，当事人无法通过恰当的外部途径寻求救济。另一方面，内部措施还存在对举报保密的程度、范围和方式没有具体细致的规定，只有原则性的笼统要求；对举报泄密后的补救措施既没有具体规定也

① 廖哲韬：《论权利的实现》，载《河北法学》2009 年第 3 期。
② 赖彩明、赖德亮：《加强公民举报权的制度保障》，载《法学》2006 年第 7 期。

没有应急预案；对举报泄密者的责任及惩处规定不明确等多方面的局限。[①]

重奖励、轻保护主要是从激励人们为了经济利益的考虑而积极主动行使举报权来进行制度构建的。全国各级检察机关以及专门的纪检监察机关都有类似的奖励举报人的规定。如最高人民检察院 1996 年制定的《人民检察院举报工作规定》："人民检察院对贪污、贿赂等经济犯罪和渎职、侵权等法纪犯罪的大案要案，经侦查属实，被举报人被依法追究刑事责任的，应当对举报有功人员和单位给予精神及物质奖励。"按照法经济学家的理论，人们实施一定的行为是建立在理性分析基础之上的，即"个人会对适合于他的各种优选可能选择作出可逆判别"。[②] 这一理论告诉我们，当我们在试图通过一定的制度激励人们实施一定行为时，这种制度必须符合经济合理性，否则即使设计了激励措施，但如果这种利益的获得是在付出巨大的潜在成本而获得的，那么这种措施很可能只具有形式或象征意义。具体到举报制度而言，由于缺乏对举报人的保护措施，实践中举报人一旦领受奖励往往伴随着被暴露的危险；举报人与被举报人之间往往具有某种特定的关系，如上下级关系、同事关系等，而且被举报者大多有一定的权力和地位，即便被发现仍有周旋的余地，但对于举报人而言，其举报行为很可能牵扯到单位众多人的既得利益，因而极易受到单位其他同事的孤立、排挤，这些打击对于举报人而言可能是毁灭性的。因此，尽管举报人能够获得一定的奖励，但其失去的很可能远远大于这种收益，这对于一个理性人而言，选择的困难性可想而知。这也就不难理解有些地方为什么长年无人因举报而领取奖励的情形了。

（二）举报人权利立法保护的新发展

举报人权利立法保护的缺陷，导致打击举报人的恶性事件层出不穷。"据统计，在向检察机关举报的人之中，大约只有 30% 保护得比较好，其余约70% 的举报人都程度不等地尝到了打击报复或变相打击报复的滋味。"[③] 因此，加强举报人权利的立法保护是当下一个刻不容缓的任务，而新《行政监察法》正是为此而作出的一次重大努力。新《行政监察法》对举报人权利的保护可以概括为两个方面，即消极保护的完善和积极保护的认可。本文以新旧《行

---

① 董矿平等：《举报人权利保护制度的立法完善》，载《上海公安高等专科学校学报》2008 年第 6 期。

② ［美］理查德·A. 波斯纳：《法律的经济分析》，蒋兆康译，中国大百科全书出版社 1997 年版，译者序言第 13 页。

③ 傅达林：《制定〈举报法〉刻不容缓》，载《燕赵都市报》2006 年 4 月 11 日第 5 版。

政监察法》的比较为线索，剖析我国在举报人权利立法保护方面所取得的新进展。

消极保护的完善。旧《行政监察法》对举报人的消极保护一如前文《宪法》等的规定一样，只是承认了社会公众的举报权，其具体规定是："监察工作应当依靠群众。监察机关建立举报制度，公民对于任何国家行政机关、国家公务员和国家行政机关任命的其他人员的违法失职行为，有权向监察机关提出控告或者检举。"这一规定在实际操作过程中极可能演变为举报人单方面的义务和责任：一方面，如果受理机关不予理睬，举报人就没有权利要求受理机关及时答复和处理；另一方面，举报人提供材料之后，却必须承担接受调查甚至作证的义务。这是权利与义务的严重不对称的规定。笔者以为，在举报人权利的消极保护方面，合理的思维和做法应当是淡化举报人的义务，强化接受举报受理机关的义务，即制度设计的初衷在于便于举报人行使监督权利，督促监察机关及时、负责地处理举报事项。对此，新《行政监察法》作了正确回应："监察机关应当受理举报并依法调查处理；对实名举报的，应当将处理结果等情况予以回复。"

积极保护的认可。一如前文所言，我国举报人权利的积极保护制度在整体上是缺失的，在旧《行政监察法》中，没有任何关涉举报人积极保护的条款，完全依赖于事后惩罚的消极制度使得权利行使成本过大，其结果往往就是整个举报制度只具有形式和象征意义。新《行政监察法》力图对此作出适当补救，设定了两个条款对举报人权利的实施积极保护，这两个条款分别是第6条第2款和第46条。其中，第6条第2款规定，"监察机关应当对举报事项、举报受理情况以及与举报人相关的信息予以保密，保护举报人的合法权益，具体办法由国务院规定"。第46条规定："泄露举报事项、举报受理情况以及与举报人相关的信息的，依法给予处分；构成犯罪的，依法追究刑事责任。"从逻辑上说，这两个规定是相辅相成的：前者以强行性规则的形式规定了监察机关的保密义务和保护责任；后者则规定了当监察机关等未尽到保密义务和保护责任时，必须承担的行政乃至刑事责任。在笔者看来，新《行政监察法》为举报人权利的积极保护提供了一个基本的构架，其正面价值不言而喻。

三、完善举报人权利立法保护的思路与对策

尽管新《行政监察法》在保护举报人免受打击和侵害方面迈出了十分重要的一步，但并不是说我国举报人权利的保护体系已经完善。正如笔者在前文所言，新《行政监察法》对举报人权利的积极保护所提供的仅仅是一个基本的构架，许多方面尚有进一步细化与完善的必要和空间。在笔者看来，举报人

权利立法保护的完善有两条路径可以选择：其一，在现有制度框架不作调整和改变的情况下，可由有关机关通过实施条例、实施细则等形式对举报人的合法权益予以细化，从而达到进一步保护举报人权利的目的；其二，制定《举报人权益保护法》，以该法作为构建举报人权益的基本法，从而构建一个与举报人权益保护相关的法律制度体系。对于问题的解决而言，很显然，后者更为根本，也更为全面。在本文中，笔者仅以构建《举报人权益保护法》为出发点，提出初步设想。

（一）举报人的主要权利

举报人的权利是《举报人权益保护法》的中心内容，它应当包含如下内容：

举报人的选择权。权利在一定意义上说，它是一个表征"自由"与"选择"的范畴。法学家们"一项权利是一项自由"[①]"权利意味着在特定的人际关系中法律承认一个人的选择或意志优越于他人的选择或意志"[②] 等论断都蕴含了上述意义。在笔者看来，举报人选择权的外延应当在两个方面得到体现，即举报方式的选择与是否作证的选择。举报方式的选择权是指在举报权行使过程中，采用匿名还是署名、书面还是口头形式，由行为人自由选择，而且任何一种形式均能产生相应的法律效力。在现行立法和实践中，匿名举报能否产生法律效力由举报受理机关自由裁量的情形诸多，根本不能产生相应法律效力的情形也并不少见，这实际上剥夺了举报人在举报方式上的选择权。是否作证的选择权是指行为人实施举报行为之后，并不必然产生作证的强制性义务。之所以作出如此规定，是为了克服实践中举报人因担心作证而不愿意举报的心理顾虑。

举报人的知情权。知情权又称信息了解权，它作为现代政治民主化的必然结果与延伸，是公民行使参与权、监督权的必要条件。举报人将信息提供给举报受理机关之后至举报案件处理的整个过程，举报受理机关是否按照法定的程序和权限作出了相应处理，举报人理应具有知晓并对相关机关的行为进行监督的权利。

举报人的信息保护权。信息保护是举报人保护制度中的核心机制，各国法律均将其作为一项重要内容予以规定。如日本《公益举报人保护法》规定，不得以任何形式泄露举报人身份。为了切实实现对举报人的信息保护，笔者以

---

① 夏勇：《人权概念的起源》，中国政法大学出版社 1992 年版，第 140 页。
② 张文显：《法哲学范畴研究》，中国政法大学出版社 2001 年版，第 305 页。

为应当制定如下制度：第一，完善举报材料的管理制度。妥善的管理制度是确保举报材料不轻易泄露的重要保障措施。在《举报人权益保护法》中，应当确定"举报受理机构及其工作人员应严格保守秘密。不得将举报案情、举报人姓名向被举报单位、被举报人或与办案无关的人员泄露"；"非经举报人同意，不得在新闻报道中公开举报人的基本信息"；"不经举报人同意，不得把举报材料作为刑事诉讼的证据"；"除因侦查需要，并经法定程序，不得对举报材料进行笔迹鉴定"。第二，限定知情人的范围。众所周知，知情人越多，泄露举报材料内容的可能性就越大，所以应当严格限定知情人的范围。笔者主张，除了举报材料的受理人员和案件的直接侦办人员外，其他人员原则上不得接触举报材料。第三，严格转接举报材料。监察机关、检察机关等法定机关受理举报材料之后，根据案件的具体情况对材料作出处理，这就必然涉及材料的转接问题，为了防止材料转接的随意性，对于以单位或者单位主要负责人为被举报人的，应明确规定"不得将举报材料转给被举报单位或被举报人"；对于不以单位或单位主要负责人为被举报人的，应明确规定"不得将举报材料转给被举报人"。

举报人的身份保障权。在我国立法中，有多部法律规定了相应人员的身份保障制度，如《公务员法》第13条规定公务员"非因法定事由、非经法定程序，不被免职、降职、辞退或者处分"。就字面意义而言，该规定似乎可以作为举报人身份保障的有利根据，但如果作进一步的考察，我们就会发现该规定在保护举报人权利上存在两个缺陷：第一，该规定的立法意图在于保护公务员行使公权力时的身份，即当公务员在依照法律规定履行职责时，即便产生了不利的后果也不会因此而受到身份上的不利处分。而举报权却是作为普通公民享有的基本权利，此项权利是基于国籍而非公务身份而产生，当行为人依公民身份行使举报权而遭致公务身份丧失时，是否可直接以此为依据请求救济在法理上是值得商榷的。第二，该规定不具有普适性。根据《公务员法》的相关规定，该规定只适用于具有国家正式编制的公职人员，对于依雇用关系而在行政机关和事业单位中工作的雇员以及其他勤杂人员不能适用。相对于具有正式身份的公务员而言，雇员和工勤人员等的身份保障更为脆弱，如没有相应的制度，行政机关或者事业单位的相关人员解雇一个举报该单位或者该单位负责人的雇员应当是一件十分容易的事情。因此，笔者认为，《举报人权益保护法》有必要专门针对举报人设定身份保障制度。对此，西方国家也有相应的做法。在美国，举报人被称为"吹口哨人"，为了鼓励"吹口哨人"大胆举报，国会制定了《吹口哨人保护法》，明确规定不能因为"吹口哨人"揭露了政府或上级领导的问题而被解雇或变相解雇。

举报人的物质保障权。为了调动行为人行使举报权的积极性，确立举报人的物质保障权应当是《举报人权益保护法》的一个重要内容。在笔者看来，举报人的物质保障权可分为补偿和奖励两个层面。补偿主要适用于举报人因为举报行为而产生的误工等费用，奖励则主要适用于举报中的有功行为。笔者主张，在设置奖励措施时，应尽可能地使奖金数额明确化，并且尽量不对金额上限作出规定。因为"越是有价值的信息提供给执法者，违法者的损失就越大，对受害者或潜在的受害者的保障程度就越大，对举报者的风险也就越大。根据风险与收益相一致的原则，收益应体现风险，多大的风险应该有多大的收益，否则绝大多数无利害关系的第三人不会举报和提供信息"。①

（二）举报受理机关的基本义务及其法律责任

作为公民基本权利的举报权，其义务对应主体应当是或者主要是国家机关，因此，对于举报权的立法实现而言，举报受理机关的义务设定与举报人的权利设定具有同样的价值。笔者认为，举报受理机关的义务应当体现在如下方面：提供便利的义务、受理情况反馈义务、处理结果反馈义务以及保密义务。

提供便利的义务所指向的是受理举报机关应当尽可能为举报人举报权的行使提供便利条件。这些条件包括设置专用电话、专门场所，并向社会公布举报电话号码。同时，举报受理机关还应积极开创便于社会各界举报的其他途径，如互联网、手机短信等。

受理情况反馈义务要求举报受理机关应当在决定受理之后一定的工作时限内，告知举报人受理情况；对于不属于本机关受理的举报，应当及时告知举报人，建议举报人向有权机关反映或者在征得举报人同意后，将举报材料转交有权机关。对于举报人重复举报的，举报受理机关应当及时告知并予以解释，在告知后仍重复举报的，可以不予受理。

处理结果反馈义务是指受理举报机关对于实名举报案件的调查结果和处理情况，按照"谁承办、谁答复"的原则，在问题调查结束后一定的工作时限内，应当采取当面、电话、信函或其他适当方式向举报人反馈。如果举报人对调查处理结果有异议，举报受理机关应当认真听取举报人陈述事实和理由，作出说明或视情况补充调查，并将反馈的有关情况记录在案。

举报受理机关的保密义务是实现举报人信息保护权的重要机制，与举报人信息保护权相适应，举报受理机关的保密义务应从如下方面进行完善：其一，当面举报专人处理制度。受理当面举报应当在保密场所有专人接谈，无关人员

---

① 王瑞娟：《完善我国举报制度的思路探讨》，载《理论探索》2005 年第 4 期。

不得旁听或参与询问。其二，举报材料转接制度。举报材料的收发、拆阅、登记、保管和面述或电话举报的接待、接听、记录、录音等工作，应当由专人负责，防止泄露举报内容和遗失举报材料；未经法定程序，不得私自摘抄或复制举报材料。其三，禁止公开制度。这一制度要求有关部门在调查被举报人或被举报单位的情况时，应在不暴露举报人身份信息的情况下进行，不得出示举报材料；在宣传报道和奖励举报有功人员时，原则上不得公开举报人的姓名、单位以及其他可能导致举报人身份泄露的信息，即使有必要公开，也须征得举报人的同意。

举报法律责任是指举报受理机关及其工作人员在未充分履行法定义务时，所应承担的行政或刑事责任。应当承担举报法律责任的情形主要包括：威胁、打击或变相打击举报人，无正当理由拒不接受举报，扣压、隐匿或私自销毁举报材料，泄露举报材料和举报人信息，其他玩忽职守、徇私舞弊的行为。在责任设定时，除了应当追究直接责任人的法律责任之外，还应追究相关主管部门负责人的责任，以此进一步强化举报机关负责人对举报活动的领导和监督管理。

（三）举报人特殊保护制度

在一般情况下，上述规定对于举报人的权利保护而言似乎是周延的，但是，毋庸置疑的是，实践并非总是处在常态之中，当某些特殊情形出现之时，对于举报人的一般性保护就难免会表现出某些局限，因此，设定举报人特殊保护制度十分必要。在笔者看来，举报人的特殊保护是指当举报人的举报牵涉某些影响面广、案情重大的案件时，为防止对举报人的打击和迫害而采取的特殊保护性措施。举报人特殊保护措施包括人身保护和财产保障两个方面。在人身保护方面，我国可以借鉴其他国家和我国香港地区的做法，即在重大案件查处中，司法机关对包括举报人在内的证人实施 24 小时保护，以防止举报人受到报复性的伤害。在财产保障方面，为了彻底解决举报人的后顾之忧，国家可以建立重大案件举报人权益特殊保障专项基金，用于为举报人的必要性终身保护。

（载《广州大学学报（社会科学版）》2011 年第 1 期）

论我国公民检举权的理论基础

李志明[*]

摘　要▶ 公民检举权既是为了满足人们的现实生活需要而产生的，同时也是历史文化积淀的结果，它具有深厚的理论基础。公民检举权来源于人民主权。公民通过行使检举权，来保证自己主权的实现。公民检举权同时也是公民运用自己的监督权利来制约国家的权力的违法失职行为，因而是权利制约理论以及抵抗权理论的逻辑延伸。

关键词▶ 公民检举权；人民主权；权力制约；抵抗权

任何一项权利的诞生，既是为了满足人们的现实生活需要，同时也必然是历史文化积淀的结果。公民检举权同样也不例外，它具有深厚的理论基础，主要包括：人民主权理论、权利制约理论以及抵抗权理论等。

一、人民主权理论

作为公民检举权之理论根基和本源的人民主权思想是 18 世纪卢梭首倡的，其理论基础是自然权利说和社会契约论。英国乔治·劳森神父在自己的著作中认为，一切政治权力应该属于人民，人民主权是最后的、固有的和不可剥夺的。[①] 德国思想家康德继承了卢梭的人民主权思想，他认为："每一个真正的共和国是，并只能由人民代表的系统构成。这种代表系是以人民的名义建立起来的，并由已经联合起来的所有公民组成，为的是通过他们的代理人去维护他们的种种权利。""联合起来的人民就不仅仅代表主权，而且他们本身就是统治者。最高权力本来就存在于人民之中，因此，每个公民（仅仅作为臣民）的一切权利，特别是作为国家官吏的一切权利，都必须从这个最高权力中派生

---

* 李志明，东华理工大学法学系副教授。

① 周叶中：《宪法》，高等教育出版社、北京大学出版社 2000 年版，第 94 页。

出来。当人民的主权得以实现之时，也就是共和国成立之日。"① 马克思批判地吸收了人民主权思想的合理因素，"并以唯物史观为基础充分论述了人民是历史的创造者这一原理，阐明了民主即人民当家做主的科学含义，更重要的是，把这一理论与实践紧密结合起来，实现了人民主权"。② 19 世纪中叶，黑格尔提出君主主权与人民主权可以共存的观点。马克思批判了黑格尔的"共存论"，他指出："民主制是君主制的真理，君主制却不是民主制的真理。君主制必然是本身不彻底的民主制，而君主环节却不是作为民主制的不彻底性而存在着。从君主制本身不能了解君主制，但从民主制本身可以了解民主制。在民主制中任何一个环节都不具有本身意义以外的意义。每个环节都是全体民众的现实的环节。在君主制中则是部分决定整体的性质。在这里，整个国家制度都不得不去迎合固定不动的那一点。民主制是作为类概念的国家制度。君主制则只是国家制度的一种，并且是不好的一种。民主制是内容和形式，君主制似乎只是形式，而实际上它在伪造内容。"③ 并特别强调"人民的主权不是从国王的主权中派生出来的，相反地，国王的主权倒是以人民的主权为基础的"。④ 恩格斯明确地把人民的自由普选权和随时罢免权看作人民群众管理和监督国家事务的主要手段。他说："为了防止国家和国家机关由社会公仆变为社会主人"，巴黎公社"把行政、司法和国民教育方面的一切职位交给由普选选出的人担任，而且规定选举者可以随时撤换被选举者"。⑤ 列宁一直认为无产阶级夺取政权后应该实行直接民主制以实行人民民主，但由于当时的俄国小农和文盲占多数，因此只能加强人民群众对党和国家的监督。

毛泽东同样非常重视人民民主。1945 年，他在回答黄炎培所提出的中国共产党能否跳出历代王朝兴衰的周期律问题时说："我们已经找到了新路，我们能够跳出这周期律。这条新路，就是民主。只有让人民来监督政府，政府才不敢松懈。只有人人起来负责，才不会人亡政息。"⑥ 邓小平同志也多次反复

---

① ［德］康德：《法的形而上学原理——权利的科学》，沈叔平译，商务印书馆1991年版，第 177 页。

② 李龙：《宪法基础理论》，武汉大学出版社 1999 年版，第 179 页。

③ 马克思：《黑格尔法哲学批判》，载《马克思恩格斯全集》（第 1 卷），人民出版社1956 年版，第 280 页。

④ 马克思：《黑格尔法哲学批判》，载《马克思恩格斯全集》（第 1 卷），人民出版社1956 年版，第 279 页。

⑤ 马克思：《黑格尔法哲学批判》，载《马克思恩格斯全集》（第 1 卷），人民出版社1956 年版，第 12 ~ 13 页。

⑥ 《毛泽东选集》（第 1 卷），人民出版社 1967 年版，第 157 页。

提出"没有民主就没有社会主义，就没有社会主义现代化"。"党的工作的核心，是支持和领导人民当家做主。整个国家是这样，各级党的组织也是这样。"① 我党的第三代领导核心江泽民在新的历史条件下，对人民民主问题作了重要论述。他在中纪委五次全会上明确指出："我们的社会主义民主，是全国各族人民享有的最广大的民主，它的本质就是人民当家做主。共产党执政就是领导和支持人民掌握和行使管理国家的权利，实行民主选举、民主决策、民主管理、民主监督，保证人民依法享有广泛的权利和自由，尊重和保护人权。"② 胡锦涛同志在继承马列主义、毛泽东思想、邓小平理论和"三个代表"重要思想的基础上，立足于中国社会主义民主政治的新发展和新实践，提出："人民民主是社会主义的生命。发展社会主义民主政治是我们党矢志不渝的奋斗目标。""要坚持中国特色社会主义政治发展道路，坚持党的领导、人民当家做主、依法治国有机统一，坚持和完善人民代表大会制度、中国共产党领导的多党合作和政治协商制度、民族区域自治制度以及基层群众自治制度，不断推进社会主义政治制度自我完善和发展。"③

现代国家一般都实行间接民主制，即代议制民主方式。在代议制民主中，人民选出自己的代表，代表自己参与国家事务和公共事务的管理。按照社会契约论的观点，人民将自己的一部分权利委托给自己的代表去代替自己行使。但人民并非是将自己全部的权利都委托出去，他们保留了一部分权利，这部分权利即是所谓的"保留权利"。公民检举权即是这种保留权利之一。人民主权思想在实践中的表现形式是多样的，公民检举权便是其中一种。公民可以通过行使自己未曾委托给自己的代表的检举权，来保证自己主权的实现。公民通过检举国家机关及其工作人员违法失职的行为来监督政府，这是人民主权思想必然的逻辑延伸。

二、以权利制约权力理论

"一切有权力的人都容易滥用权力，这是万古不易的一条经验。有权力的人们使用权力一直到遇有界限的地方才休止。"④ 因此，现代国家普遍确立了权力

---

① 冷溶、汪作玲：《邓小平思想年谱（1975—1997）》，中央文献出版社 1998 年版，第 173 页。

② 《十五大以来重要文献选编（上册）》，人民出版社 2000 年版，第 687 页。

③ 参见胡锦涛同志在中国共产党第十七次全国代表大会上的报告。

④ ［法］孟德斯鸠：《论法的精神》（上册），张雁深译，商务印书馆 1961 年版，第 154 页。

制约制度，其制约方式有：（1）以权力制约权力；（2）以权利制约权力。

"权力制约既包括以权力制约权力，即立法、行政、司法各机关之间相互制约，也包括以权利制约权力，保持社会对权力的适度压力。而且，以权力制约权力是以公民权利对权力的制约为后援的，缺乏国民支持的权力制约难以发起，难以产生预期的效果。"[①] 以权利制约权力是民主社会所独有的。众所周知，以权力制约权力即权力分立并不能完全有效地制约权力，更不是制约权力的唯一途径。因此，我们需要借鉴社会制约思路，"事实证明，公民权利制约国家权力可以防止权力失衡和滥用。首先，公民可以运用法律赋予的选举权选举代表，代行国家权力，如果代表滥用权力或未能尽责，则对其进行罢免。其次，公民可以利用检举权、申诉权对不作为、乱作为的国家权力机关及其官员进行检举、控告和申诉"。[②] 中外有不少关于"权力源于权利"的论断。例如，马克思认为权力是权利的聚合，其合理性来源于权利。[③] 列宁曾经提出关于以"人民的权利"制约国家公共权力的思想，即"通过不断扩大和实现人民民主权利的方法，以人民的力量制约国家公共权力"。[④] 霍菲尔德也曾经"宣称'权利'一词包含要求、特权和自由、权力以及豁免四种情形"。[⑤] 国内学者童之伟教授认为，"国家权力来源于公民权利，统一于公民权利，应当从属于公民权利"。[⑥] 李步云教授认为："公民权利是目的，它既是行政权力的出发点，也是它的归宿。"[⑦] 征汉年认为："就其起源来讲，权力源于权利，它是公众为了更好地保障和增进自身利益而以明示或默认方式转让一部分自身权利才凝聚成权力。作为权利的派生物权力，与权利有着密不可分的联系：首先，利益为权利之本，权利乃权力之本，利益则可谓权力之根也。简言之，权力本源于权利，并最终本源于利益。"[⑧] 又如张文显也认为："民主政治是权利决定权力、权利制约权力的政治。在民主政治下，国家的政治权力一方面来自人民，人民（作为整体）是权

---

① 王德志：《宪法概念在中国的起源》，山东人民出版社 2005 年版，第 325 页。

② 董卫华：《再辨"三权分立"》，载《瞭望新闻周刊》2009 年第 45 期。

③ 杨汉国：《论法治国家对行政权力的制约》，载《西南民族学院学报》2002 年第 3 期。

④ 王进芬：《列宁关于以"人民的权利"制约国家公共权力的思想》，载《学术论坛》2007 年第 7 期。

⑤ 转引自［英］A. J. M. 米尔恩：《人的权利与人的多样性——人权哲学》，夏勇、张志铭译，中国大百科全书出版社 1995 年版，第 118 页。

⑥ 童之伟：《公民权利国家权力对立统一关系论纲》，载《中国法学》1995 年第 6 期。

⑦ 李步云、刘士平：《论行政权力与公民权利的关系》，载《中国法学》2004 年第 1 期。

⑧ 征汉年、章群：《限制与平衡：法社会学视野下的权利与权力的对话》，载《新疆大学学报（哲学·人文社会科学版）》2007 年第 5 期。

力的源泉；另一方面又被分解为公民（作为个体）的政治权利。"①

以权利制约权力是在国家与社会分野之后社会对国家的监督和制约。自近代以来，人民主权理论即"一切权力属于人民"的思想已经深入人心，并通过实践而成为生活现实。根据人民主权理论，公民为了更好实现自己的整体利益，把自己的一部分权利让渡给国家或者集体以组成政府，以便让政府执行社会公共管理职能来为自己利益服务。这就充分说明，权利是权力的来源，权力不过是权利的衍生形态，它只是集中化、公共化了的权利而已。国家权力既然产生于社会权利，那就不可避免地要求国家权力以保卫社会权利为最终目的，这也就从根本上构成了社会权利对国家权力的制约。权利对权力的制约有消极制约和积极制约两种模式。权利与权力的分界、人权的保障，即所谓"权利乃国家权力止步之处"，这就在消极的意义上构成了社会权利对国家权力的制约。而公民积极行使自己的各种政治参与的政治权利，如参政权、选举权、质询权、建议权、罢免权、知情权、检举权等权利，确保权力的健康行使，这就在积极意义上构成了社会权利对国家权力的制约。

三、抵抗权理论

抵抗权作为近现代民主国家宪法中的一项重要的公民权利，是人权思想的扩大和延续，其概念由来已久。早在古希腊，柏拉图就已经创造并在政治意义上使用抵抗权这一词语。而将抵抗权置于法学视野下进行考量，则必须从西方天赋人权思想开始说起。

17世纪荷兰著名哲学家斯宾诺莎在其代表作《神学政治论》中以"自然法的主张和天赋之权"为题第一次论证了天赋人权，他写道："……我断言人的天然所赋予人的权利都不能绝对为人所剥夺。而人民由于默认或公约，保留几许权利，此诸权利若被剥夺，必大害于国家。"② 经过斯宾诺莎、格劳秀斯以及霍布斯等人的持续论证和完善，尤其是到17世纪末，洛克从自然法理论论述人所应享有的自然权利之后，天赋人权理论形成了比较完整的理论体系。洛克认为，"人既然都是平等和独立的，任何人就不得侵害他人的生命、健康、自由或财产"。③ 也就是说，任何有悖于他人平等、独立的个人意志的行为，都是对他人权利的侵害，受害者都有权予以反击。这便是在洛克的理论当中，公民抵抗权的雏形。卢梭十分认同洛克的这一观点，并且在此基础上更加

---

① 张文显：《构建社会主义和谐社会的法律机制》，载《中国法学》2006年第1期。
② ［荷］斯宾诺莎：《神学政治论》，温锡增译，商务印书馆1982年版，第200页。
③ ［英］洛克：《政府论》（下篇），叶启芳等译，商务印书馆1964年版，第162页。

深刻地洞察到了天赋人权与抵抗之间的关联，扩大了抵抗权的范围。他在其代表作《政府契约论》中写道："整个国家存在和运作类似于一个契约的签订，人民不仅是契约的签订者，以形成公意，同时也是契约和公意的服从者。至于政府只不过是公意的执行者，其权力是人民委托的。人民和政府的关系完全是一种委托，是一种信用；在那里，它们仅仅是主权者的官吏，是以主权者的名义在行使着主权者所托付给他的权力，而且只要主权者高兴，就可以限制、改变和收回这种权力。"① 可见，在卢梭这里，抵抗权不再仅仅是公民对抗其他公民的侵害而进行反击的权利，而是一种当国家公权力的运行违背了人民意志、损害人民利益的时候，人民所享有的奋起反抗该种公权力运行的权利。卢梭对抵抗权范围的这种扩大，被认为是完全符合天赋人权思想的，因为在天赋人权思想的指引下，专断的权力和非正义的法律都是不值得公民服从的，而人民享有天赋的权利对任何专断的权力以及非正义的法律进行评价和处理。

抵抗权理论产生开始之后几十年间，这一产生于欧洲的理论飘洋过海，在美洲的土地上结出了实践的果实。最早在法律上对公民抵抗权进行规定的是1776年弗吉尼亚人权宣言，随后的美国《独立宣言》更是郑重宣布："当追逐同一目标的一连串滥用职权和强取豪夺发生，证明政府企图把人民置于专制统治下时，那么人民就有权利，也有义务推翻这个政府，并为他们未来的安全建立新的保障。"在这里，抵抗权理论不但是美国独立战争合法化的理论依据，而且也是美国人民监督政府公权力运行的重要理论支撑。随后，法国、德国等国纷纷效仿美国的做法，在其法律中规定了抵抗权的相关内容。近代以来，在世界各国的民族独立浪潮中，抵抗权理论更是以其曼妙身姿演绎出近代世界政治权力重组过程中的一幕幕精彩画卷。

在中国，伴随着几千年的封建专制制度史，抵抗权理论也大放异彩，尤其是中国古代儒家的抵抗权理论，更是在世界抵抗权理论发展史上独树一帜，甚为绚烂。儒家首先以民意论为抵抗权理论奠定基础。儒家的民意论强调在政府权力的来源上，"民之所欲，天必从之"，"得乎丘民为天子"②。儒家认为，执政者权力的合法性来源于人民的授予，因此，执政者必须以遵从民意为宗旨，这也凸显出儒家一贯倡导的"民为贵、社稷次之，君为轻"的贵民思想。从这种民意论出发，孔子提出人民发起反抗暴政，则"罪不在民"。这便是中国古代儒家抵抗权理论的雏形。继孔子首开抵抗权理论之先河以后，儒家的另一代表人物孟子更是史无前例地提出"无罪而杀士，则大夫可以去；无罪而

---

① ［法］卢梭：《社会契约论》，何兆武译，商务印书馆1982年版，第77页。
② 《荀子·宥坐》引孔子语。

戮民，则士可以徒"①，"君有大过则谏，反复之而不听，则易位"②，至此，儒家以其鲜明的立场明确提出了世界历史上最早的抵抗权理论。

随着时代的推移，在中国近代史上，对抵抗权进行系统论述的第一人当属陈独秀。他以抵抗力与国民性的关系为视角，认为人民对暴政的抵抗权不仅是民主的力量源泉，也是一个国家的权力体系得以顺利运行的重要保障。"对外而无抵抗力，必为异族所兼并；对内而无对抗力，恒为强暴所劫持。对抗力薄弱之人民，虽尧舜之君，将化而为桀纣；抵抗力强毅之民族，虽路易拿翁之枭杰，亦不得不勉为华盛顿；否则身戮为天下笑耳。"③ 正因如此，中国人民为了维护国家的领土完整和自身权益的不受侵犯，在面对外敌入侵和内政独裁专制的情况下，当然有权利拿起武器，与半封建半殖民地专制政权抗争到底。新中国成立以后，抵抗权的相关内容也持续受到关注，并被载入宪法。④

抵抗权理论作为公民检举权的理论基础，其与公民检举权之间在各种层面上具有契合点，主要体现在：第一，无论是抵抗权理论还是公民检举权，其核心都在于对公民权利的尊重与保护，这一点，从西方的天赋人权思想到中国古代儒家的民意论都无一例外进行了佐证。第二，抵抗权理论强调人民作为自己和国家的主人所应该具有的权利。在各项权利当中，对非正义的行为的反抗权是尤为重要的。而检举权便是这一反抗权之中的一种。第三，原始的抵抗权理论被认为是"暴力""革命"的代言词，粗暴、缺乏制度保障的抵抗方式使抵抗权理论在发展的早期难免被各类政治斗争所利用，从而成为政治权力变更的托词。在这种充满血腥的环境下，公民检举权也因为时常被滥用而无法制度化地成长。幸运的是，随着人类对人权、法治的崇高理想的不懈追求，抵抗权理论逐渐被世界各国所接受，并以不同的方式规定于法律之中。而检举权作为抵抗权的重要内容之一，使其得以制度化，便成为抵抗权理论逐步走向成熟的重要标志。第四，公民检举权的意义在于通过公民检举监督的方式促使国家权力在法律和制度的范围内运行，而抵抗权理论的宗旨也是以公民在条件成就的情况下，通过行使抵抗权来维护国家机器的良性运作，由此可见，此二者在目标上具有同一性。

（载《广州大学学报（社会科学版）》2011 年第 1 期）

---

① 《孟子·梁惠王下》。

② 《孟子·万章下》。

③ 王月明：《中国近现代监督权利研究》，华东政法大学 2008 年博士学位论文。

④ 我国《宪法》虽然没有明确提出"抵抗权"的概念，但是在第 41 条规定了公民对于国家机关及其工作人员的批评、建议、申诉、控告、检举等监督权利。

我国劳动权的宪法保护及其完善

邓剑光[*]

摘　要▶ 劳动权是一项重要的宪法权利，对劳动权的保障是关系到社会和谐的大事。劳动权入宪经历了一个发展过程，体现了劳动权具有的自由权和社会权的双重属性。宪法劳动权的完善，必须以劳动权的这两层属性为基点，参照《经济、社会、文化权利国际公约》的规定完善其内容，激活劳动者的宪法权利，这对于处在社会转型期的中国具有特别重大的意义。

关键词▶ 劳动权；自由权；社会权；宪法

劳动是人类赖以生存发展的技能，劳动权的保障涉及人的生存和发展，是重要的宪法权利。《劳动合同法》的颁布和实施是保障我国公民劳动权的一个标志性事件，对于保障劳动权有着重要的意义。但是，类似于华为公司员工集体辞职案之类的企业试图规避法律的事件的发生则表明，劳动权的保障在我国仍是任重而道远。劳动权的保障关系到社会的和谐稳定，应当通过宪法保障劳动权的实现。

一、劳动权的宪法地位与性质

（一）劳动权入宪

将劳动权作为一项基本权利，是在资产阶级革命之后发生的。近代的资产阶级革命推翻了封建制度，使个人从封建的身份依附关系中解放出来。革命之后，西方各国制定的宪法确立了以自由权为中心的人权保障体系，这时，劳动权是作为自由权层面的一项宪法权利。将劳动权作为宪法权利来保护肇始于1793年的法国宪法。其中，第18条规定："人人皆得将其服务及时间与人订约，但不得自卖或被卖。人的身体不是可以让与的财产。法律不承认仆人的身份；在劳动权与雇用劳动者之间，只得存在有关怀和报答的约束。"

---

[*] 邓剑光，汕头大学法学院教授。

经过几十年的实践，欧洲大陆的瑞士率先突破了仅仅作为自由权层面的劳动权，宪法劳动权开始出现了具有社会权性质的趋势。1874 年《瑞士联邦宪法》第 34 条规定了三个方面的劳动权，即劳动安全保障权、劳动工伤保险权和劳动合同、职业介绍与劳动培训权。根据该《宪法》的规定，联邦有权对工厂雇用童工、成人劳动时间以及对从事有损健康和危险工作的工人予以保护等事项制定统一的规定；可通过立法并根据现有救济金之情况，设置事故和疾病保险；有权就劳动合同、职业介绍与劳动培训制定法律。

宪法劳动权的重大变化出现在 20 世纪初的德国。享有"经济宪法"之称的 1919 年《德国魏玛宪法》率先将具有社会权性质的劳动权写入宪法。《魏玛宪法》第 157 条规定："劳力，受国家特别保护。联邦应制定划一之劳工法。"第 159 条第 1 款、第 2 款分别规定："为保护及增进劳工条件及经济条件之结社自由，无论何人及何种职业，均应予以保障"，"凡契约之足以限制或妨碍此项自由者，均属违法"。这在世界上是第一次以宪法的形式强调了国家对劳动权的"特别保护"。同时，魏玛宪法对劳动权规定了丰富的内容，包括了劳动保险、劳动标准、失业保障、劳动者的团结权、团体争议权，等等。魏玛宪法为"二战"之后的各国宪法所效仿。1945 年《德国基本法》、1946 年法国和 1947 年日本《和平宪法》，以及许多国家都将具有社会权性质的劳动权写入宪法。可见，劳动权已经成为一项重要的宪法权利，在基本人权的体系中占有一席之地。

（二）劳动权的双重属性

劳动权的性质经历了一个重大的转变，即从纯粹的自由权转变成兼具自由权与社会权双重属性的权利。实际上，学界对劳动权的性质还存在争论，有的认为应当将劳动权界定为社会权，即公民享有从社会获得工作机会和劳动条件并取得报酬的权利，且意味着国家必须积极地提供和保障劳动机会和条件；有的观点则认为劳动权是兼具自由权与社会权双重属性的复合权利。再者，我国《宪法》第 42 条第 1 款规定："中华人民共和国公民有劳动的权利和义务。"这种集权利和义务为一体的规定也模糊了劳动权的性质，容易使我们对劳动权的认识发生混淆。

1. 劳动权的自由权属性

在哲学领域，英国哲学家伯林将自由划分为"消极自由"和"积极自由"两种类型。与此相对应，法理学也将权利划分为"消极权利"和"积极权利"两类。"消极权利"是指公民有免受强制的权利，意味着国家或者其他主体应为某种不作为行为，自由权就是典型的消极权利。"积极权利"则指公民有权要求国家或者其他主体对其利益积极进行保障，体现为一定的作为，以社会权为典型。

从以上劳动权入宪的历史可以看出，在一开始，劳动权是作为自由权层面的权利，即消极权利而入宪的。劳动权的自由权属性有其深刻的历史背景和原因，因为早期的资本主义宪法是在资产阶级革命推翻封建制度的基础上制定的。在经济上，早期的自由竞争资本主义需要大量的有人身自由的劳动力；在政治上，资产阶级的任务是要推翻封建等级制度，把人从人身依附关系中解放出来，这符合当时资产阶级革命"自由、平等、博爱"的精神。因此，在法律制度上，早期的宪法权利一般体现为消极权利，即政府或者其他主体不得对公民进行某种强制。作为自由权的劳动权，是与封建时代的国家强迫臣民服劳役或者近代种植园经济中的奴隶主对奴隶强迫劳动相对立的，是对强迫劳动的否定。

劳动法的自由权属性不仅存在于近代宪法中，而且一直保留到当代宪法中。宪法保障人身自由即包含了不得强迫劳动之意。如 1945 年《联邦德国基本法》第 12 条的规定，任何人不得被强制为特定之工作，但习惯上要求所有人都平等参与的强制性公共服务，不在此限。强迫劳动仅于受法院判决剥夺自由时，始得准许。事实上，关于限制劳动时间的规定也是从另一个角度保障属于消极自由的劳动权，违反法律关于劳动时间的限制的规定则可能有强制劳动之嫌。例如，具有临时宪法性质的 1949 年《共同纲领》第 32 条规定："公私企业目前一般应实行 8 小时至 10 小时的工作制，特殊情况得斟酌办理。"

劳动权的自由权属性还存在于国际人权公约之中。1966 年《公民权利和政治权利国际公约》第 8 条规定："……二、任何人不应被强迫役使。三、（甲）任何人不应被要求从事强迫或强制劳动……"该公约主要着眼于免除公民所受的强制，因此大量规定了消极权利的内容，不被强迫劳动也在此列。

那么，我国《宪法》第 42 条所规定的"中华人民共和国公民有劳动的权利和义务"是否与作为消极自由的劳动权有冲突呢？从各国宪法考察，将劳动规定为公民的一项义务是我国宪法所特有的现象，由于现代社会明文禁止强迫劳动，因此，这里的义务应当理解为一种道德义务而非法律义务。如果理解为法律义务的话，无疑会造成法理上的矛盾与实践中的困扰。"故可以认为，我国将劳动作为一项义务规定在宪法里面，或许其宣示意义大于实际意义。"①因此，劳动权的自由权（消极自由）属性并没有改变。

2. 劳动权的社会权属性

仅将劳动权归属于自由权无法完整地概括出劳动权的性质。从宪法的历史发展和宪法劳动权的内容可以看出，劳动权既具有自由权的属性，又具有社会

---

① 周伟：《宪法基本权利：原理·规范·应用》，法律出版社 2006 年版，第 265 页。

权的属性。前者是一种消极自由，主要是公民免受强制劳动，有权自由选择职业而免受国家的干预；后者则主要指公民有权要求国家积极保障其劳动机会和条件。

劳动权从纯粹的自由权转变为兼具自由权和社会权双重属性的权利，同样具有深刻的历史背景的原因。一方面，劳动就业问题不是个人的问题，单靠个人免受强迫劳动，自主选择职业是无法解决全社会的劳动就业问题的，劳动就业问题是全社会的问题，需要国家的积极介入。另一方面，在19世纪末20世纪初，主要资本主义国家完成了第二次工业革命，从自由竞争资本主义转变为垄断资本主义。社会上的失业问题日趋严重，劳资矛盾加剧，社会主义运动高涨，迫使主要资本主义国家在对待劳动权上出现了转向。在观念上，人们认识到，光靠保障消极自由使人们免受强制并不能解决劳动就业问题，消极自由的观念得到修正；在经济上，各国采取了国家干预经济的政策，即"凯恩斯主义"，对国民经济进行调控，其中包括对劳资问题进行干预。在宪法上就体现为加入劳动保险、劳动安全卫生保障、劳动基准、劳动培训等积极权利。我国《宪法》第42条还规定："……国家通过各种途径，创造劳动就业条件，加强劳动保护，改善劳动条件，并在发展生产的基础上，提高劳动报酬和福利待遇。……国家对就业前的公民进行必要的劳动就业训练。"大部分内容都是属于社会权（积极权利）的劳动权。

国际人权公约同样规定了作为社会权的劳动权。1948年的《世界人权宣言》第23条规定："（一）人人有权工作、自由选择职业、享受公正和合适的工作条件并享受免于失业的保障。……（三）每一个工作的人，有权享受公正和合适的报酬，保证使他本人和家属有一个符合人的尊严的生活条件，必要时并辅以其他方式的社会保障。（四）人人有为维护其利益而组织和参加工会的权利。"1966年《经济、社会、文化权利国际公约》（以下简称《公约》）的通过象征着以积极权利为主要内容的第二代人权在国际人权法上的确立。其第6条规定："一、本公约缔约各国承认工作权，包括人人应有机会凭其自由选择和接受的工作来谋生的权利，并将采取适当步骤来保障这一权利。二、本公约缔约各国为充分实现这一权利而采取的步骤应包括技术的和职业的指导和训练，以及在保障个人基本政治和经济自由的条件下达到稳定的经济、社会和文化的发展和充分的生产就业的计划、政策和技术。"第7条规定了缔约国须保证人人有权享受公正和良好的工作条件，第8条规定缔约国须保障劳动者享有的组织和参加工会的权利。

劳动权的双重属性具有重大的意义。一方面，劳动者不受强迫劳动，享有自主选择职业的自由；另一方面，国家必须采取各种措施提供劳动条件和保障劳动机会，使劳动者的劳动权得以实质地实现。这对于保障劳动者的生存和发展、国民经济的繁荣稳定和整个社会的和谐都具有重大意义。

二、劳动权的宪法结构：兼论我国宪法劳动权的不足

劳动权的法律保障首先在于宪法保障。劳动权首先体现为宪法权利，宪法以国家根本大法的形式规定了劳动权的基本内容。劳动权从近代的纯粹的消极自由权，转变为兼具自由权和社会权的宪法权利，其在宪法中的内容也日趋复杂，呈现出一个劳动权的宪法结构。

（一）宪法劳动权的基本结构

《公约》规定了作为基本人权的劳动权的基本内容，既是国际上保障劳动权的纲领性文件，对于缔约国来说，更是具有约束力的法律。我国已经签署并批准了该公约，该公约对我国已经发生法律效力。宪法是公民基本权利的大宪章，从基本人权的角度考察，依据公约的规定，宪法劳动权应当包括以下基本结构：

1. 职业选择权。职业选择权是《公约》第 6 条第 1 款所规定的内容，早在 1948 年《世界人权宣言》就规定了职业选择权。职业选择权一般包括选择职业、有报酬的活动、工作地点等。例如，1945 年《联邦德国基本法》第 12 条第 1 款规定："所有德国人均有自由选择其职业、工作地点及训练地点之权利，职业之执行得依法律管理之。"但是，对于特殊职位，法律会对任职资格、禁止性条件等作出规定，如《法官法》《检察官法》《公务员法》对法官、检察官、公务员任职的特殊规定。

2. 获得技术、职业指导和训练的权利。根据《公约》第 6 条第 2 款的规定，缔约国应采取步骤包括技术的和职业的指导和训练，这是保证第 6 条第 1 款所规定的权利得以实现的必要措施。在当代社会，劳动的技术含量和要求越来越高，为保证劳动者的就业，政府就必须采取措施加强对劳动者的技术、职业指导和培训。

3. 获得劳动报酬的权利。《公约》第 7 条规定了缔约国要保障人人有权享受公正和良好的工作条件，包括了"最低限度给予所有工人以下列报酬：（1）公平的工资和同值工作同酬而没有任何歧视，特别是保证妇女享受不差于男子所享受的工作条件，并享受同工同酬；（2）保证他们自己和他们的家庭得有符合本公约规定的过得去的生活。可见，此处的获得劳动报酬的权利相当具体，包括了获得公平的工资的权利、不受歧视的权利（包括男女平等和同工同酬）、享有至少是最低限度生活条件的权利（包括自己和家庭）。

4. 享受安全和卫生的工作条件的权利（《公约》第 7 条乙项）。

5. 平等晋升的权利。《公约》第 7 条丙项规定，人人在其行业中有适当的提级的同等机会，除资历和能力的考虑外，不受其他考虑的限制。

6. 休息权。《公约》第 7 条丁项规定，休息、闲暇和工作时间的合理限制，定期给薪休假以及公共假日报酬。也就是说，除了要给予休息和公共假日的时间外（除了合理限制），休假时必须给付报酬。

7. 组织和参加工会的权利。《公约》第 8 条要求缔约国保证人人有权组织工会和参加他所选择的工会；工会有权建立全国性的协会或联合会，有权组织或参加国际工会组织；工会有权自由地进行工作；工会有权罢工。但是，《公约》第 8 条也对上述权利进行了某些限制，包括国家法律、国家安全和公共秩序等。

（二）我国宪法劳动权的不足

劳动权入宪是与近代宪法的产生相伴随的，并且，宪法劳动权的发展也与现代宪法一起成长。与适应自由竞争的市场经济相适应，宪法劳动权主要以自由权为主；为适应垄断阶段的市场经济的要求，宪法劳动权出现了向社会权性质转变的转向；而在当代，由于人权保障理念的兴起和国际人权法律体系的确立，宪法既要保障属于消极自由的劳动权，保留公民防御强制劳动的权利，又要求政府主动、积极地干预劳动就业，保障公民劳动权的实现。可见，宪法劳动权的体系是丰富的，劳动法中的劳动权利必须有宪法劳动权的保障。

1. 自由权层面的劳动权

自由权层面的劳动权是指政府或者其他主体不得强制公民劳动或者自由选择职业，不得对公民的择业进行不合理干预等。有的学者也称为国家"尊重的义务"。对于国家而言，应当尊重个人依照自己意愿从事工作的自由，包括选择职业的种类、场所、开始、持续与终止劳动的自由等；无正当理由不能剥夺公民既有的工作机会；禁止通过法律或行政命令对劳动自由作不当限制；禁止强迫或强制劳动，禁止奴役；禁止歧视和不合理差别待遇。对于许多经历过近代自由主义理念洗礼的西方立宪主义国家来说，也许这些都是顺理成章的，但对于处在转型时期的我国而言，所存在的问题使我们从国家义务的角度来强调公民的劳动自由具有较大的现实意义。[1]

与西方国家宪法经历的历史阶段不同，我国宪法制定的时候直接面对着三代人权均已经确立的情况，再加上我国向来比较注重强调积极性的权利，强调

---

[1] 徐钢、方立新：《论劳动权在我国宪法上的定位》，载《浙江大学学报》（人文社会科学版）2007 年第 4 期。

国家干预，因此，自由权层面的劳动权在我国宪法中就没有体现出来。但是，改革开放以来，我国面临着一个社会转型期，在这个转型期中，利益多元化是不可避免的趋势，各种社会矛盾也比较复杂，劳动者处于比较明显的弱势地位，受到强制的可能性（如明显超时工作而不付报酬，有的工厂发生的强制完成过大的工作量的现象等）比较大。因此，宪法中没有明确载明自由权层面的劳动权就是一个缺陷，宪法对保证劳动权的遣词用句都没有像外国宪法和国际人权公约那样突出强调国家义务，也没有明定国家采取措施禁止强迫劳动、尊重公民选择职业的自由等。这都是宪法劳动权的缺陷。

2. 社会权层面的劳动权

我国《宪法》第 42 条所规定的劳动权基本上属于社会权层面的劳动权。我国制宪和修宪的时候，已经跨越了西方国家第一代人权的阶段，并且，我国强调社会主义国家的性质也使我国的宪法劳动权比较强调积极权利，因此，《宪法》第 42 条规定了属于社会权层面的劳动权。但是，仔细考察，我国《宪法》第 42 条关于劳动权的规定也存在若干问题。

其一，关于国家义务。有的学者把法律中的劳动权分为"劳动权的宣言"和"劳动权的保障"。① 我们不妨把它们称为"宣言式的劳动权"和"保障式的劳动权"。前者侧重于一种对劳动权的宣示，虽然能起到宣告权利的作用，但是对于一项权利的保障来说并非正式和严谨；一项权利要从理想变为现实，必然要有立法上的强制保障。我们可以从语义分析的角度来对宪法劳动权作一番探析。以《公约》第 6 条为例："一、本公约缔约各国承认工作权，包括人人应有机会凭其自由选择和接受的工作来谋生的权利，并将采取适当步骤来保障这一权利。二、本公约缔约各国为充分实现这一权利而采取的步骤应包括技术的和职业的指导和训练，以及在保障个人基本政治和经济自由的条件下达到稳定的经济、社会和文化的发展和充分的生产就业的计划、政策和技术。"在这里，主语是"本公约缔约国"，显然，公约的用意在于使国家成为保障劳动权的主体，对于国家来说，这是一种义务，并且，国家必须采取措施保证劳动权的实现。同样的用法出现在《公约》第 7 条："本公约缔约各国承认人人有权享受公正和良好的工作条件，特别要保证……"同样也出现在第 8 条："一、本公约缔约各国承担保证……"显然，公约并不仅仅停留在"宣言式的劳动权"，而是通过对缔约国义务的设定来规定"保障式的劳动权"。反观我国《宪法》第 42 条的规定："中华人民共和国公民有劳动的权利和义务。国家通过各种途径，创造劳动就业条件，加强劳动保护，改善劳动条件，并在发

---

① 冯彦君：《劳动权论略》，载《社会科学战线》2003 年第 1 期。

展生产的基础上，提高劳动报酬和福利待遇。劳动是一切有劳动能力的公民的光荣职责。国有企业和城乡集体经济组织的劳动者都应当以国家主人翁的态度对待自己的劳动。国家提倡社会主义劳动竞赛，奖励劳动模范和先进工作者。国家提倡公民从事义务劳动。国家对就业前的公民进行必要的劳动就业训练。"宪法不仅宣告了劳动也是一种义务，而且在立法用语上也有语焉不详之感，给人有"宣言式劳动权"的印象。从立法用语上讲，对于义务性用语，一般采用"必须""应当""禁止"等；对于权利（权力）性用语，一般采用"有权""可以"等。《公约》采用缔约各国"保证"采取何种措施的用语，明确地将社会权层面的劳动权界定为国家的义务，同时也是公民的权利。但是，我国《宪法》第42条采用模糊的立法用语，给人以宣言式立法之感，而国家义务的味道不足。

其二，关于劳动权的内容。我国宪法所规定的属于积极权利的劳动权的内容包括：劳动就业条件、劳动保护、劳动条件、劳动报酬和福利待遇、劳动就业训练（以上为第42条）、休息、修养和休假（第43条）。但是，劳动权的内容并不限于此。除国家应创造劳动就业条件外，宪法中的工作获得权、自由择业权和平等就业权也具有重要的意义。对于处于社会转型期的中国来说，工作获得权和平等就业权更具有现实意义。现阶段，我国每年都有大量的大学生毕业，且我国又处于城市化加速的时期，每年都有大量的农村人口转移到城市，就业形势十分严峻。另外，我国就业领域的歧视也不容忽视，各种男女不平等、地域不平等、城乡不平等的现象仍然比较严重。作为义务主体，国家应当采取有效的措施去解决这些问题。因此，工作获得权和平等就业权对于处于社会转型期的中国来说就更具有现实意义。另一个对我国来说具有重要的现实意义的权利是劳动安全和卫生保障权。这是指劳动者在劳动中的人身安全和健康获得保障，免遭职业伤害的权利。近年来，我国的安全生产事故时有发生，特别突出的如矿难等。规定劳动安全和卫生保障权是多国宪法的通例，也被载于《公约》中，对于保障劳动者的身心健康具有重要意义。此外，民主管理权和团结权也属于社会权层面的劳动权的内容。民主管理权是劳动者可以对本单位的生产经营管理工作进行监督和提出建议的权利。团结权是宪法和劳动法确认的劳动者的基本权利。团结权有广义和狭义之分。狭义的团结权是指劳动者组织和参加工会并保证工会自主运行的权利。广义的团结权则是指劳动者运用组织的力量对抗雇主以维护自身利益的权利，其具体内容主要包括三个方面：团结权（狭义）、团体交涉权和罢工权。① 民主管理权并未为《公约》所

---

① 冯彦君：《劳动权论略》，载《社会科学战线》2003年第1期。

规定，但并不是说就不属于劳动权的内容。事实上，现代社会中的劳动权的内容已经得到极大的丰富，在西方国家，民主管理权也成为劳动权发展的一个趋势。另外，《公约》规定了组织和参加工会的权利。组织和参加工会是平衡劳资力量的一个重要途径。在我国，企业侵害劳动者正当权益的现象日趋严重，甚至出现像华为公司员工集体辞职案这样的企图规避《劳动合同法》的事件。虽然我国没有承认罢工权，但是，组织和参加工会的权利以及团体交涉权（也称为集体协商权）都是劳动者制衡企业的重要权利，也能够体现国家的社会主义性质。

三、宪法劳动权的效力

作为一项宪法权利，劳动权具有宪法上的效力，宪法劳动权的效力关系到公民宪法上的劳动权的实现和合法权益的保护。宪法无疑具有最高的法律效力，任何法律、任何行为都要遵守宪法的规定，而不能之与相抵触。但是，宪法劳动权的效力并不是直接适用于具体案件。如果在任何案件中都可以直接适用宪法条文，那么普通法律就会失去其作用，而宪法仅可能作一般的原则性的规定，在普通法律有明文规定的情况下舍弃法律而适用宪法是不合适的。但是，宪法上关于劳动权的规定对于劳资双方都具有规定性、指引性的作用，这是在任何情况下都必须遵守的。

（一）在法律无明文规定的情况下的效力

宪法规定的是一般性的、原则性的规定，在一般情况下不能单独适用于个案。但当法律有明文规定，或者没有可以援引的具体条款的情况下，应当可以直接引用宪法上的劳动权作为裁判案件的根据。否则，如果在法律无明文规定的情况下亦不可援引宪法上的劳动权的话，宪法劳动权将成为一纸空文，而无法保护劳动者的合法权益。这在我国已有案例佐证。1988年10月14日，最高人民法院给天津市高级人民法院作了《关于雇工合同"工伤概不负责"是否有效的批复》，对于在招工登记表中注明"工伤概不负责"的行为，最高人民法院指出，"对劳动者实行劳动保护，在我国宪法中已有明文规定，这是劳动者所享有的权利。张学珍、徐广秋身为雇主，对雇员理应依法给予劳动保护，但他们却在招工登记表中注明'工伤概不负责'。这种行为既不符合宪法和有关法律的规定，也严重违反了社会主义公德，应属于无效的民事行为。至于该行为被确认无效后的法律后果和赔偿等问题，请你院根据《民法通则》等法律的有关规定，并结合本案具体情况妥善处理"。这说明，早在20世纪80年代末，最高人民法院即认识到劳动权在我国宪法中的重要地位，由于当时《劳动法》尚未出台，法院不得以法无规定为由而拒绝裁判，因此，最高人民法院以宪法上的劳动权为依归作出批复。问题是，在《劳动法》《劳动合同法》《劳动争议调解仲裁法》相继制定的情况下，还有没有必要援引宪法的规定？应当说，法律无法穷尽一切可能的情况，并且，钻法律漏洞的情况也可能时有发生，法律不可能面面俱到地作出规定。"华为公司员工集体辞职案"就说明规避法律的现象随时有可能发生，在无法找到合适的法条援引的情况下，应当可以援引宪法上关于劳动权的规定作为裁判依据。

（二）在法律有明文规定的情况下的效力

在法律无明文规定的情况下，应当可以援引宪法上关于劳动权的条款来保障劳动者的合法权益。那么，在法律有明文规定的情况下，是否仍然可以援引宪法上关于劳动权的条款来作为裁判案件的根据呢？《最高人民法院公报》上发布的两个案例充分说明，最高人民法院认可在法律有明文规定的情况下，宪法可以与法律一同作为裁判案件的根据。在《最高人民法院公报》上发布的刘明诉铁道部第十二工程局二处第八工程公司、罗友敏工伤赔偿案中，四川省眉山县人民法院在判决书中引用《宪法》第 42 条第 2 款关于劳动权的规定，《劳动法》第 3 条和第 4 条关于劳动者获得安全卫生保护的权利的规定，认为两被告之间的承包合同中所约定的施工中发生伤亡、残事故，由罗敏友负责，把只有企业承担的安全风险，推给能力有限的自然人承担，损害了劳动者的合法权益，违反了我国《宪法》和《劳动法》的规定，最后依照《民法通则》判决第八工程公司对原告刘明的工伤事故承担连带责任。[①] 在另一份公报记载了龙建康诉中州建筑工程公司，姜建国诉永胜县交通局损害赔偿纠纷案的判决，云南省永胜县人民法院援引《宪法》第 42 条第 4 款关于获得劳动就业训练的权利的规定，以及《劳动法》和《民法通则》的相关规定，判决认为把只有企业才能承担的风险转给实力有限的自然人承担，损害了劳动者的合法权益，违反了《宪法》和《劳动法》的规定，是无效约定。[②] 最高人民法院公布的两个案例具有相似之处，不仅在于同时援引宪法和法律的规定，而且在于援引宪法认定违反宪法，损害劳动者合法权益的合同条款为无效条款，在实践中具有重大意义。

（三）在法律与宪法相抵触的情况下的效力

另一个问题是，假如法律与宪法关于保障劳动权的规定有相抵触之处，宪法劳动权的效力如何？毫无疑问，宪法具有最高的法律效力，如果法律、法规

---

① 周伟：《宪法基本权利：原理·规范·应用》，法律出版社 2006 年版，第 272 页。
② 周伟：《宪法基本权利：原理·规范·应用》，法律出版社 2006 年版，第 265 页。

和规章有与宪法关于劳动权的规定相抵触之处，那么，法律、法规和规章的相关规定是无效的。但是，我国的法院并没有对立法和抽象行政行为行使司法审查的权力，但是，当法律中有关劳动权的规定与宪法中有关劳动权的规定相抵触时，法官不能以此为由而拒绝裁判。因此，在法律与宪法相抵触的情况下，法官唯一合适的选择就是直接援引宪法中关于劳动权的规定作出裁判。

四、宪法劳动权的完善

（一）对宪法中劳动权条款的完善

1. 自由权层面的劳动权

在自由权层面的劳动权方面，应当体现国家对劳动者自主选择的权利的尊重，以及对各种强制和歧视的禁止。例如，应当直接规定劳动者有自主选择职业的权利；禁止强迫劳动或者以各种变相的形式强迫劳动。从严格的意义上讲，将劳动作为一种宪法上的义务仅能起到宣示的作用而不能起到实际的效果，因此，宪法在直接规定劳动者有自主选择职业的权利，禁止强迫劳动或者以各种变相的形式强迫劳动的同时，可以考虑取消将劳动作为一种宪法上的义务的规定。

2. 社会权层面的劳动权

在社会权层面的劳动权方面，首先应当体现国家义务，即遵照《公约》关于劳动权的规定，改"宣言式的劳动权"为"保障式的劳动权"。宪法应当体现保障劳动权是国家的义务这一基本的立场，强调"国家承认人人有权享受公正和良好的工作条件，必须采取措施保障劳动者享有以下的工作条件……"从语义上完成由"宣言式的劳动权"向"保障式的劳动权"的转变。

在内容上，应当对照《公约》关于劳动权的规定，参考其他国家宪法中关于劳动权保障的规定，针对我国社会转型期出现的突出问题，完善我国关于宪法劳动权的规定。除了我国宪法所规定的属于积极权利，如劳动就业条件、劳动保护、劳动条件、劳动报酬和福利待遇、劳动就业训练、休息、修养和休假的权利，宪法还应当考虑以下几方面内容：（1）工作获得权，即国家应采取积极措施，为劳动者创造就业机会；（2）就业平等权，即国家应采取积极措施，禁止就业中的歧视，如性别歧视、地域歧视或者不合理的差别待遇；（3）劳动安全和卫生保障权，即国家应采取积极措施保障劳动者的劳动安全，享有良好的卫生环境；（4）民主管理权，这是特别具有新意的一项内容，即国家应当保障劳动者能够参与工作单位的民主管理。组织和参加工会的权利是我国劳动者本来就享有的一项权利，只是尚未体现在宪法劳动权中，近期的全国总工会领导下的在外资企业设立工会组织的活动越发体现了组织和参加工会的权利的重要性和实践意义。另外，虽然我国没有承认罢工权，但是，组织和参加工会的权利以及团体交涉权（也称为集体协商权）都是劳动者制衡企业的重要权利，这与我国的社会主义性质也是相符合的。

（二）建立涉及宪法劳动权的案例指导制度

最高人民法院定期发布的《最高人民法院公报》上的案例能够起到对案件审判的指导作用，通过最高人民法院公布的案例来指导审判活动，我们称为案例指导制度。这虽然与英美法系的判例法有所不同，但确是对判例法的合理借鉴。案例指导制度能够使各级法院在审理案件时有一个统一的参照物，起到对同类案件同样审判的效果。《最高人民法院公报》所刊载的典型案例已经表明了最高人民法院的态度，在涉及劳动权的案件审判时，宪法可以作为裁判的依据，当然这里涉及两种情况，即法无明文规定的情形和法有明文规定的情形，在这两种情形之下，宪法劳动权可以被援引用来裁判案件。具体来说，就是在法无明文规定的情形下，法院应当可以援引宪法劳动权作为裁判案件的依据，这有利于保护劳动者的合法权利；在法有明文规定的情形下，宪法与法律可以一并被援引来作为裁判案件的依据。但是，在法有明文规定的情形下，由于法律作了具体的规定，在这个时候就不能抛开法律而单独援引宪法来裁判案件。只有在法律与宪法关于劳动权的规定相抵触的情况下，法官又不能拒绝裁判时，才可以单独援引宪法作为裁判案件的依据。

五、结语

劳动权是一项重要的宪法权利。它既具有自由权的属性，又具有社会权的属性。因而，宪法劳动权就相应地既具有自由权的内容，又具有社会权的内容。我国宪法中的劳动权在自由权层面和社会权层面都有缺陷，在内容上，应当参照《公约》的相关规定进行完善；在效力上，应当激活宪法中关于劳动权的规定，建立涉及宪法劳动权的案例指导制度。劳动权是关系到社会稳定和社会和谐的重要宪法权利，我国正处于一个社会转型期，社会上的劳资矛盾还广泛存在，宪法劳动权就是一个调节器，保障好劳动者的劳动权，能够对和谐社会的建设起到积极的作用。

（载《广州大学学报（社会科学版）》2013 年第 1 期）

论公民住房权的宪法保护

——基于财政宪法的理论视角

张小罗*

摘　要▶ 保障和促进人权，乃是现代国家公共财政的终极价值与根本目的之所在，而保障和促进人权的事业，则绝不能无视公共财政的存在及其功能。住房权作为一项新型的权利形态和生存权的必要内涵，它的实现也必须依赖于财政税收，它的宪法保护取决于公共财政支撑的宪法制度和宪法完善。

关键词▶ 住房权；生存权；宪法保护；公共财政

"充分享有人权，是长期以来人类追求的理想。从第一次提出'人权'这个伟大名词之后，多少世纪以来，各国人民为争取人权作出了不懈努力，取得了重大成果。但是，就世界范围来说，现代社会还永远没有能使人们达到享有充分的人权这一崇高目标。这也就是为什么无数仁人志士矢志不渝地要为此而努力奋斗的原因。"① 保障和促进人权，乃是现代国家公共财政的终极价值与根本目的之所在，而保障和促进人权事业的发展，绝不能无视公共财政的存在及其功能。住房权作为一项新型的权利形态和生存权的必要内涵，它的实现也必须依赖于财政税收，它的宪法保护有赖于公共财政支撑的宪法制度。

一、住房权的宪法内涵

（一）住房权的概念

住房权（the right to adequate housing），又称适足住房权，"是指公民有权获得可负担得起的适宜于人类居住的，有良好物质设备和基础服务设施的，具有安全、健康、尊严，并不受歧视的住房权利。为实现住宅权，政府、个人和

＊　张小罗，中南林业科技大学政法学院教授。

①　国务院新闻办公室：《中国的人权状况白皮书》，1991 年，第 11 页。

国际社会组织承担着重要的责任与义务。"① 按照经济、社会和文化权利委员会的观点，住房权不应从狭义的、有限的角度来理解，如将之等同于仅仅有一个可遮住头部的屋顶的居所，或将居住场所单单视为一种商品。相反，应将之视为安全、和平、尊严的生活的权利。因此，适当住房权的要求应当是：第一，永久占有的法律保障；第二，服务、材料设备及设施使用：如安全饮用水、炊事能源、供暖和采光、卫生和浴洗设施、食物储存设备、废气处理设施、排水设备和紧急救援工具；第三，承受能力：个人或家庭用于住房的资金费用，不应达到使其他基本需要受到威胁或被迫让路的程度；第四，居住条件：住房必须给居住者提供相当的空间，使之免受寒冷、干燥、炎热、雨淋、风吹或其他影响健康的因素、倒塌和疾病传播；第五，可获得性：不仅正常和健康者，而且处于不利地位的群体，如老人、儿童、残疾人、临终病人、艾滋病患者、医疗事故当事人、精神病人、自然灾害受害者、灾害频发区人口及其他有关群体均可获得住房；第六，居住地必须靠近工作单位、医疗机构、学校、儿童看护中心和其他社会机构；第七，文化生活的充实也是很重要的，房屋的建筑方式、建筑材料的使用与支持这些政策，必须体现出住房的文化个性和多样性；第八，现代化不能牺牲住房的文化多维性。② 从上述标准看，我们可以明确，住房权不能仅仅理解为四面墙和一个屋顶，或仅仅视为商品，而应被看作促进正义、平等、和平的工具；应被视为在任何地方和平、安全、有尊严的生活的权利。

（二）住房权的宪法性质

住房权是生存权的必要内涵。"基本人权包括生存权与发展权两项。"③ 生存权，即公民为国家宪法、法律所确认和保护、为国家财政所支持的"像人那样生存"的权利，是指一个人的生命不受非法侵犯以及要求社会创造条件以使其生命得以延续的权利。由此可知，生存权包含两方面的内容：生命安全权与生命存续权。生命安全权是指人的生命非经法定程序不受到任何的伤害与剥夺的权利。生命存续权是指人作为人应当具备的生存条件，如衣、食、住、行等各方面的物质生活保障。"居住"是人的基本生理需要，有房居住是个人

---

① Janet Ellen Stearns. Voluntary Bond. The impact of habitat Ⅱ on U. S. housing policy ［M］. Saint Louis University Public Law Review 1997. p. 419.

② ［瑞典］格得门德尔·阿尔弗雷德松等：《世界人权宣言：努力实现的共同标准》，中国人权研究会组织译，四川人民出版社 1999 年版，第 556～557 页。

③ 李龙、汪习根：《法理学》，人民法院出版社、中国社会科学出版社 2003 年版，第167 页。

能够立足于社会的基本前提。人的生活中有 2/3 的时间是在住宅中度过的，良好的居住环境提供良好的学习、娱乐、休息、生活条件，适当的住房方便人们日常生活、社会交往、获取信息、实现自我。反之，没有住房而流落街头，将失去一切隐私的可能，将无从保障人的生活，甚至生命本身也将受到威胁。住房权会影响到生存权和"生存权侧面的基本权"

日本早稻田大学比较法研究所大须贺明的观点，他认为生存权侧面的基本权包括教育权、环境权和劳动权等。① 对于居住者而言，适足住房权的缺乏，导致工作和生计的剥夺、尊严甚至生命权的丧失；住房权会影响受教育权的实现，如居无定所导致儿童失去受教育的机会，无家可归已经被证明是严重阻碍儿童充分享受教育权的因素，此外，因为住房的不稳定、频繁地更换学校也会影响生活在低收入家庭的儿童的学习效果；住房权还会影响环境权的实现。如果公民的住房权得不到保障，人的基本权利——生存权也就无法得到保障。因此我们可以确定，适当的住房权是实现生存权不可或缺的组成部分，公民的住房权是公民的基本人权——生存权的必要内涵。

而生存权之类的社会权是一种靠国家的积极干预来实现人"像人那样生存"的权利，这与通过要求国家权利的完全不干预来确保国民自由的自由权是相异的。"自由权是资本主义成立阶段的产物，是一种与'夜警国家'（德 Nachtwahterstaat）和自由国家的国家观相对应的基本人权。因为资本主义社会的经济运动是从自律性展开的，国家的任务仅仅在于排除对这种秩序的干扰，而对所有自律性领域，国家则不用加以干涉。自由权就是适应这样的时代要求的。与此相对照的是，社会权则是与福利国家或积极性国家的国家观相对应的基本人权，其目的在于消除伴随资本主义高度化发展而产生的贫困和失业等社会弊病，为此要求国家积极地干预社会经济生活，保护和帮助弱者。所以，自由国家的国家自由权是在国民自由的范围内要求国家不作为的权利，而社会权则主要是在社会上对经济的弱者进行保护与帮助时要求国家作为的权利。"② 住房权作为生存权的必要内涵，政府负有保障责任。根据联合国经济、社会和文化权利委员会，欧洲人权法院，前欧洲人权委员会，监督《欧洲社会宪章》实施的欧洲社会权利委员会的观点，在适当住房权方面，国家有普遍认可的"四个层级的义务"——尊重、保障、促进与实现。尊重住房权的义务要求缔约国及其所有机构和代理，不得实施、策划或容忍以下做法、政策或法律措施，他们违反个人的完整性或侵犯她或他利用那些物质或可获得其他资源以寻

---

① ［日］大须贺明：《生存权论》，林浩译，法律出版社 2001 年版。

② ［日］大须贺明：《生存权论》，林浩译，法律出版社 2001 年版。

找最适合于个人、家庭、住户或社会的住房要求。同时要求缔约国不得实施、鼓励或容忍强迫或专横地将任何个人或群体驱逐出自己的住宅，必须尊重个人建筑自己宅室的权利以及以最适合于自己的文化、技能、需求和援外的方式安排自己的生活环境。保障执法权的义务要求缔约国及其代理人预防任何他人或非国家行为者侵犯任何个人的住房权。促进义务要求缔约国在充分实现住房权方面强调法律和政策的重要性，采取一系列的积极措施，其中包括国家和地方层面的立法已承认住房权、在住房和相关政策中纳入住房权责任以及识别可证实的"水准基点"以实现社会各个方面充分享有住房权。实现住房权的义务在性质上属于最具积极性的一类。它牵涉一系列问题，如公共开支、政府对经济和土地市场的管理、住房补贴、监督房租层级及其他住房成本、提供公共住房、基本服务、税收和随后的重新分配经济措施。[①]

美国普林斯顿大学政治学与法学教授斯·R.桑斯坦在《权利的代价——为什么自由依赖于税?》一书中提出：任何公民权利的实现都必须依赖于财政税收，如言论自由权，为防止某些公民妨碍另一些公民的言论自由，必须要有警察；为了防止政府机关限制公民的言论自由，必须要有法院。而警察与法院没有公共财政的支撑就根本无法运作。[②] 住房权的实现也必须依赖于财政税收，它的宪法保护有赖于公共财政支撑的宪法制度。

二、住房权的宪法保护有赖于公共财政支撑的宪法制度

（一）人权的宪法保护有赖于公共财政支撑的宪法制度

从历史上看，人权的宪法保护始终伴随着公共财政引起的斗争而发展。正如李步云先生所指出的，现代社会的"人权"是应有权利、法定权利和实有权利三者的统一。[③] 以近代自然法学派为理论基础的古典自然宪法学理论虽然成功地论证了人权的道义性或者应然性，阐述了国家权力来源于权利、服务于权利的宪政原理，并因此推动了人权立宪主义的历史进程，却未能很好地阐明人权立宪主义所依托的历史规律，因而难免在人权保障的实践机制上陷入困境。具体地说，古典宪法学虽然正确地提出了保障人权的主张，但是片面地认为保障人权可以简单地通过国家权力的分立、制衡而得以实现。事实上，这种

---

① ［挪威］艾德等：《经济社会和文化的权利》，黄列译，中国社会科学出版社 2003 年版，第 176～177 页。

② ［美］史蒂芬·霍尔姆斯、凯斯·R.桑斯坦：《权力的代价——为什么自由依赖于税》，毕竞悦译，北京大学出版社 2004 年版。

③ 李步云：《走向法治》，湖南人民出版社 1998 年版，第 425 页。

观点已经构成了人权事业发展的理论障碍或者无政府状态的存在，乃是对人权的最大威胁。要保障与促进人权，就必须建构合理的财政制度，以维续警察、监狱等政府机构的运作，否则，公民的权利都无法得到基本的保障。而要克服政府滥用权力的倾向，首先必须控制政府的财政开支，因为政府的存续与运作都有赖于财政提供的资财；控制了政府的财政收支，也就是扼住了政府权力机制的"咽喉"。至于基本人权，如生存权，其保障必须有政府的积极干预，那就更离不开公共财政及其宪法制度的支撑。[①] 正如马克思所说："权利永远不能超出社会的经济结构所制约的社会的文化发展。"[②] 对于任何权利而言，如果抽空了该权利赖以存在和发展的物质基础，或者失去了该权利赖以实现的公共权力的保障，那么无论这种权利表面上看起来如何崇高或神圣，都无法找到实现的现实途径。因而，现代社会对人权的宪法保障绝对无法离开公共财政所提供的物质支持，无法离开现代公共财政模式所决定并支撑的宪法制度。

（二）住房权的宪法保护有赖于公共财政支撑的宪法制度

如前所述，公民住房权是生存权的必要内涵，生存权作为一项基本人权的问世，是市场经济发展的必然结果，也是公共财政模式与宪法制度演变的重要根由。在现代社会，不论是对自由权的保护还是对生存权的保护，都离不开国家等公共机构的作用，离不开公共财政的物质支持。生存权在本质上是公民相对于国家与社会的一种收益权，它所对应的是政府的"给付行政"。因而，生存权的实质内容能否取得公共财政的支持以及公共财政的支持程度对其实现具有决定性的作用。各国公共财政与生存权保障的内在管理在其公共财政支出的结构上有深刻的体现：美国社会保障支出占联邦政府年度总支出的百分比已经由 1950 年的 18% 上升到 1995 年的 22.1%，医疗保险财政支出由 1970 年的 32% 上升到 1995 年的 10.5%，教育支出由 1950 年的 0.6% 上升到 1995 年的 3.6%。仅医疗保险支出一项，1993 年欧盟各国此项开支占国内生产总值的比例法国为 9.8%，德国为 8.6%，英国为 7.3%，意大利为 8.5%，西班牙为 7.3%，比利时为 8.3%，希腊为 5.7%。[③] 这说明，保障公民的生存权已经成为现代国家的重要职能，而相应的公共财政开支则是保障此类权利的必备条件。在市场经济条件下，市场缺陷的存在以及市场机制的优胜劣汰功能的作用

---

① 周刚志：《论公共财政与宪政国家——作为财政宪法学的一种理论前言》，北京大学出版社 2005 年版，第 118～119 页。

② 《马克思恩格斯选集》（第 3 卷），人民出版社 1995 年版，第 305 页。

③ 财政部财政制度国际比较课题组：《美国财政制度》，中国财政经济出版社 1998 年版，第 29 页、第 99 页。

都必然导致许多公民的陷入生存困境，从而使生存权保障问题成为一个突出的社会问题和法律问题。改革公共财政的支出结构，加大公共财政对于社会保障事业的扶持力度，乃是确保宪法生存权条款得以有效实施的基本条件，也是公共财政宪法功能的一大体现。从客观上看，要实现公民的住房权，不仅需要采取法律保障措施，即确定住房权的法律地位、行使和保护，还需要公民的自我努力和政府的住房扶助，只有这两者紧密结合起来，才能实现住房权，使该权利落到实处。与公民的政治权利相比而言，公民的社会权利的实现需要占有更多的经济资源，需要国家的强大经济实力作后盾。公民的住房权的保障状况在很大程度上受国家经济发展水平的制约。无论是国外的还是我国的住房保障措施，都需要国家投入大量资金，需要国家的财政支持。例如，在美国，联邦政府最初实行的是直接为低收入者建造公共住房的计划，然后逐步发展成为政府补贴私营开发商新建公共住房。到了 20 世纪 70 年代中期，开始向为房客提供房租补贴的制度转变。在日本，政府从各个方面给予个人和家庭资助与支持，保障低收入家庭有获得住房的机会，日本住宅金融公库与住宅公团、公营住宅被称为住宅经济的三大支柱并构成了日本在住房保障上的惠普模式，在保障日本国民和家庭特别是低收入阶层住房方面发挥着重要的作用。[①] 在德国，"20世纪 50 年代建设的住宅中，70% 是靠政府资金来建设的社会住宅，这种资金的偿还期为 50 年，而且无利息，通过这种方式建设的住宅大多是出租房，且属于低租金房。"[②] 另外，"房租补贴制度也是德国目前对低收入阶层住房保障的主要方式。根据法律规定，德国公民凡家庭收入不足以租赁适当住房者，有权享受住房补贴，以保证每个家庭都能够有足够的住房支付能力。"[③] 在我国，住房保障制度主要有经济实用房制度、廉租房制度、福利房制度等。这些国内外的住房措施都需要国家的强大经济实力作支持，并随着住房主体范围的不断扩大，需要投入的资金会不断增加。由于国家本身并不从事生产，由税收、公债等构成的财政收入便成为国家机器唯一的经济来源，财政就是国家的经济内容。[④] 因此，住房权的保障离不开政府的财政支持，离不开合理的财政预算。如果缺乏明确稳定的财政支持，公民住房权保障将成为一句空话。

---

① 陈默：《日本住宅政策的三大支柱》，载《中外房地产导报》1995 年第 8 期。
② 周家高：《德国住房政策及改革》，载《中外房地产导报》2003 年第 15 期。
③ 周林洁：《德国住房保障制度值得借鉴》，载《城市开发》2003 年第 6 期。
④ 周刚志：《论公共财政与宪政国家——作为财政宪法学的一种理论前言》，北京大学出版社 2005 年版，第 22~23 页。

三、住房权的宪法保护有赖于宪法的完善

"在人权的保障体系中，宪法保障是首要的、也是最富有成效的。因为宪法是一个国家的根本大法，具有最高权威和最高的法律效力。没有宪法保障，任何人权保障将成为无源之水、无本之木。"① 美国宪法学家卡尔威因·帕尔德森认为："只有宪法明示或默示加以保护的权利，如言论自由权、宗教信仰权……诉讼权等是公民的基本权利。"② 住房权是一项人权，住房是一种基本的社会保障，但住房权没有明确载入我国宪法。在住房权保护方面，我国应明确住房权在宪法文本中的内涵，将其纳入宪法基本权利的体系，进而将其作为一种政府义务纳入立法规划。我国于 1997 年 10 月 27 日签署《经济、社会和文化权利公约》（以下简称《公约》），并与 2001 年 2 月 28 日加入该《公约》。2001 年 6 月 27 日该《公约》正式对中国生效。在住房权上，我国作为《公约》的缔约国，政府应承担通过国内立法，尤其是宪法来实施公约的义务，采取措施制定或修改法律，将住房权确立在我国的法律体系内。一般地，一国的宪法的完备状况决定该国的人权保障程度。因此，只有明确住房权在宪法文本中的内涵，将其纳入宪法基本权利的体系，才能顺利开展其他层面的保障制度的构建，并进一步明确国家的政府在公民的住房权保障方面的责任和义务。据统计，截至 2005 年年底，有 76 个国家在其宪法中表达了住房权的内容；有 28 个国家制定了保证住房土地使用权安全的相关法律或法案……③虽然如此，通过立法，特别是以宪法立法的方式从法律层面承认住房权的普遍性还有很大的空间。所以，联合国住房特别报告员强调：一切对本国宪法进行修订或拟定新宪法的国家，应充分注意把住房权条款列入条文，以期澄清、改进并加强适足住房这项人权。④

当今各国宪法主要是从国家、政府作为义务主体来规定实现国民住房权的途径和手段的。宪法在确认国民住房权的同时，也明确规定了政府的保障责任。譬如，《俄罗斯联邦宪法》（1993 年通过）第 40 条规定："每个人都享有拥有住宅的权利，任何人都不能被随意剥夺住宅。国家鼓励住宅建设，为实现拥有住宅权利创造条件。对贫穷的以及法律规定的其他需要住宅的公民，按照

---

① 李步云：《法理探索》，湖南人民出版社 2003 年版，第 207 页。

② ［美］卡尔威因·帕尔德森：《美国宪法释义》，徐卫东、吴新平译，华夏出版社 1989 年版，第 281 页。

③ United Nation Housing Rights Programme ［M］. Report No. , 3, 2nd Edition, 2005.

④ 徐显明：《人权研究》（第七卷），山东人民出版社 2008 年版，第 14 页。

法律规定的标准从国家、地方和其他的住房中以免费或适当收费的方式提供住宅。"在适当住房权方面，国家或政府有普遍认可的"四个层级的义务"——尊重、保障、促进与实现。而国家或政府的这四个义务主要是通过法律来完成的。在尊重住房权方面，国家要么通过立法等方式积极承认这些权利的存在，要么鼓励公民积极行使自己的权利。具体地说，尊重公民住房权的义务要求国家禁止执行、发动或容忍任何单独的联合在一起的破坏个人或群体的住房权的法律或政策措施。在保护住房权方面，国家有义务为住房权受到侵犯的个人或团体提供法律救济。在促进和实现住房权方面，国家通过法律或政策为公民实现住房权提供便利，如国家进行全面的立法审查，以废止或修改任何现有的、负面影响住房权形式的法律或政策。[1] 一言以蔽之，为保障公民的住房权，我国宪法对住房权的规定应包括两个方面的内容：其一是规定公民的住房权，其二是规定国家或政府必须承担法律义务。

（载《广州大学学报（社会科学版）》2008 年第 11 期）

---

[1] 徐显明：《人权研究》（第七卷），山东人民出版社 2008 年版，第 14 页。

信访逻辑的法治悖论

孟庆涛*

摘　要▶ 信访制度在设计和定位上，具有政治、权利保障与社会管理以及监督的功能。从法治的角度看，信访存在制度性不信任、增大社会治理成本、降低解决问题能效，并最终消解法治的负面效应。信访这种制度建构实质上受制于中国的文化心理机制，并导致民粹主义的倾向，放纵民众的欲望。在社会共同体中，公民的自由和权利不是流于欲望的放纵，而是意味着自律、社会责任与公民义务。因此，好的制度必须提供公民欲望的抑制机制，培养有德性的公民。

关键词▶ 信访；功能；法治文化；民粹主义；公民德性；义务

一、制度化信访的功能层次

从法律体系上看，我国的信访制度体系由两个层面构成：一是国务院颁布的《信访条例》，其规制的是行政系统的信访工作；二是由各省级地方人大所颁布的《信访条例》。中央政府的《信访条例》，实际上构筑了一个从上至下的纵向行政信访网络，地方人大的《信访条例》构筑的往往是由地方一级的人大、政府、司法等组成的横向信访网络。另外，政党、政协及各企事业单位等非国家机关也担负着部分信访功能。从制度化来看，基于党的领导和中央对地方的实质性支配，信访制度在我国实际上被构筑成内部具有横向分工的金字塔式信访结构。而信访制度的功能设计，在这个组织结构中又被划分为不同的层次。国务院的《信访条例》在第 1 条就表明了信访的立法目的及对信访功能的基本定位，即"为了保持各级人民政府同人民群众的密切联系，保护信访人的合法权益，维护信访秩序"。这从政治、法律与社会管理三个层面体现了信访的功能。

---

* 孟庆涛，西南政法大学人权教育与研究中心副教授。

（一）信访制度的政治功能

信访制度在设计和定位上，首先着眼于政治。从政府的角度来看，信访制度设计的初衷首先是"为了保持各级人民政府同人民群众的密切联系"。而从人大、人民法院、人民检察院机构内设立的信访部门来看，遵循的是同样的要求。对于信访制度的政治定位，反映了党对于执政基础的深度考量。党执政的道义基础实质上是"为人民服务"。在理论上，信访是从"为人民服务"和"群众路线"的政党立党理念及政府工作理念中派生出来的。"信访"实际上一直是党和政府工作的基本内容，也是一种处理人民内部矛盾的基本方式。

信访的政治功能定位要求党必须时刻严密注意党及其领导的国家机关等与群众的密切关系。无论在革命年代还是和平建设年代，人民群众的支持是党获得和保持合法性的基础。正是从这样的政治高度上，制度化和法制化的信访，被赋予了重要的政治功能。因此，信访工作，不但关涉社会生活中具体纠纷与事务的处理，更从根本上关涉党和政府的基本政治功能定位。这从根本上反映了信访在党和各级国家机关、企事业单位工作中的重要性，信访也因此被上升到了政治高度。而由此派生出来的群众利益表达与政治参与、保护信访人的合法权益，及基于社会管理目标而欲实现的"维护信访秩序"、解决纠纷及监督等目标和功能，都是围绕着党及其领导的各国家机关、社会团体及企事业单位的"为人民服务"及"群众路线"的基本理念与工作方针展开的。

（二）信访制度的权利保障功能

按照"为人民服务"的政治逻辑，信访本为服务于人民而设。要实现"为人民服务"的政治理念，现代社会在管理机制上要求必须通过制度设计来满足人民的欲求，协调人民之间的利益关系，解决人民之间的纠纷。在现代法律机制下，人民的正当欲求被法律化为"法律权利"。现代法治主义要求"为人民服务"的政治诉求也必须得进行法律转化。这在法律上表现为，政治上的"人民"被法律化为"信访人"，人民的欲求和利益被法律化为"合法权益"。从而，人民的欲求在法律上被表现为"保护信访人的合法权益"。从权利的角度来看，信访制度对于"保护信访人的合法权益"的功能定位，就被表现为权利保障的功能设计。至于人民的欲求是针对政党或政府提出来的，还是人民之间因欲求冲突而引起的纠纷，均不影响信访制度本身的权利保障功能的发挥。换言之，对信访人的合法权益的侵犯，究竟是来自行使公权力的政党与政府或其他国家机关，还是来自人民中的其他分子，并不需要信访制度进行甄别。

尽管人民充当着政党执政与国家管理的正当性基础，但人民的欲求并不天然就是正当的。从"天道"到"人民"的转换，直接将人民的欲求正当化了。人民的欲求与作为管理者的国家之间，人民内部的欲求之间，仍然存在分歧与冲突。这种分歧与冲突表现为社会纠纷。在法治主义的视野下，社会纠纷本身被中立化，不再被简单地以"闹事"等来对待，特别是经过法律话语和权利话语的过滤，社会纠纷中各方主体的诉求被界定为"合法权益"。当然，这种社会纠纷实质上仍然被理解为具有人民内部矛盾的性质。人民内部矛盾当然需要通过解决人民内部矛盾的方式来处理。信访就是一种这样的处理模式。

（三）信访制度的社会管理功能

信访被制度化与法律化，至少需要两个前提条件：一是社会纠纷大量膨胀，政党与政府进行个别化的处理不堪重负，进行相关社会管理的成本过高或效果不佳，因而导致将社会纠纷吸纳进政党与政府工作中予以制度化解决的需求旺盛；二是法律理念的进步，信访人与社会一般公众对于自身利益的维护被正当化看待，对正义理念的价值认同增大，信访的法制化解决需求旺盛。在20世纪90年代，这两个条件同时被满足了。尽管在此前党和政府同样有大量的问题是通过信访的渠道来解决的，但至少到那时为止，社会纠纷无论在数量上还是规模上，基本还在党和政府个别化解决问题的容纳限度内。随着社会转型，特别是社会主义市场经济的快速推进，基于经济利益为主要动因的社会纠纷层出不穷，政党和政府穷于应付，不得不开辟新的制度化渠道，以便将社会纠纷吸纳进体制内进行解决和控制。

"维稳"的出台就具有这样的动因。"稳定压倒一切"是"维稳"的基本指导原则，信访则是疏导和排解社会纠纷以达到"维稳"目标的至关重要的手段。近二十几年来，社会纠纷主要集中在地方层面，疏解了中央的直接管理压力，简政放权亦加大了地方的责任，从而使中央得以从直接实施社会管理的繁冗工作中解脱出来，为强化中央对地方的监督提供了现实可能。从社会管理的角度来看，信访既是各级政党与政府等机关实施社会管理的具体制度模式，也是实现中央对地方、上级对下级进行监督和管理的重要途径。

二、信访逻辑的负面效应

信访的基本政治功能，是通过具体的功能设计来实现的。因此，一旦存在制度设计缺陷或在实践中具体功能的发挥出现偏差，就会妨碍基本功能的实现，从而构成对信访基本功能的消解。我国多年来信访制度的运作逻辑及其效果表明，信访确实发挥了重要的作用。然而，从法治的视角来看，信访虽然在短期内具有一定的效果，但负面效应颇大，在实践中可能会诱导民众陷入一种制度性不信任的陷阱当中，增大社会治理成本，降低解决问题的效能，并最终消解法治的根基。

（一）制度性不信任的陷阱

政党与政府的同质化、一体化及对社会的全面控制，在选举不构成实质决断的政治情势下，民主压力所导致的对政党与政府等的信任危机无法有效地向人大等选举机关转嫁。因此，在威权国家中，执政党与政府往往持续面临着比民主化国家更为严峻的公众信任压力。而在现代发达的信息社会中，执政党与政府即使偶尔对个别问题处理失误，也极易导致整体性的信任危机。如果某种制度是一种可以持续制造不信任危机的机制，那么，这种制度的存在就相当危险了。信访有可能甚至正在逐步蜕变成这样的制度。

信访机构一般并不直接处理纠纷，而是承担中转的功能，即将受理的诉求转给相关部门处理，最多是进行一定的督促。当事人的诉求经过信访机构的中转，往往又重新回到了最初处理的机关或部门。既然当事人将其诉求反映到信访机构，已经表明当事人对于最初处理机关或部门的不信任，如果经过信访程序后再次回到起点，只会导致当事人对最初处理机关或部门及信访机构的双重不信任。实际上，民众对党和政府的评价，不可能是完全客观的，而是以自己诉求失败的切身感受来将党与政府的治理结果扩大化。同一般人的行为一样，党和政府不是做得越多越好。做得越多，做得不好的就越多，随之引起的不信任感就会被放大。当这种感受与社会舆论、道德话语和道德审判联结起来的时候，更容易诱发和强化其他人对党和政府的不信任感，甚至会引起对中央与上级的失望甚至信任感的丧失。在此意义上，信访可能会陷入制度性不信任的悖论之中，不但信访本身将陷于尴尬境地，甚至可能将不信任感放大到政府与政党身上，从而威胁政党执政的根基。

（二）社会治理成本的增大

信访本为降低或解决社会纠纷而设，以期通过这种制度设计降低社会纠纷的发生率或进一步恶化的可能性，从而间接降低社会治理的成本。然而，信访制度在运作过程中，并不一定会达到这一目标，甚至可能会增大社会治理成本。我国当前恰好处于社会纠纷的多发期，信访本为抑制社会纠纷，但在解决问题的"维稳"压力下，其制度运作机制实际上无法对社会纠纷形成有效的制度性抑制。

对于信访事件，当事人和信访机构是按不同的逻辑来运作的。当事人为了让自己的诉求得到满足，总希望把小事闹大，引起上面的关注，通过上级而给下级施加压力，而信访机构或部门更希望事件尽快得到妥善解决。在这种博弈中，地方信访机构的对策给予当事人以各方面的利益倾斜或让步来处置；而上级信访机构更多是督促案件来源地政府等进行解决。这导致两种倾向：一是压力上移，上级本想让纠纷化解在基层，通过信访制度渠道来实现监督同级或下级的功能，却无形中将纠纷引到了自己手中，增加了自己的工作量与工作强度，导致上级特别是国家信访局不堪重负；二是使基层政府的工作重心发生变化，"维稳"成为极为重要的任务，却没有办法真正解决层出不穷的信访事件。而对于当事人纠纷的解决来说，信访机构的存在，不但使当事人不停地启动信访机制，造成同一事件反复上访、多部门上访，同时却又不能发挥有效解决问题的功能。

我国几乎在所有的国家机关与国有企事业单位中设立了相应的信访部门。信访部门与相关部门之间存在一定的职能交叉与重叠，多个机构与部门都在某种程度上对某一信访案件具有处理的权力。由于信访机构与相关部门的介入，信访案件所涉及的主体增加了，国家的社会治理成本也相应增大，但问题是否能够解决并不与涉及主体数量的增加成正比，甚至可能恰恰相反，从而大大增加了社会治理成本，却同时降低了解决问题的效能。

（三）法治权威的消解

尽管信访本身被制度化和法制化，但并不代表信访的合法运作就不会对法治权威形成打击。信访实际上在消解法治的权威。近年来，我国涉法涉诉信访的数量急剧增加，在所有信访案件中所占的比例居高不下。尽管这确实反映出司法领域存在一定的问题，但并不能由此得出司法解决的结果就是错误的结论，也不能由此得出当事人的诉求都是合法合理的。司法的权威，在于依法作出的司法裁决具有终局性和确定性。

信访在我国并不存在实质性的限制，几乎任何问题都可以无限制地诉诸信访。信访的无限制，导致已有司法结论的问题同样可以诉诸信访。在程序上，司法有明确的层级和次数的限制，这在信访当中几乎同样是没有任何限制的。因此，在信访面前，司法解决的结果就变成了非终结性的，确定性被推翻，司法的程序限制功能也丧失了，从而司法的权威因为信访制度的存在和运作而遭到打击，信"访"不信"法"也就没有什么可奇怪的了。从解决方式上看，司法解决是导向于法治的，而信访则是导向于人治的。信访的解决方式是非法治化的，是个别的，个别人特别是领导的意志在发挥着决定性的作用。

三、信访悖论的文化机理

（一）制度逻辑的文化根基

由器物到制度，再由制度到文化，是近代以来清末至"五四"时期一辈文化人在应对西方文明过程中所积累的认知模式。康有为、梁启超如此，"五四之子"殷海光亦有同感。他们的认识给我们的启示是，要深刻地认识某种制度，就要深入支配这种制度运作的文化机理。

制度存在的意义，是引导和规制人的行为模式。但是，制度本身又是在人的行为支配下运作的。制度所欲引导或改变的人的行为模式，是一种显露于外的行为期待；而支配人来运行某种制度的，则是一种内在的行为模式。内在的行为模式，要受到文化心理的支配。因此，文化支配的逻辑，是文化心理支配内在行为模式，内在行为模式践行社会制度，社会制度改变人的外在行为模式，并最终有可能实现对人的社会文化心理的重塑与改造。文化心理的积淀是一个长期的过程，特定民族甚至会在千百年的时间里形成特定的民族文化心理。这种民族文化心理的支配力，即便为一些制度所改造，但很难在实质上发生变化。信访这种制度建构，实质上亦受制于中国的文化心理机制。

（二）民粹主义的文化逻辑

中国自古以来就有"民本"的传统。在中国现代化的过程中，"民本"被马克思主义化，形成了人民民主传统，并在很大程度上发展出了"民粹主义"。"民粹主义"是对"民本"矫枉过正的结果。中国近年来的信访，有滑向"民粹主义"的倾向。从信访纠纷的解决结果上看，信访问题最后一般都是以"钱"来解决的。这一方面是因为现在的信访纠纷往往与经济有关，另一方面反映出政府等在解决信访问题上策略的单一性。为了摆平当事人，而又不能进行依法弹压，只好进行突破原则底线的处理。这样的处理结果，会使能"闹"的人获得额外的利益，而让处于同样情况的其他人产生对政府的失望，平等原则遭到了破坏。"不患寡而患不均"，分配不公的破坏性比之没有资源进行分配还要大，从而引发新一轮的上访。给民众传递的错误信号，同样会令信访机构陷于困境。

用"钱"来摆平当事人，无原则地满足民众的欲求，不能给民众确定明确的底线，虽然可能会暂时解决当事人之间的纠纷，但却会通过示范效应进行制度诱导，只会导致民粹主义。民粹主义的逻辑一旦形成并运作起来，只会让信访陷入矛盾当中："如果一个政府更多地以金钱来解决问题，它的政策就会培养'刁民'，民粹主义就会抬头，地方就会变得难以治理，地方官员也会有所怨言；而如果中央不断出台政策将许多社会事务重新抓起来，原本属于经济性的地方事务就有再政治化的危险。然而，面对越来越复杂的社会，政府很难采取不偏不倚的对策，其结果可能是既培养了民粹主义又削弱了地方政府的领导。"①

民粹主义，就是无限制地放纵民众的欲望。因此，民粹主义的文化逻辑运作起来，只会破坏法治的规则之治。

（三）实用理性的反规则之治

民粹主义是中国的文化传统，但却导源于中国人的"实用理性"。李泽厚先生在总结中国人时，提到了"实用理性"这一范畴。用"实用理性"来概括中国人的文化心理，具有相当大的解释力。实用理性，崇尚的是结果，是对利益把握的实用主义。在这种结果和利益追求面前，程序与规则变得不再重要，也不再具有实质决定性。在此意义上，实用理性是反法治主义的。法律本身就是一种规则，法治就是一种规则之治。法律是调整社会共同体生活的规范，法治要求尊重法律。对法律的尊重，实质上是对维持社会共同体赖以存在的规范基础的尊重。实用理性没有自己尊重和遵守的底线，却把各种欲求的达成转变成基于各种考量的功利计算。原则与规则在实用理性面前得不到应有的尊重。为达目的不择手段，对规则的无原则性突破，构成了实用理性的行动实质。显然，实用理性会伤害规则主义的法治文化。

四、法治文化与公民意识

（一）规则主义的法治文化

法治不只是一种制度，也是一种文化。若要让法治这种制度现代化，就必须得有法治文化的支撑。行为者的行为动机无论是什么，至少对于法律规范的尊重需要成为行为人的行为态度和底线，才能真正达到法治的高度。在法治文化中，法律本身成为最高权威，政治权威亦需持守法律底线。然而，"'信访'的制度化设计，为社会主体突破法律规范诉诸政治权威提供了制度化基础，亦为政治权威突破法律进行干预提供了合法依据。在此意义上，'信访'作为一种上级对下级不信任和进行监督的制度设计，实质上削弱了法治的权威。"②信访的好结果，往往是法治的悲哀。信访案件得到较好解决的，多数与信访人的信访诉求被"特别"关注有关。由于现代信息技术的发达，信访人的信访诉求通过电台、电视、网络等得到新闻媒体的关注，形成舆论压力，或者被

① 赵鼎新：《中国冲突性政治的民粹化倾向》，载《民主的限制》，中信出版社2012年版，第204页。

② 张永和、孟庆涛：《法治信仰形成路径探析》，载《人民论坛》2013年第14期。

"省委书记"等个别高级领导意外撞见，引起社会的广泛关注或政党与政府等机关内部的重视，从而得到个别化的解决。个别化的解决，总是会冲击到对普遍性制度的信赖，并给潜在的信访人传递错误的信号，为信访人数十年如一日期待得到"省委书记"的接见等极端事件提供了错误的诱导。这种情况之所以屡见不鲜，是因为规则主义的法治文化没有真正的建立。

在实用主义的考量下，对于法律的遵守，很可能不会给社会共同体成员带来利益。因此，实用理性对法律界限的突破，即是对规则主义的法治文化的破坏。在实用理性的思维模式下，对法律的遵守往往以是否具备外在监督、是否带有对违反法律要遭受惩罚的恐惧心理为转移。因此，对待法律的态度，就更多地表现为一种"阳奉阴违"的权宜态度，而非对共同规则的遵守。"这并不是一种争权利的态度，而是一种破坏法制的小动作，因此是一种没有尊严的消极违抗。如果明文规定的制度太不合理，而又不敢去用具有原则性的方式改变它，结果就只有培养不守法的精神，换而言之，即使是合理的规则，只要没有外力约束，也不会去遵守。"①

（二）公民意识与公民德性

公民不仅是一个社会共同体中的权利享有者，还是一个奉献者，是对社会共同体的存在和维持负有义务的主体。现代公民社会意图在政治国家之外再造一个自主空间，抵制和对抗政治国家的侵袭。然而，在这个建构过程当中，公民身份其实产生了双重性。首先，公民是一个私的个体，权利（欲望）的逻辑在这个模式设计中是符合人的本质的规定性的；其次，公民是社会共同体的成员，有建立和维持社会共同体存在的基本义务。公民身份的双重性中，隐含着权利（欲望）逻辑与义务逻辑的冲突。在社会共同体中，公民的自由和权利不是流于欲望的放纵，而是意味着自律、社会责任与公民义务。也就是说，权利的享有不是无条件、无代价的，而是要同时担负相应的义务。一个有德性的公民，必须是对共同体有担当的主体，而非一个无限索取却不回报的主体。这是公民应该具有的基本意识，应该具有的基本德性。

从制度的角度来看，一个制度的好坏与民众德性的塑造存在一种互动关系。实际上，好制度的维持要有好的公民德性，好的公民德性亦会促进好制度的完善与功能的发挥。一个诱导民众无限释放欲望的制度，最终会既毁坏制度，又毁坏民众的心性。节制是一种美德，好的制度必须提供公民欲望的抑制机制，培养有德性的公民。良好的公民和政治家应该具有节制的德性，有节制

———————————

① 孙隆基：《中国文化的深层结构》，广西师范大学出版社2011年版，第173页。

德性的政治家对国家和民族负有义务，他必须懂得限制人民欲望的重要性，因而，出现了下述情况就是要不得的，即"解除了人们对其情欲的限制，而使之在某一方面更方便、更心安理得地侵犯社会的法律"。①

（载《广州大学学报（社会科学版）》2013 年第 11 期）

---

① ［英］大卫·休谟：《人类理智研究》，吕大吉译，商务印书馆 1999 年版，第 135 ~ 136 页。

公民权视域下的农民工身份承认与社会团结

宋尧玺[*]

摘　要▶ 建立在 civil right 意义上的公民权研究无法有效回应社会团结问题，本文在 citizenship 的意义上重新理解公民权。这种公民权遵循从身份承认到权利获得的逻辑，为存在分殊差异的社会提供了重要的团结资源。以此为理论视域，本文分析了中国的户籍制度与农民工的身份承认问题，认为农民工问题的解决，需要通过市民与农民工彼此的公民承认共同迈进公民权的体系中，使各自能够以公民身份自我宣称与相互宣称，最终达致社会团结。

关键词▶ 公民权；农民工；身份承认；社会团结

公民权问题是法治理论与公民理论研究的经典题材，是权利理论研究的核心问题之一。但是传统的建立在 civil right（民事权利或市民权利）意义上的公民权研究无法有效回应社会团结问题。① 当下的公民权研究和公民维权实践多集中于对弱势群体中公民个体权利单纯、暂时的满足，这种满足并未从身份承认的角度实现其公民权，导致其权利虽然暂时得到维护，但由于其公民身份并未得到共同体的承认，所以仍旧处于被排斥的社会边缘状态，② 这就加剧了社会阶层的固化和分裂。这实际上是一种治标不治本的做法，它忽视了公民权的社会利益面向和社会统合功能，即公民权的社会团结维度。社会团结成为公民权理论研究中的未竟之处。社会团结是社会理论中的核心命题，它指向在尊重社会多样性的同时，又能维护社会的统一性而使

---

　　* 宋尧玺，广州大学人权研究院讲师。

　　① 如果从 right 的角度来讨论社会团结问题，那么权利与社会团结的关系只是间接的。但是，如果我们从包括 right，但不限于 right 的 citizenship 的角度出发，我们就会发现 citizenship 的连接属性与关系内涵。人通过 citizenship 相互关联起来，成为具有权利义务、能够彼此认同的公民，权利与社会团结之间就通过 citizenship 连接起来了。

　　② 王小章教授曾从社会学视角专文探讨过这一问题，参见王小章：《从"生存"到"承认"：公民权视野下的农民工问题》，载《社会学研究》2009 年第 1 期。

社会不致分裂。①

因此，本文在 citizenship 的意义上重新理解公民权。布雷恩·特纳认为这种公民权为存在分殊差异的社会提供了一个重要的团结要素。"公民权提供了一种团结的形式，它将被社会阶级、性别、族群特征、年龄差别等所分化的社会聚合了起来。现代社会之政治共同体的团结，是由公民权提供的。"②

这种公民权并不仅仅是 civil right 意义上的具体的公民民事权利。从法社会学与政治哲学的观点来看，它是指公民之间、公民与国家之间关系的制度化，它表现为公民在国家中的成员资格和法定身份，以及与这一资格和身份联系在一起的权利与义务。③ 这些权利与义务被组合安排为社会制度。这些社会制度，即公民权的制度化形式，赋予了公民享有获取社会经济、文化、政治稀缺资源的应享权利以及相应的义务与责任。④ 可以看出，citizenship 意义上的公民权遵循的是从身份承认到权利获得的逻辑，它是获得权利（right）的权

---

① 社会团结作为社会理论中的一个专门概念被提出来是从现代开始的。在思想史上，它经历了霍布斯、孔德、涂尔干、马克思、韦伯、滕尼斯、帕森斯、卢曼、马歇尔、哈贝马斯、吉登斯、罗蒂、鲍曼、布雷恩·特纳等社会理论家的不同解读，形成了不同的思想和论述传统。这些社会理论家的主要分歧并不在于何谓社会团结，而在于社会团结是如何可能的。

② ［澳］柯文·布朗、布雷恩·特纳等：《福利的措辞：不确定性、选择和志愿结社》，王小章、范晓光译，浙江大学出版社 2010 年版，第 38 页。

③ 这是从法社会学和政治哲学角度对公民权进行的一般定义。在公民权研究中，还有着更为细致的划分，如从时间上可以区分为古代公民权、现代公民权与后现代公民权；从思想传统上可以划分为共和主义公民权、自由主义公民权、社群主义公民权；从统治策略的角度可以分为自由主义的、改良主义的、威权专制主义的、法西斯主义的和威权社会主义的；从类型学和国别史的角度可以分为革命的法国传统、消极的英国传统、美国自由主义传统和德国法西斯主义等。参见 ISIN, ENGIN F. & TURNER, BRYAN S., Handbook of Citizenship Studies ［C］. London：SAGE Publications, 2002；郭忠华、刘训练编：《公民身份与社会阶级》，江苏人民出版社 2007 年版。

④ ［澳］柯文·布朗、布雷恩·特纳等：《福利的措辞：不确定性、选择和志愿结社》，王小章、范晓光译，浙江大学出版社 2010 年版，第 36 页。

利，是争取承认的实践。① 因此，哪些社会成员能够获得公民身份，享有公民权，进而参与社会稀缺资源的分配，以及公民之间如何相互识别直接涉及社会团结问题。本文将在这一理论视域下分析中国的农民工问题。

一、中国户籍制度与农民工群体的产生

20 世纪 80 年代以来，中国开始了以市场化为导向的经济体制改革。这一改革使中国农村剩余劳动力开始大规模向城市流动，进而产生了农民工群体。"农民工"在我国的政府文件中有着规范表述，在《国务院关于解决农民工问题的若干意见》（2006 年）中，农民工是指我国改革开放和工业化、城镇化进程中涌现的一支新型劳动大军。他们户籍仍在农村，主要从事非农产业，有的在农闲季节外出务工、亦工亦农，流动性强，有的长期在城市就业，已成为产业工人的重要组成部分。② 目前，我国农民工无论是在数量、行业分布，还是影响力上，都是一股庞大的不可忽视的力量。据国家统计局作出的《2012 年全国农民工调查监测报告》所载，2012 年全国农民工总量达到 26261 万人，比上年增加 983 万人，增长 3.9%。其中，外出农民工 16336 万人，增加 473 万人，增长 3.0%。住户中外出农民工 12961 万人，比上年增加 377 万人，增长 3.0%；举家外出农民工 3375 万人，增加 96 万人，增长 2.9%。本地农民工 9925 万人，增加 510 万人，增长 5.4%。在农民工中，从事制造业的比重最大，占 35.7%，其次是建筑业占 18.4%，服务业占 12.2%，批发零售业占 9.8%，交通运输仓储和邮政业占 6.6%，住宿餐饮业占 5.2%。③ 从这里我们

---

① 实际上，汉娜·阿伦特、巴巴利特、布莱恩·特纳、恩斯·伊辛、王小章等人也持此种观点，只是他们未将此观点进一步明确指向社会团结问题，并展开公民权与社会团结的相互关系的系统论述。参见［美］汉娜·阿伦特：《人的境况》，王寅丽译，上海人民出版社 2009 年版；［加］菲利普·汉森：《历史、政治与公民权：阿伦特传》，刘佳林译，江苏人民出版社 2004 年版；［澳］巴巴利特：《公民资格》，谈谷铮译，顾晓鸣校，桂冠图书股份有限公司 1991 年版；ISIN, ENGIN F. & TURNER, BRYAN S., Handbook of Citizenship Studies［C］. London：SAGE Publications, 2002；王小章：《从"生存"到"承认"：公民权视野下的农民工问题》，载《社会学研究》2009 年第 1 期。
② 国务院：《国务院关于解决农民工问题的若干意见》（国发〔2006〕5 号），载 http：//www.gov.cn/jrzg/2006 - 03/27/content_ 237644.htm.
③ 外出农民工是指调查年度内，在本乡镇地域以外从业 6 个月及以上的农村劳动力；本地农民工是指调查年度内，在本乡镇内从事非农活动（包括本地非农务工和非农自营活动）6 个月及以上的农村劳动力；举家外出农民工是指农村劳动力及家人离开其原居住地，到所在乡镇区域以外的地区居住。参见国家统计局：《2012 年我国农民工调查监测报告》，载 http：//www.stats.gov.cn/tjfx/jdfx/t20130527_ 402899251.htm, 2013 年 5 月 27 日访问。

可以看出，农民工的人数在持续增加，现已达到 2.6 亿人，也就是说，平均每 5 个中国人中，就有 1 个是农民工。他们所从事的行业主要集中在体力劳动和与日常生活紧密相关的基础性公共服务事业之中。因此，农民工的权利应当如何得到保障和发展，农民工与城市市民之间应当如何团结共存，这是公民权理论必须予以回应的问题。

"农民工"一词本身就存在吊诡，"亦工亦农"的身份本身就颇有悖难之处。也就是说，在农民工身上，既出现了农民身份和工人身份的作为职业身份的混同与叠加，又隐含着两种职业身份之间的竞争关系，这种竞争关系具体体现为后者对前者的克服。农民工在社会政策上又经常被视为"进城务工人员"和"外来务工人员"中的主体，甚至具有直接的对等关系。从这两个表述中，我们可以看出农民工的来源问题被进行了模糊化的处理。即这种表述没有指明"务工人员"是从哪里"进城"的？他们相对于谁是"外来的"？实际上，"进城"与"外来"暗含着一种作为区分界限的城市在其中。这里的"城市"并不仅仅是地理和区域意义上的空间，它成了一个资源分配的象征形式和社会群体的斗争空间。一方面，城市（工业和服务业）的发展需要大量的劳动力进行物质生产和社会服务；另一方面，农村的剩余劳动力为求得生存和个人发展，必须从农村土地上分离出来转战于城市的"江湖"。由于农民工并不因其已居住在城市，并从事非农业劳动而自然取得城市户籍，因此，他们就无法享有参与城市资源分配的权利。也就是说，他们作为公民却不能和同样作为公民的市民在城市中平等地享有市民权。因此，农民工现象作为一种权利要求就被"问题化"了。农民工群体的户籍问题及其带来的市民权问题，就对中国自 20 世纪 50 年代开始由《中华人民共和国户口登记条例》所确立的户籍制度构成了挑战和提问。户籍制度也因此成为中国社会分层的重要依据和实践参照系。

中国户籍制度直观地反映在具有法律效力的"居民户口簿"之中。"居民户口簿"除了具有规范居民管理、证明公民身份情况和家庭成员关系的正向功能之外，却通过户口所在地和户籍类别将原本具有平等身份的只是居住在不同地域（城市或农村）的公民，人为地划分为不同的隶属于"非农业家庭户口"和"农业家庭户口"的社会人群，而与这一划分紧密联系在一起的就是经济利益的差别，及其导致的心理和文化上的差异和被边缘化。这一制度带来的社会效果就是从制度上将城市与农村两分，将同样作为公民的市民与农民两分，这就使在城市中生活和工作的农民工无法享有市民所享有的市民权，从而否定了农民工的市民权，将农民工从市民权体系中分离、排斥出去。户籍制度因此成为一种生产农民、农民工和市民的制度安排。也正是在这个意义上，中国的户籍制度被认为是一种人为地导致社会分层和不平等的制度性歧视。

"农民工"群体的出现改变了城市的阶层结构和社会关系。市民不得不面对这批城市的新的移民群体。这批新的移民群体大多以工厂车间中的操作工人、市场中的小商小贩、城市中的出租车司机、"摩的"司机、人力车的驾驶者、建筑工地的建筑工人、房屋装修的泥瓦工、快递公司的投递员、家政保姆、餐饮住宿业的服务者等职业身份存在着。一般来说，他们收入较低，社会地位处于弱势，身份受到市民有意无意的歧视，不被市民接纳和承认，声音无法在公共空间中得到表达和传播，权利也无法得到充分保障，属于被排斥的社会底层范畴。张文显教授指出："城市人对农村人的歧视，把农民工看作'盲流'、'打工仔'、'二等公民'、'边缘人'，歧视现象的蔓延与加剧，必然导致社会分裂。"① 因此，面对这种社会分裂的境况，与其说农民工居住在城市，毋宁说农民工"寄居"在城市。他们实际上被视为是无根漂泊的人群。农民工作为失地农民与"外来"人员，面对回不去的农村与走不进的城市，不知乡关何处。市民和农民之间的认同关系背离了相互承认的公民团结关系，而成为一种"相濡以沫，不如相忘于江湖"的离散分裂状态。这实际上说明了现阶段的中国部分城市在一定程度上仍然是一个趋向于封闭的排斥体系。

然而，令人欣慰的是，很多省已经在着手进行户籍制度改革的尝试，赋予城市中"优秀农民工"以同等的市民待遇，这使城市在包容性和开放性上取得了巨大进步。2013 年 1 月 7 日，中央政法委召开的全国政法工作会议又将稳妥有序推进户籍制度改革提高到建设"平安中国"与"法治中国"的重要途径之一来认识，意义积极而且重大。② 实际上，早在 2006 年 3 月 27 日，国务院出台的《国务院关于解决农民工问题的若干意见》中即规定了这方面的指导政策："逐步地、有条件地解决长期在城市就业和居住农民工的户籍问题。中小城市和小城镇要适当放宽农民工落户条件；大城市要积极稳妥地解决符合条件的农民工户籍问题，对农民工中的劳动模范、先进工作者和高级技工、技师以及其他有突出贡献者，应优先准予落户。具体落户条件，由各地根据城市规划和实际情况自行制定。"③ 这一意见颁布后，江苏、广东、山东、河北等省又相应各自出台了"优秀农民工"可以获得城市户籍，享受同等市

---

①　张文显：《法哲学通论》，辽宁人民出版社 2009 年版，第 443 页。
②　《新风扑面的政法工作部署》，载《瞭望》2013 年 1 月 12 日。
③　国务院：《国务院关于解决农民工问题的若干意见》（国发〔2006〕5 号），载 http://www.gov.cn/jrzg/2006－03/27/content_237644.htm.

民权待遇的具体规定。① 这样，地方就获得了落实国家农民工户籍改革政策，对"优秀农民工"进行界定的权力。但是，这种做法在实践中也产生了一些问题。② 因为这种做法的初衷在于使农民工中的优秀者入户城市，取得与市民同等的市民待遇，平等地分享城市资源。然而，一方面，这种做法是由农民工向市民的单向度趋近，而非向公民的趋近。这种初衷假设了一个前提，就是已经存在的市民权就是标准的、完整的公民权参照系。可问题在于这个已经存在的市民权并不等于公民权，这种市民权本身也存在许多尚未解决和完善的问题。在实践中，城市市民的公民权也未得到充分的保障，在市民群体中也会有底层群体。③ 另一方面，这种做法在农民工内部又进行了"优秀农民工"与"非优秀农民工"的再区分。也就是说，它又重新生产了"非优秀农民工"这一新的社会阶层和底层人群，造成了新的社会排斥。这时的社会排斥已经不仅是农民与市民之间的社会排斥，而且在农民工内部也产生了"优秀"与"非优秀"的区分与排斥现象，成为市民的农民工将会摒弃自身早期的农民身份和农民工身份，将自己从社会上现有的农民群体与农民工群体中区分出来。这样看来，要彻底解决农民工问题，关键并不在于从农民工中区分出一个"优秀农民工"群体，而在于取消这个生产农民工阶层的户籍区分制度。但是这样一种解决思路仍然存在问题。问题在于取消户籍制度解决的至多只能是农民工的市民权问题，而不是农民工的公民权问题。这正是问题的关键所在。实际上，对于农民工而言，以户籍制度为基础的城市市民权实际上是生产庶民和社会排斥的社会制度，而不是生产公民的社会制度。

二、公民权：农民工的身份承认与社会团结

现有的理论研究和实践中解决问题的方式都在不同程度上存在将农民争取

---

① 《2010 农民工城镇落户相关政策》，载 http：//www.66law.cn/laws/nmgczlh/nmgczl-hzc/.

② 例如广东省珠海市出台的《珠海市优秀农民工入户城镇实施办法》（2008）和《珠海市外来务工人员积分制入户实施办法》（2010）对于珠海市农民工的入户存在较为严格的知识和技能限制，连续工作和连续缴纳社会保险费的年限限制，年龄和性别限制以及户口迁入程序限制，这些限制使农民工较难取得珠海市户籍。参见《珠海市优秀农民工入户城镇实施办法》（珠劳社〔2008〕113 号），载 http：//gd.cnpension.net/shebao/zhuhai/zhengwu/715687.html；《珠海市外来务工人员积分制入户实施办法》（珠人社〔2010〕248 号），载 http：//www.zhrsj.gov.cn/zcfg/ldjy/ggjy/wlg/201108/t20110820_217763.html.

③ 王小章等人曾探讨过农民工与市民的公民权问题，参见王小章等：《走向承认：浙江省城市农民工公民权发展的社会学研究》，浙江大学出版社 2010 年版。

市民权（城市户籍）等同于农民争取公民权的问题。例如，美国学者苏黛瑞（Dorothy J. Solinger）在其代表作《在中国城市中争取公民权》就持这种看法："就像自由国家以居住资格来排斥外国移民的政治参与一样，中国的户口恰好起到了阻止流动农民在城市履行公民权的作用。""把进城的中国农民视同外国移民——非市民——完全符合所有文献有关公民权的看法。"① 毫无疑问，在认为户籍制度发挥了公民权的作用这一点上，苏黛瑞是极富创见的。但问题在于户籍制度指向的是市民权，而不是公民权。不能把市民权与市民待遇理解为一个国家的公民权。户籍制度发挥的只是类似于公民权的包容——排斥功能而已。问题的关键在于，在中国，市民权是不能直接等同于公民权的。生活在城市中的市民自身也存在向公民权迈进的问题。因此，笔者虽然同意王小章教授所认为的仅仅取消户籍制度并不能使农民工获得公民权和公民待遇的看法，但是并不能够认同他由此所得出的"根本就不存在一种标准的公民权"的结论。② 因为王小章教授得出的这个结论实际上是将公民权作为一种普遍、同质、平等的身份权利予以过分的解构了，这将导致农民工和市民的公民权发展均缺乏一个最起码的规范目标，即公民权的平等性和包容性。农民工问题的实质是阶层不平等问题，它依然属于现代公民权的平等范畴。阶层之间的不平等问题不能等同于平等主体之间的文化差异问题。公民主体可以被解构为文化上多元的平等主体，但是主体平等本身不能被解构。也就是说，平等和承认就是农民工所要求的标准的公民权形式，对于农民工而言，标准的公民权形式是存在的。

由以上的分析，我们可以看出，中国户籍制度确实构成了农民工在城市中取得市民权利的一个壁垒。但是，仅靠打破这一壁垒，农民工的公民权问题并不能完全得到解决。因为农民工的社会底层地位并没有因取消户籍制度而得到改变。户籍制度的改革"是'农民工'的终结，但绝不是'问题'的解决。农民工即使改变了户籍身份，获得了所谓的市民权，其实质性的意义可能也不大"。③ 这就是说，取消户籍制度改变的只是农民工的称谓，而不是社会排斥的实质。户籍制度作为一种人为的制度性歧视，当然要予以改革，但不能据此

---

① ［美］苏黛瑞：《在中国城市中争取公民权》，王春光、单丽卿译，浙江人民出版社 2009 年版，第 5～6 页。

② 王小章等：《走向承认：浙江省城市农民工公民权发展的社会学研究》，浙江大学出版社 2010 年版，第 17～18 页。

③ 王小章等：《走向承认：浙江省城市农民工公民权发展的社会学研究》，浙江大学出版社 2010 年版，第 22 页。

将农民工实现其公民权的过程转换为实现其市民权的过程。因为，在中国，市民权距离公民权仍然有一段很长的路要走。将实现农民工的市民权作为农民工权利的改进目标实际上只是一种延迟性的暂缓策略。这种策略很可能导致农民在实现公民权问题上总是步"市民"的后尘，即总是将成为"市民"作为争取权利的目标，而不是以成为"公民"作为争取权利的目标。那么，为什么农民工一定要将成为"公民"作为争取权利的目标呢？这就涉及问题的另一方面，即争取"公民权"比争取"市民权"更有利于使农民工权利得到保护。这是因为市民更多的具有一种国家内部的地方性的经济指向，而公民则是国家赋予成员的政治法律资格。这一资格能够使公民享有获取社会稀缺的政治资源、经济资源以及文化资源的权利。也就是说，在权利应享和资源获得方面，公民权将比市民权更加完整和充分，更有利于保障农民工的权利。而且，公民权更加注重公民之间的平等性和包容性。这种平等性和包容性源自公民彼此之间的承认。承认总是处于一定的社会关系之中。也就是说，承认具有社会性和相互性。除此之外，承认也暗含着主体之间的平等性。否则即为不平等的支配关系。承认也是一种对人对己的识别，即从"我"到"我们"的一种认识过程。承认本身不是目的，目的是经由身份承认和认同建立社会团结的关系。在现代社会，人与人之间以公民为身份符号，进行彼此识别，有利于建立一种平等基础上的团结关系。具体到农民工的问题论域，市民与农民工彼此的公民承认能够将农民工与市民共同包容进公民权的体系中，使他们能够以公民身份自我宣称与相互宣称。也就是说，农民工与市民能够在自我认同与相互认同的基础上达致社会团结，这也是农民工和市民所面临的共同的公民权承认问题。实际上，中国农民的公民权建构实际上是对农民要求公民身份与资源再分配的回应，并以此维护社会团结、创造社会信任，进而保卫"社会"的事业。

（载《广州大学学报（社会科学版）》2013 年第 11 期）

人权保障机制

论欧洲理事会的经济和
社会权利的集体申诉制度

郭曰君[*]　　杜　倩[**]

摘　要▶ 欧洲理事会的经济和社会权利的集体申诉制度是任择的，自1998 年建立以来富有成效地运转着。在这一申诉机制中，欧洲社会权利委员会处于核心地位，其审查程序公平、公正。欧洲理事会部长委员会对欧洲社会权利委员的报告的审议是程序性的，因其最后决议或建议对被申诉缔约国不具有法律约束力，导致效果的不均衡。申诉案件涉及的条款较为集中。这一制度是各缔约国经济和社会权利国内救济机制在国际法上的延伸，是国际人权理论和实践发展的结果，并将进一步推动经济和社会权利的国际救济机制的发展。

关键词▶《规定集体申诉制度的欧洲社会宪章附加议定书》；经济和社会权利；集体申诉制度；欧洲理事会；欧洲社会权利委员会

《规定集体申诉制度的欧洲社会宪章附加议定书》（以下简称《附加议定书》）自 1998 年 7 月 1 日生效以来，欧洲社会权利委员会富有成效地开展工作，欧洲理事会的经济和社会权利的集体申诉制度在救济受害人的权利、推动相关国家改进国内立法与实践、发展经济和社会权利法理方面发挥了积极作用。本文首先对欧洲理事会的经济和社会权利的集体申诉机制的由来与实践予以概述，然后着重分析其立法与实践的特点，最后作进一步的评析。

一、欧洲理事会的经济和社会权利的集体申诉机制的由来与实践

欧洲在经济和社会权利的区域性保护方面走在了世界的前列。早在《经济、社会和文化权利国际公约》（1966 年）通过的 5 年之前，欧洲理事会通过的《欧洲人权公约》（1950 年）的姊妹篇《欧洲社会宪章》（1961 年），就全

---

　 * 　郭曰君，华东理工大学法学院教授。

　** 　杜倩，华东理工大学法学院研究生。

面规定了欧洲人享有的经济和社会权利。《欧洲人权公约》规定了三种监督机制，即国家报告制度、个人申诉机制和国家间指控制度，与此相比，《欧洲社会宪章》仅规定了一种监督机制——国家报告机制，其监督机制显得非常薄弱。为强化其监督机制，欧洲理事会于 1995 年通过的《规定集体申诉制度的欧洲社会宪章附加议定书》（以下简称《附加议定书》），规定了适用于《欧洲社会宪章》规定的经济和社会权利的集体申诉制度。该《附加议定书》自 1998 年 7 月 1 日起生效。《欧洲社会宪章》（修改本）第四部分第 D 条进一步确认了集体申诉制度。①

　　1998 年 10 月 12 日，欧洲社会权利委员会受理了第一起申诉案。截至 2010 年 7 月 19 日，欧洲社会权利委员会已登记 61 件集体申诉。除塞浦路斯外，其他 13 个缔约国已被提起指控，其中，法国（21 件）、葡萄牙（11 件）和希腊（7 件）位列三甲。由于案件较少，没有积案，所以欧洲社会权利委员会和欧洲部长委员会的效率较高，除个别复杂案件外，一般在两年内能够结案。最新受理的第 61/2010 号申诉尚处于程序审查阶段；其他 60 件申诉均经过程序性审查，除 4 件（分别是 No.3/1999、No.28/2004、No.29/2005 和 No.36/2006）被裁定为不可接受的外，其他 56 件均被裁定为可接受的。第 44/2007 号申诉被裁定为可接受的，但因申诉者身陷破产程序无力继续参加该案后续程序，欧洲社会权利委员会决定将该案撤销。最近裁定为可接受的第 52 号、第 54 ~ 60 号共计 8 件申诉正处于实体审查阶段。经过实体审查的 47 个案件中，欧洲社会权利委员会裁定其 35 个案件中，被申诉的行为违反或部分违反了申诉人所引用的《欧洲社会权利宪章》（修订本或 1961 年版本）的相

---

　　① 1996 年 5 月 3 日，《欧洲社会宪章（修改本）》［European Social Charter（revised）］通过，1999 年 7 月 1 日起生效。截至 2010 年 3 月 30 日，共有 30 个欧洲理事会成员国家批准并对其生效，它们分别是：阿尔巴尼亚、安道尔、亚美尼亚、阿塞拜疆、比利时、保加利亚、波黑、塞浦路斯、爱沙尼亚、芬兰、法国、格鲁吉亚、匈牙利、爱尔兰、意大利、立陶宛、马耳他、摩尔多瓦、荷兰、黑山、挪威、葡萄牙、罗马尼亚、俄罗斯、塞尔维亚、斯洛伐克共和国、斯洛文尼亚、瑞典、土耳其、乌克兰。《欧洲社会宪章》（修正本）第 D 条集体申诉条款规定："1.《欧洲社会宪章》附加议定书规定的集体申诉制度的条款应适用于批准上述议定书的缔约国在本宪章中所作的保证。2. 任何不受《欧洲社会宪章》附加议定书规定的集体申诉制度约束的国家，在交存其批准、接受或赞同本宪章的文件时或在以后的任何时间，应向欧洲理事会秘书长寄交通知，声明其依上述议定书规定的程序接受本宪章义务的监督。"参见朱晓青：《欧洲人权法律保护机制研究》，法律出版社 2003 年版，第 345 页。Member States of the Council of Europe and the European Social Charter. http：//www. coe. int/t/dghl/monitoring/socialcharter/Presentation/Overview_ en. asp. 20010 – 8 – 16.

关条款；其余 12 个案件中，被申诉的行为不违反申诉人所引用的《欧洲社会宪章》的相关条款，欧洲社会权利委员会以报告的形式将全部案情提交部长委员会并送达当事各方，除第 32/2005 号、第 49/2008 号和第 53/2008 号申诉的全部案情报告外，欧洲理事会部长委员会都已作出相应的决议，并毫不例外地都采纳了欧洲社会权利委员会的报告，从而使这些申诉案件结案。①

二、欧洲理事会的经济和社会权利的集体申诉机制的立法与实践

欧洲理事会的经济和社会权利的集体申诉制度的立法和实践具有以下几个显著特点：

1. 集体申诉制度。根据申诉人不同，申诉机制可以分为个人申诉机制和集体申诉机制。在个人申诉机制中，个人和相关非政府组织均有权提起申诉。而集体申诉机制中，只有相关非政府组织才可提起申诉。

《附加议定书》规定的申诉制度为集体申诉制度。之所以采取集体申诉制度，很大程度受到了社团主义的影响。许多积极赞成通过国际申诉机制加强经济和社会权利的国际监督机制的学者对个人申诉机制持保留态度："应牢记的是，有些经济和社会权利或许不能整合于传统的个人申诉制度，可是经某种形式的集体申诉制度能够得到更好的保障。"② 从现实基础来讲，欧洲的社会发达，非政府组织数量众多，在人权领域活动积极，富有成效，足以担当经济和社会权利的集体申诉重任。根据《附加议定书》第 1 条的规定，有权提交集体申诉的组织包括：（1）1961 年《宪章》第 27 条第 2 款所指的国际雇主组织和工会组织；（2）在欧洲理事会享有咨商地位的国际非政府组织，以及为此目的而被政府委员会列入名单的组织；（3）申诉所针对的缔约国管辖范围内的雇主和工会的有代表性的国内组织。此外，根据《附加议定书》第 2 条的规定，任何缔约国可在向欧洲理事会秘书长提出的声明中宣布授权国内非政府组织提交针对它的申诉。到目前为止，只有芬兰于 1998 年作出了此种声明。③ 上述国际和国内非政府组织提出的集体申诉必须符合一定的条件，才能被认为

---

① Collective complaints' list and state of procedure. http：//www. coe. int/t/dghl/monitoring/socialcharter/Complaints/Complaints_ en. asp. 2010 - 8 - 16.

② ［挪］A. 艾德、［芬］C. 克罗斯、［比］A. 罗萨斯：《经济、社会和文化的权利》，黄列译，中国社会科学出版社 2003 年版，第 494 页。

③ List of declarations made with respect to treaty No. 158：Additional Protocol to the European Social Charter Providing for a System of Collective Complaints ［EB/OL］. ［2010 - 8 - 17］. http：//conventions. coe. int/Treaty/Commun/ListeDeclarations. asp？NT = 158&CV = 1&NA = &PO = 999&CN = 999&VL = 1&CM = 9&CL = ENG.

是可接受的：（1）它们所提出的申诉只能是与其被公认的特别胜任的事务有关的问题；（2）必须以书面形式提起申诉；（3）申诉的问题必须与被申诉缔约国接受的宪章条款有关；（4）必须说明被申诉缔约国在哪些方面未能确保有效实施这些条款。① 在上述 61 个案件中，先后有 30 多个非政府组织成为申诉人，其中有的非常活跃，多次对数个国家提起申诉，如欧洲罗马权利中心（ERRC）、欧洲警察工会理事会（CESP）、国际反酷刑组织（OMCT）、欧洲公共服务业雇员联合会（EUROFEDOP）。

2. 任择机制。人权国际申诉机制意味着国家主权受到一定的限制，所以一般为任择机制，是否接受相关人权机构的管辖由主权国家自主决定。联合国各人权公约规定的申诉机制均为任择机制。但也有一些申诉机制为强行性机制，如《国际劳工组织章程》和《美洲人权公约》规定的申诉机制是强行机制。《欧洲人权公约》规定的申诉机制为任择机制，在《欧洲人权公约（第11 议定书）》对欧洲人权法院进行改革之后，法院拥有了强制管辖权，这一申诉机制成为强行机制。《圣萨尔瓦多议定书》规定的经济、社会和文化权利申诉机制是任择性的，但在实践中已演变为对美洲国家组织所有成员国普遍适用的强行性机制。②

根据《附加议定书》第 13 条的规定，这一申诉制度为任择机制。截至2010 年 3 月 30 日，《附加议定书》已被 14 个国家批准并对其生效，它们分别是：比利时、保加利亚、克罗地亚、塞浦路斯、芬兰、法国、希腊、爱尔兰、意大利、荷兰、挪威、葡萄牙、斯洛文尼亚、瑞典，③ 仅占欧理会成员国的30%。这一情况说明，集体申诉制度被欧洲理事会各成员国全面接受并充分发挥其作用仍任重而道远。

3. 欧洲理事会的人权申诉机制是二元的，即欧洲人权法院负责公民和政治权利的申诉，欧洲社会权利委员会负责经济和社会权利的申诉。

---

① 参见《附加议定书》第 3～4 条。

② 在 2000—2006 年美洲国家间人权委员会年度报告中公布的 20 个报告中，12 个国家成为被申诉者，其中《圣萨尔瓦多议定书》的缔约国 8 个，分别是：秘鲁、萨尔瓦多、阿根廷、巴西、墨西哥、厄瓜多尔、哥斯达黎加和危地马拉；非《圣尔瓦多议定书》缔约国的《美洲人权公约》的缔约国 1 个，即委内瑞拉；非上述两公约的缔约国的其他美洲国家组织成员国 3 个，分别是伯利兹、加拿大、圭亚那。这说明，人权委员会的确全面行使了它对美洲国家组织所有成员国的管辖权，已经将经济、社会和文化权利的申诉机制由任择性机制发展为对美洲国家组织全体成员国具有普遍效力的强行性机制。

③ Member States of the Council of Europe and the European Social Charter. http：//www. coe. int/t/dghl/monitoring/socialcharter/Presentation/Overview_ en. asp. 20010－8－16.

《消除一切形式种族歧视公约》《保护所有迁徙工人及其家庭成员权利国际公约》《非洲人权和民族权宪章》全面规定了公民、政治、经济和社会权利，它们所规定的申诉机制既适用于对公民和政治权利的救济，也适用于对经济和社会权利的救济，由统一的人权机构负责全部申诉案件的审查。因此，这些申诉机制是一元的。《圣萨尔瓦多议定书》以准用性规范规定适用《美洲人权公约》所规定的申诉机制，由美洲人权委员会和美洲人权法院统一负责对所有申诉案件的审查和审理，因此，美洲国家组织的人权申诉机制也是一元的。

与上述一元的申诉机制不同，欧洲理事会的人权申诉机制是二元的。1951年《欧洲人权公约》规定由欧洲人权法院负责审理公民和政治权利的申诉案件。正如前文所述，这一申诉机制是个人申诉机制，经历了从任择机制到强行机制的转变。《附加议定书》并未模仿《圣萨尔瓦多议定书》的做法，而是在欧洲人权法院负责的公民和政治权利的个人申诉机制之外，建立了由欧洲社会权利委员会负责的经济和社会权利的集体申诉机制。根据《欧洲社会宪章》的规定，欧洲社会权利委员会是一个独立专家委员会，现由13名委员组成。委员会委员由部长委员会从各缔约国提名的具有崇高的道义地位和在国际社会问题方面具有公认能力的独立专家的名单中指定，任期6年，可以连任一次。

4. 欧洲社会权利委员会负责对申诉的审查，在这一申诉机制中处于核心地位，其审查程序公平、公正。欧洲社会权利委员会的审查分为形式审查和实体审查两个阶段。欧洲理事会秘书长收到申诉后应将它通知被申诉缔约国，并立即转送欧洲社会权利委员会。① 欧洲社会权利委员会首先依据上述标准决定申诉的可接受性。为了审查申诉的可接受性，委员会有权要求被申诉缔约国和提出申诉的组织在它规定的时限内提交有关申诉可接受性的书面信息或报告。② 如果委员会决定申诉为可接受的，将对申诉进一步作实质性审查。与《国际劳工组织宪章》规定的申诉机制相比较，《附加议定书》规定的申诉制度更加注重申诉组织以及其他有关非政府组织在申诉程序的作用，申诉组织与被申诉的缔约国处于较为平等的地位。在欧洲社会权利委员会对申诉进行实质性审查时，被申诉缔约国和提出申诉的组织有权应委员会的要求或主动在委员会规定的时限内，提交有关书面解释、信息或报告。而且，如果一项申诉由一个国内雇主组织或工会组织提出，或由其他一个国内或国际非政府组织提出，委员会应当通过秘书长通知《宪章》第27条第2款所规定的国际雇主组织或

---

① 参见《附加议定书》第5条。
② 参见《附加议定书》第6条。

工会组织，邀请他们在其规定的时限内提交报告。这些规定和做法较为充分地体现了《附加议定书》前言中规定的"强化资方、劳方以及非政府组织参与"集体申诉程序的宗旨。尤为突出的是，《附加议定书》第 7 条第 4 款规定，在审议申诉过程中，委员会可以与当事各方的代表组织听证会，使审议程序更为规范化，使申诉组织和被申诉的缔约国有更为充分的机会向委员会提交进一步的信息、资料和报告，进行质证；也使委员会能够更为充分地对事实进行调查，以保证审议的公平、公正，为委员会最后作出有说服力的结论的报告奠定了坚实的基础。实质性审查程序结束之后，委员会应当拟定一份报告。报告应说明审议申诉所采取的步骤，并提出关于被申诉缔约国是否充分确保了申诉所涉及的宪章条款实施的结论。

5. 欧洲理事会部长委员会对欧洲社会权利委员的报告的审议是程序性的，旨在通过一项决议以结束程序。欧洲社会权利委员会的报告应提交部长委员会。在欧洲社会权利委员会的报告的基础上，部长委员会应以投票者的多数通过一项决议。如果欧洲社会权利委员会发现宪章未以适当的方式被实施，部长委员会应以投票者的 2/3 多数通过一项针对被申诉的缔约国的建议。如果欧洲社会权利委员会的报告提出了新问题，应被申诉缔约国的请求，部长委员会可以决定与政府委员会协商。①

6. 申诉案件涉及的《欧洲社会宪章》的条款已达到《欧洲社会宪章》及其修订本第二部分规定的条款的 7/10 左右，并主要集中在组织权、集体谈判权、罢工权条款和《欧洲社会宪章》（修订本）第 E 条（非歧视）。欧洲社会权利委员会实体报告中确认被违反的条款占申诉人指控违反条款的 1/2 左右。② 随着申诉案件的增多，将会有更多的条款被激活。

7. 欧洲理事会部长委员会的最后决议或建议对被申诉缔约国不具有法律约束力，是否采纳部长委员会的最后决议或建议，完全寄于被申诉缔约国。为监督缔约国采纳上述决议或建议，《附加议定书》第 10 条规定，被申诉缔约国在下次提交秘书长定期报告中，应当就实行部长委员会的建议所采取的措施提供信息。但是，报告机制的监督作用是有限的，因此，集体申诉制度的效力和作用的大小仍然主要取决于缔约国的政治意愿和国际社会的压力。

各国对部长委员会的决议和建议的态度不完全一样。葡萄牙、瑞典、爱尔兰和比利时等国家态度很积极，通过修改法律，使其国内法与宪章相一致。法

---

① 参见《附加议定书》第 9 条。

② Member States of the Council of Europe and the European Social Charter. http：// www. coe. int/t/dghl/monitoring/socialcharter/Presentation/Overview_ en. asp. 20010 – 8 – 16.

国、意大利和芬兰等国态度极为消极，对部长委员会的决议和建议置之不理。希腊的态度介于前两类情况之间。①

三、对欧洲理事会的经济和社会权利的集体申诉机制的评析

欧洲理事会的经济和社会权利的集体申诉机制的建立和实践是人权国际保护的理论和实践发展的结果，是经济和社会权利区域性救济机制的重要发展，并将进一步推动经济和社会权利国际救济机制的发展。

1. 欧洲理事会的经济和社会权利的申诉机制是各缔约国经济和社会权利的国内救济制度在国际法上的延伸。欧洲各国比较重视对经济和社会权利的保障。西欧各国的福利国家制度非常发达，其公民享有较充分的经济和社会权利，并具有较完善的权利救济机制。东欧前社会主义国家曾以具有真正而全面的"苏维埃"福利模式而自豪，"苏东"剧变后，这种模式急剧的崩溃了。但为了增强其政权的合法性，东欧各国都在其新宪法中全面规定了经济和社会权利，并建立起较为完备的权利救济机制。这就为欧洲理事会建立经济和社会权利的集体申诉机制奠定了较为坚实的国内法基础。在前述《附加议定书》已对其生效的 14 个缔约国中，既有诸如比利时、芬兰、荷兰、挪威、瑞典等社会民主主义体制的福利国家，也有诸如法国、希腊、爱尔兰、意大利、葡萄牙、塞浦路斯等合作主义体制的福利国家，还有保加利亚、克罗地亚、斯洛文尼亚等转型国家，他们的经济和社会权利发展水平不尽相同，但各国都比较重视权利救济机制。

2. 欧洲理事会的经济和社会权利的申诉机制是在国际人权学界的推动下建立起来的。20 世纪 50 年代至 80 年代初，"权利二分法"理论占据着主流地位，导致联合国、美洲国家组织、欧洲理事会三个重要的国际组织将本应统一的人权公约一分为二，分别制定公民与政治权利公约和经济与社会权利公约，并导致经济和社会权利公约的监督机制的薄弱。此后几十年的理论和实践的发展证明，"权利二分法"理论是夸大其词、似是而非的。"公民和政治权利"与"经济、社会和文化权利"两者相互依存的理论始终得到广泛的支持，并在国际人权文件中得到了明显的反映。《世界人权宣言》明确确认了这两类权利，并把它们置于平等的地位。1968 年国际人权会议通过的《德黑兰宣言》强调两类人权"不容分割"。1977 年联合国大会通过的《关于人权新概念的决议案》强调"一切人权和基本自由都是相互关联和不可分割的"。1993 年世界

---

① 郭曰君、吕铁贞：《经济和社会国际救济机制述评》，载《环球法律评论》2008 年第 5 期。

人权大会通过的《维也纳宣言和行动纲领》庄严宣布："所有人权都是普遍、不可分割、相互依存和相互联系的"，并要求"国际社会必须站在同样的地位上，用同样的眼光，以公平、平等的方式全面看待人权"。基于这种认识，《消除一切形式种族歧视公约》（1966 年）、《消除对妇女一切形式歧视公约》（1980 年）、《儿童权利公约》（1989 年）、《保护所有迁徙工人及其家庭成员权利国际公约》（1990 年）、《残疾人权利国际公约》（2006 年）都在单一的人权公约中对人权予以全面规定。20 世纪 80 年代以来，由亨利·苏（Henry Shue）较早提出，被菲利普·阿尔斯通（Phillip Alston）和阿斯布佐恩·艾德（Asbjørn Eide）接受并广为传播的"义务层次论"认为，无论是哪种权利，与其相对应的国家所负有的具体义务都可以划分为三个层次：尊重的义务、保护的义务和实现的义务。①②③ "义务层次论"最终被国际人权学界普遍接受，④并被经济、社会和文化权利委员会在其通过的关于"取得足够的食物的权利"的第 12 号一般评论首次采用⑤，并在以后的一般评论中多次采用。正是在"相互依存论"和"义务层次论"的推动下，《附加议定书》获得通过并生效，欧洲理事会建立了经济和社会权利的集体申诉机制，并有效地运转着。

3. 欧洲理事会的经济和社会权利的申诉机制的建立受到了联合国人权事务委员会特别是欧洲人权法院创造的一体化方法（integrated approach）的一定影响。

欧洲既是近代人权的起源地，也是市民社会、市场经济、民主政治和理性文化最为发达，发展程度最为接近，一体化程度最高的地区。"二战"后，欧洲各国高度重视人权保障。但受"权利二分法"理论的影响较深，《欧洲社会宪章》制定之初并未规定救济机制。"冷战"结束以及经济和社会权利的法律

---

① ［挪威］A. 艾德、［芬］C. 克罗斯、［比］A. 罗萨斯：《经济、社会和文化的权利》，黄列译，中国社会科学出版社 2003 年版，第 494 页。

② Philip Alston & Asbjørn Eide. Food as Human rights ［M］, Tokyo：UN University, 1984.

③ ［瑞典］格德门德尔·阿尔弗雷德松、［挪威］阿斯布佐恩·艾德编：《世界人权宣言：努力实现的共同标准》，中国人权研究会译，四川人民出版社 1999 年版。

④ 1998 年，30 多位国际人权法学专家汇聚马斯特里特，就违反经济、社会和文化权利的性质和范围以及适当的应对和救济，阐释《关于实施〈经济、社会和文化权利国际公约〉的林堡原则》，达成了《关于违反经济、社会和文化权利的马斯特里特指导准则》，该准则第二部分完全接受了"义务层次论"，"与公民和政治权利相同，经济、社会和文化权利也规定了缔约国的三种不同类型的义务：尊重的义务、保护的义务和实现的义务。未能履行此三种义务的任何一种均构成对此类权利的违反"。

⑤ E/C. 12/1999/5. Economic, Social and Cultural Rights Committee, General Comment 12.

性质在欧洲得到普遍承认，为欧洲建立经济和社会权利的区域化救济机制扫清了意识形态的障碍。

自20世纪80年代中后期以来，联合国人权事务委员会特别是欧洲人权法院在一些案件中发展出通过"公民和政治权利"诸人权公约保护经济和社会权利的一体化方法。① 但是，一体化方法的缺陷是明显的。其一，一体化方法需要在公民和政治权利的名义下间接救济经济、社会和文化权利。往往需要一系列复杂的理论论证，外行只能大呼高深。其二，一体化方法的实践目前主要限于社会保障权、住房权等少数几种权利，进一步扩展到其他权利尚需时日。更为困难的是，某些经济、社会和文化权利可能很难通过一体化的方法实现救济，只能徒呼奈何。一体化方法所取得的成就及其固有的局限，促使欧洲理事会通过立法的方法建立适用于《欧洲社会宪章》规定的全部经济和社会权利的申诉机制。

4. 欧洲理事会的经济和社会权利的申诉机制受到了其他全球性和区域性经济和社会权利的国际救济机制的启发，并将进一步推动经济和社会权利的国际救济机制的发展。

欧洲理事会建立起经济和社会权利的集体申诉制度之前，国际劳工组织的集体申诉制度，特别是"二战"后建立的结社自由特别救济机制在经济和社会权利方面有着丰富而成功的实践。根据《消除一切形式种族歧视公约》和《非洲人权和民族权宪章》分别建立的申诉机制的实践虽然比较贫乏，但在经济和社会权利的救济方面也并非毫无作为。② 《美洲人权公约经济、社会和文化权利领域的附加议定书》（《圣萨尔瓦多议定书》）（1988年）和《保护所有

---

① ［挪威］A. 艾德、［芬］C. 克罗斯、［比利时］A. 罗萨斯：《经济、社会和文化的权利》，黄列译，中国社会科学出版社2003年版，第34～42页。

② 1996年提交非洲人权和民族权利委员会的"奥戈尼人民代表诉尼日利亚政府"一案中，该委员会审议了一项来文。奥戈尼人民代表在来文中称由于尼日利亚政府通过全国石油公司所做的行为，他们的一些基本权利受到侵犯。全国石油公司是与壳牌石油公司合资的财团的多数股东。法院裁定，政府没有采取措施，保护当地居民和避免考虑欠妥和破坏性军事行为以及对环境有害的行为，结果侵犯了一些人权，特别是健康权、干净环境权、所有人民自由支配其财富和自然资源的权利、财产权、保护家庭权、住房权、食物权和生命权以及人格完整权。（参见 E/CN. 4/2003/53，第40段）。截至2004年，《消除一切形式种族歧视公约》的169个缔约国中有43个国家接受消除种族歧视委员会受理个人申诉的权限，其中大多数为欧洲理事会的成员国。委员会只收到33份来文，而且若干案情涉及经济、社会和文化权利，诸如在获得住房和就业以及出入公共场所等方面的歧视。（参见 E/CN. 4/2004/44，第44段）。

迁徙工人及其家庭成员权利国际公约》（1990 年）虽然直到 1999 年和 2003 年才分别生效，但他们都分别规定了个人申诉适用于对经济和社会权利的救济。这些都为欧洲理事会制定《附加议定书》，建立欧洲的经济和社会权利的集体申诉制度提供了借鉴。

欧洲理事会的经济和社会权利的集体申诉机制以及其他全球性和区域性经济和社会权利的申诉机制的成功实践进一步推动了《〈经济、社会和文化权利国际公约〉任择议定书》的起草工作。国际社会经过 15 年的努力，2008 年 12 月 10 日联合国大会通过了《〈经济、社会和文化权利国际公约〉任择议定书》① 并于 2009 年 9 月 24 日开放签字，它将在获得十个国家批准后生效。该《任择议定书》规定了经济、社会和文化权利的申诉机制、国家间指控机制和调查机制。一旦这一任择议定书通过并生效，《经济、社会和文化权利国际公约》的实施机制将发生根本性变革。

（载《广州大学学报（社会科学版）》2012 年第 1 期）

---

① A/RES/63/117，on 10 December 2008，Optional Protocol to International Covenant on E-conomic，Social and Cultural Rights. http：//www2. ohchr. org/english/bodies/cescr/docs/A - RES - 63 - 117. pdf. 2010 - 8 - 17.

制定及实施国家人权行动计划的国际法依据

毛俊响* 杨逢柱**

摘 要▶ 国家人权行动计划不仅是中国政府促进和保障人权的政策文件，也是中国履行其所承担的国际人权义务的具体表现。制定和实施国家人权行动计划在形式上和内容上都具备坚实的国际法依据。

关键词▶ 国家人权行动计划；国际法；法律依据

为响应联合国关于制定国家人权行动计划的倡议，2009 年 4 月 13 日，经国务院批准，国务院新闻办公室发表了《国家人权行动计划（2009—2010年)》，明确了 2009—2010 年中国政府在促进和保护人权方面的工作目标和具体措施。目前，《国家人权行动计划（2009—2010 年)》的目标任务已经全面完成，新一期的《国家人权行动计划（2012—2015 年)》正在制定之中。本文旨在阐释制定和实施国家人权行动计划的国际法依据，以更好地促进我国人权事业的发展。

一、国家人权行动计划所涉内容的国际法依据

《国家人权行动计划（2009—2010 年)》从"经济、社会和文化权利保障"、"公民权利与政治权利保障"、"少数民族、妇女、儿童、老年人和残疾人的权利保障"、"人权教育"和"国际人权义务的履行及国际人权领域交流与合作"五个方面展开，设定了国家在未来两年内保障经济、社会和文化权利和公民权利与政治权利的具体计划、步骤和目标。《国家人权行动计划（2010—2015 年)》的内容尚未公布，但是，根据国务院新闻办主任王晨透露，新一期的国家人权行动计划主要内容将包括经济、社会和文化权利保障，公民权利与政治权利保障，少数民族、妇女、儿童、老年人和残疾人的权利保障，

---

* 毛俊响，中南大学法学院副教授。

** 杨逢柱，北京中医药大学法律系副教授。

人权教育，国际人权义务的履行及国际人权领域交流与合作等。① 因此，从其内容和体例上看，新旧国家人权行动计划应该没有较大变化。从国际法的角度来看，新旧国家人权行动计划（将要）列举的实体权利与中国参加的国际人权条约所承认的权利存在对应关系，基本上囊括了中国承担的国际人权法上的实体义务和程序义务。

第一，新旧国家人权行动计划从多个方面②规定了经济、社会和文化权利保障的措施和目标。保障上述权利不仅是相关国内人权保障法律、法规的要求，也是中国所参加的国际人权条约的基本要求，如《经济、社会和文化权利国际公约》、《男女同工同酬公约》以及《就业政策公约》。作为上述人权公约的缔约国，中国有承担保障工作权、社会保障权、适当生活水准权、健康权、受教育权、文化权利的义务；③ 有以适当方法促进对一切工人实行男女工人同工同酬的义务；④ 有宣布和推行一种旨在促进充分就业、生产性就业和自由选择职业的积极政策的义务。⑤ 这些义务基本上都以阶段性目标的形式反映在国家人权行动计划之中。从内容和逻辑联系上讲，相关国际人权条约实体权利条款与国家人权行动计划中的权利保障措施之间是抽象与具体、目标与步骤的关系。一方面。国家人权行动计划中各项经济、社会和文化权利的保障措施是对国际人权条约相关实体权利和义务条款的具体化；另一方面，国际人权条约所规定是一种应然状态下的各项权利，是缔约国人权保障事业过程中持续奋斗的目标，而国家人权行动计划则是实现这种应然目标过程中的阶段性步骤。

第二，新旧国家人权行动计划中关于对公民权利和政治权利的保障义务来源于中国签署或批准的许多国际人权条约。在公民权利和政治权利方面，中国已经于 1998 年 10 月 5 日签署了《公民权利和政治权利国际公约》，该公约规定了多项公民权利和政治权利。⑥ 尽管中国尚未履行批准程序，该公约还不能

---

① 王晨：《制定新一期〈国家人权行动计划（2012—2015 年）〉意义重大》，载 http://news.xinhuanet.com/politics/2011 – 09/28/c_ 122103151.htm，2011 年 11 月 30 日。

② 例如，《国家人权行动计划（2009—2010 年）》列举了工作权利、基本生活水准权利、社会保障权利、健康权利、受教育权利、文化权利、环境权利、农民权益的保障、四川汶川特大地震灾后重建中的人权保障 9 个方面权利。

③ 《经济、社会和文化权利国际公约》第 6 条至第 15 条。

④ 《男女同工同酬公约》第 2 条。

⑤ 《就业政策公约》第 1 条。

⑥ 例如，生命权，禁止酷刑，禁止奴役，人身自由与安全权，所有被剥夺自由的人均应得到人道待遇，禁止债务原因而被监禁，迁徙自由，公正审判权，思想、良心和宗教自由，主张、表达和信息自由以及政治权利等。

对中国产生法律约束力，但是依据《维也纳条约法公约》第 18 条规定之精神，在该公约对中国生效前，中国不得采取任何妨碍该公约目的和宗旨的行为。并且，中国政府已经在各种场合①和《国家人权行动计划（2009—2010年）》中承诺，将继续进行立法和司法、行政改革，使国内法更好地与《公民权利和政治权利国际公约》规定相衔接，为尽早批约创造条件。另外，中国还加入了《禁止酷刑和其他残忍、不人道或有辱人格的待遇或处罚公约》，作为公约缔约国，中国应采取有效的立法、行政、司法或其他措施，防止在其管辖的任何领土内出现酷刑行为。总之，新国家人权行动计划中强调予以保障的人身权利、被羁押者的权利、获得公正审判的权利、宗教信仰自由、知情权、参与权、表达权、监督权等与上述国际人权条约实体权利条款之间存在对应关系。

第三，新旧国家人权行动计划对于少数民族、妇女、儿童、老年人和残疾人等特殊群体的权利保障，也可以从中国批准的诸多国际人权条约中找到国际法依据。鉴于《经济、社会和文化权利国际公约》各条款充分适用于社会的所有成员，显然，少数民族、妇女、儿童、老年人和残疾人也有权充分享受该公约承认的一系列经济、社会和文化权利。同时，该《公约》第 10 条还特别强调，对母亲、儿童的经济、社会和文化权利的保障。另外，中国参加了《儿童权利公约》、《残疾人权利公约》、《消除对妇女一切形式歧视公约》等专门性国际人权条约，当然承担了采取一切措施保障儿童权利、残疾人权利以及妇女权利的义务。

第四，新旧国家人权行动计划也突出强调了国际人权条约所规定的人权教育和国际人权合作的义务。人权教育既是一项个人权利（受教育权），又是一项国家义务。就其权利属性而言，它主要体现在《经济、社会和文化权利国际公约》第 13 条中。该条规定："本公约缔约各国承认，人人有受教育的权利。"就其作为国家义务而言，人权教育被国际人权条约认定为实现基本人权的方法与措施之一。例如，《经济、社会和文化权利国际公约》第 2 条规定：每一缔约国家……采取步骤，以便用一切适当方法，尤其包括用立法方法，逐渐达到本公约中所承认的权利的充分实现。国家实现经济、社会和文化权利的措施当然包括，但不仅限于行政、财务、教育和社会措施。中国所参加的

①　2005 年 9 月，中国在《第八次中欧领导人会晤联合声明》中承诺尽早批准《公民权利和政治权利国际公约》。2009 年 5 月，中国在人权理事会普遍定期审查工作组通过的中国报告审议结果中再次声明，接受瑞典、阿根廷等国家的建议，创造条件加快批准《公民权利和政治权利国际公约》。

《消除一切形式歧视国际公约》第 7 条、《消除对妇女一切形式歧视公约》第 10 条、《儿童权利公约》第 17 条都直接或间接强调了国家推行人权教育的义务。

人权领域的国际合作由来已久，也具备深厚的规范基础。《联合国宪章》第 1 条第 3 款开宗明义地宣布："促进国际合作，以解决国际间属于经济、社会、文化及人类福利性质之国际问题，且不分种族、性别、语言或宗教，增进并激励对于全体人类之人权及基本自由之尊重。"《经济、社会和文化权利国际公约》第 2 条第 1 款规定，缔约国应尽最大能力采取步骤，或经由国际援助和合作，特别是经济和技术方面的援助与合作，来逐步实现公约所承认的各项权利。自此之后，国际合作或以义务的方式，或以原则的方式出现在国际人权文书中。作为联合国会员国、《经济、社会和文化权利国际公约》等国际人权条约的缔约国，中国当然有义务参加人权领域的国际合作。

二、制定国家人权行动计划的国际法依据

就中国而言，通过制定国家人权行动计划的方式明确国家在保障人权方面的阶段性目标和具体步骤，不仅仅是一种政策宣示，从而只具备道德上的约束力，它还是国家履行其所承担的国际人权条约义务的重要形式。制定《国家人权行动计划》既是遵行条约必须信守（pacta sunt servanda）这一习惯国际法规则的内在要求，也是从中国签署、批准或加入的国际人权条约义务条款所推导出来的结果，还是中国政府积极回应国际人权机构基本要求或世界人权会议基本精神的具体表现。

（一）条约必须信守是制定和实施国家人权行动计划的习惯国际法依据

条约必须信守是指，一个合法缔结的条约，在其有效期内，当事国有善意履行的义务。条约必须信守是一条古老的法律格言或法律信条，具有悠久的历史，可以上溯到远古。近代以来，条约必须信守还屡次得到国际判例和仲裁裁决的确认。如常设国际仲裁院在 1910 年 9 月 7 日对英美北大西洋渔业案的仲裁裁决中宣告：任何国家都有义务善意履行由条约产生的义务，并且由于国际法上存在遵守条约义务的惯常制裁而被促使履行这些义务。① 可以说，经过不同历史时期国家或国际组织的反复实践和法律确信，条约必须信守已经发展成为一项习惯国际法规则。1969 年《维也纳条约法公约》第 26 条将此习惯法规则确立为条约法的一项重要原则，明确规定："凡现行有效的条约对各当事方

① 李浩培：《条约法概论》，法律出版社 2003 年版，第 273 页。

均有拘束力，必须由其善意履行"。

条约必须信守要求国家必须善意履行所承担的有效国际法义务，而不得以国内法的规定为由不履行条约的义务或国际法上的义务。善意履行，不仅意味着善意解释条约义务，还意味着国家应该采取各项积极措施来履行其所承担的义务。就人权国际保障而言，条约必须信守要求，国家应该采取各种有利于实现其所管辖下的个人的人权和基本自由的措施，以履行其所承担的国际人权义务。

从国际法与国内法关系的角度来看，条约必须信守只要求国家善意履行义务，而如何善意履行国家所承担的国际人权条约下的义务，则是各国根据本国国内法以及本国的实际情况自主选择或决定的事情。尊重、保护和实现人权，对任何国家而言都是一项系统性工程，绝非一蹴而就，这一点在需要国家投入资源以逐步实现经济、社会和文化权利方面表现得最为明显。在人权保障事业中，经济发展、资源投入、政策制定与制度建设的过程与实现基本人权的结果同等重要。经历过程是为了实现结果，而结果的实现离不开逐步采取措施的过程。国家人权行动计划阐明了国家在保障人权方面的阶段性目标，这本身就是过程与结果的结合。国家为了充分实现人权和基本自由，需要从经济资源配置、政治制度安排、立法、行政与司法等多个方面来进行。在这个过程中，国家就必须采取具体步骤，逐步实现阶段性进步，最终达到充分实现人权和基本自由的最终目标。与此同时，国家制定阶段性的人权行动计划，向国际、国内社会宣示国家所承担的义务以及要实现的量化目标，体现了国家履行国际人权义务的善意与决心。毕竟，公开人权行动计划，实际上就是将国家行为置于国内国际舆论的监督之下，它因此成为评估国家是否实现行动计划中的承诺、真正推行人权保障事业的重要依据。

（二）国际人权条约是制定和实施国家人权行动计划的协定国际法依据

制定并实施国家人权行动计划既是条约必须信守这一习惯国际法规则的要求，也是国家所参加的国际人权条约义务条款的要求。

《世界人权宣言》在序言中强调，每一个人和社会机构要经常铭记宣言，努力通过教诲和教育促进对权利和自由的尊重，并通过国家的和国际的渐进措施，使这些权利和自由在各会员国本身人民及其管辖下领土的人民中得到普遍和有效的承认和遵行。可见，作为一份道德性文件，《世界人权宣言》不仅要求尊重个人的尊严和自由，也要求在所有层次为实现普遍享有人权作不懈的努力，① 这其中当然包括国内措施，如制定人权政策、人权行动计划或通过保障人权的立法，改进行政措施以充分实现人权，完善司法制度为权利遭到侵犯的个人提供救济，等等。

《经济、社会和文化权利国际公约》是将《世界人权宣言》中经济、社会和文化权利法律化和国家义务具体化的重要文件。该公约第2条规定："每一缔约国应尽最大能力个别采取步骤，……以便用一切适当方法，尤其包括用立法方法，逐渐达到本公约中所承认的权利的充分实现。"现在普遍认为，该公约第2条所规定的义务，既包括行为义务，也包括结果义务。② 一方面，"一切适当方法"，特别包括立法方法和司法方法。但是，仅凭立法和司法是显然不够的，通过立法措施以确认对人权的保障并不是缔约国义务的终点。国家必须明确在实现各项权利的具体方面什么是自己最适当的方法，这包括行政、财政、教育和社会措施等政策方法。就制定政策以确定采取何种步骤以实现人权而言，政策必须周密、具体，以尽可能明确地履行公约义务的目标。另一方面，"逐步实现"表明，在短时期内一般无法充分实现经济、社会和文化权利，反映了当今世界的现实和任何国家争取充分实现经济、社会和文化权利面临的困难。但是，即使如此，缔约国绝不能因为资源有限而减损监测已经实现的和尚未实现的经济、社会和文化权利的程度的义务以及制订促进权利的战略和方案的义务。此外，经济、社会和文化权利委员会还认为，该公约第2条的"采取步骤……以便用一切适当方法"的义务本质上包含"制定并通过详细的行动计划，以逐渐执行"该条约中所载的每项权利的类似义务。③

事实上，制定详细的人权行动计划并不仅仅是《经济、社会和文化权利国际公约》第2条的内在要求，该公约其他实体权利条款也明确要求缔约国制定人权行动计划，以保障权利的逐步实现。例如，《经济、社会和文化权利国际公约》第14条（初等教育权）明确规定："本公约任何缔约国在参加本公约时尚未能在其宗主领土或其他在其管辖下的领土实施免费的、义务性的初等教育者，承担在两年之内制定和采取一个逐步实行的详细的行动计划，其中规定在合理的年限内实现一切人均得受免费的义务性教育的原则。"此外，还

① ［瑞典］格德门德尔·阿尔弗雷德松、［挪威］阿斯布佐恩·艾德：《〈世界人权宣言〉：努力实现的共同标准》，中国人权研究会组织翻译，四川人民出版社2000年版，第6页。

② Matthew C. R. Craven, The International Covenant on Economic, Social, and Cultural Rights: a perspective on its development, Oxford University Press, 1995, p. 107.

③ 经济、社会和文化权利委员会：《第1号一般性意见》，UN Doc E/1989/22.

有一些条款也间接提及制定行动计划。如《经济、社会和文化权利国际公约》第 10 条（适当生活水准权）要求，缔约各国个别采取必要的措施或经由国际合作采取必要的措施，包括具体的计划在内，以改进粮食的生产、保存及分配方法，保证世界粮食供应会按照需要、公平分配。

除了《经济、社会和文化权利国际公约》之外，中国签署或批准的其他国际人权条约也强调，缔约国应该采取包括立法、司法在内的各种措施，以实现公约所承认的各项权利。如《公民权利和政治权利国际公约》第 2 条第 2 款、《禁止酷刑和其他残忍、不人道或有辱人格的待遇或处罚公约》第 2 条第 1 款。《消除对妇女一切形式歧视公约》则通篇强调采取一切适当方法或适当措施，推行政策，消除对妇女的歧视。

国家人权行动计划本身属于上述公约中"一切适当方法"或"适当措施"的一部分。从其内容来看，它提出了具体的阶段性目标或人权的阶段性实现层次，尤其是设定了许多具体数据，以便公众能够评价国家在特定人权领域的工作进度。整个过程就是在国家层面建立和完善有效的国家机制、机构和程序，以制定新政策并有效地执行保障与实现权利的战略计划和具体措施。

之所以将国家人权行动计划作为缔约国履行国际人权条约义务的重要形式，主要是因为，国家人权行动计划集中展示了国家在人权保障事业方面的政治决心和支持力度，体现了透明性、参与性、行动导向、阶段性以及对是否完成目标的评估与监督等特性。因此，制定并实施国家人权行动计划，意在公开国家对保障基本人权的具体承诺，是国家在保障人权方面阶段性义务的具体化，它有利于增强国家在人权领域公共政策制定与实施的透明度，鼓励社会主体参与人权保障事业。这既是国家在保障人权事业方面的一种自我约束，也是国家将国际人权义务转化为自我行动并接受社会评估与监督的一种方式。同时，制定并实施阶段性的国家人权行动计划本身也意味着，国家充分考虑到了在实现人权和基本自由过程中遇到的潜在困难以及随之而来的履行过程的长期性、艰巨性。从这个角度来讲，国家人权行动计划体现了国家履行国际人权义务的善意，展现了国家对社会各阶层的一种义务担当和承诺。

（三）国际人权监督机构的建议是制定国家人权行动计划的软法依据

国家人权行动计划这一概念源自 1993 年维也纳联合国世界人权会议。维也纳世界人权会议系统评估了 1948 年《世界人权宣言》通过以来国际人权保障事业的发展进程，审视了现行的人权哲学基础、概念和人权保障机制等问题，指出了国际人权事业未来发展的障碍因素并提出了一份建设性的行动纲领。在《维也纳宣言和行动纲领》中，世界人权会议建议每个会员国考虑拟定国家行动计划，明确该国为促进和保护人权所应采取的步骤。维也纳世界人权会议召开之后，截至目前已经有澳大利亚、瑞典、巴西等 29 个国家发布了国家人权行动计划。

众所周知，来自国际社会的外部力量的劝说或压力可能影响一国政府行为，但提升政府人权保障事业的效果不能仅仅依靠外部力量。一国国内人权事业的持续发展最终依赖于各国政府和人民采取具体行动以实现积极地改变。人权状况的提升，需要采用包含立法、司法和行政以及社会措施等在内的综合性方法。与此同时，资源和政治意愿也是决定性因素。为此，作为国家层面的意志，国家人权行动计划设定资源配置方案和阶段性目标，是国家资源和政治意愿的具体体现。

在联合国人权事务高级专员办公室编纂的《国家人权行动计划手册》中，国家人权行动计划的目的和好处被归纳为如下几点：[1] 第一，国家人权行动计划是在对一国人权状况的整体性评估的基础上作出的，将该计划公之于众，从而形成政府对将来目标的一种承诺。第二，国家人权行动计划以实践为导向，它旨在设定可预期获得的目标。第三，国家人权行动计划被视为是一种公共行政和治理的工具，可以促进法治、提升国家管理和经济发展水平以及公民权利，通过鼓励创造一种宽容、和谐和多元社会中的共同目标来提升国家凝聚力，通过在教育、健康、住房、食物营养、社会服务和公正行政领域的项目实施来全面提升生活质量，减少长期影响国家和民众的灾难性的动荡和冲突的风险。第四，国家人权行动计划需要发动民众和社会组织广泛从事人权行动，这有利于提升政府和社会的人权意识。第五，国家人权行动计划采用综合性的方法，更有可能确保对妇女、儿童、少数人或土著人等弱势群体人权的关注。第六，国家人权行动计划能够动员国内和国际资源，包括联合国和其他技术合作项目，为国家提供相关资源和实现人权目标所需要的培训和专家。第七，国家人权行动计划采取更加建设性的方法吸收各方面的社会主体参与人权事业，以一种非对抗的方法来处理人权问题。

也许正是基于此种考虑，一些国际人权机构不断在各种场合建议各国发布国家人权行动计划。经济、社会和文化权利委员会在 2005 年审议中国报告时，就建议中国通过一项国家人权行动计划，并在下次定期报告中报告该计划在中国促进和保护经济、社会、文化权利的情况。儿童权利委员会也在 2005 年审议中国报告时，特别赞赏中国拟定了保护儿童的第二个国家行动计划——《中国儿童发展纲要（2001—2010 年）》，建议中国促成在香港地区、澳门地

---

① Handbook on National Human Rights Plans of Action, [DB/OL] http：//www2. ohchr. org/english/about/publications/docs/nhrap. pdf.

区也制定类似人权行动计划。在 2009 年 2 月，人权理事会普遍定期审查机制工作组通过了对中国报告的审议报告，该报告也建议中国尽早完成并公布实施《国家人权行动计划（2009—2010 年）》。

当然，上述国际人权监督机构的决议、结论性意见或建议，不具备法律约束力，它只是供中国在今后的保障人权事业中参考。不过，依据《联合国宪章》或国际人权条约建立起来的国际人权监督机构，在分析中国人权保障存在的问题的基础上提出的一些建议和意见，具有比较重要的道德和舆论约束力。第一，国际人权监督机构依据相关国际人权条约来行使监督缔约国履行国际人权条约义务的职权，因此，根据国际人权条约的实体权利条款或义务权利条款的内在精神和缔约国人权保障的实际状况，国际人权监督机构要求缔约国制定并实施国家人权行动计划，就具有一定的法律依据，在性质上是国际人权监督机构履行其监督职权的重要内容。第二，缔约国有义务采取包括立法、行政和司法措施在内的一切适当方法善意履行国际人权条约下的尊重、保障和实现人权的义务。为此，国际人权监督机构作出的制定阶段性的国家人权行动计划的建议，旨在促进人权义务的履行，也与缔约国的义务相对应。第三，国际人权监督机构要求缔约国制定国家人权行动计划也是其善意解释国际人权条约的结果。根据国际人权公约的规定，国际人权条约的解释权属于缔约国大会，但是国际人权条约的缔约国大会经常付之阙如。这就给国际人权条约监督机构解释条约提供了广阔的空间。尽管根据国际人权条约的规定，条约监督机构并不具有正式解释权，但是国际人权条约监督机构（如人权事务委员会、经济、社会和文化权利委员会）的实践表明，它经常通过一般性建议或结论性意见的方式来对国际人权条约的实体权利条款或义务条款进行学理解释。这种解释被认为具有较强的约束力，被其他国际人权监督机构或缔约国所采信。与此同时，联合国主要人权机构，如人权理事会或联合国人权事务高级专员办公室，它们依据《联合国宪章》履行对会员国人权状况的监督职权，它们所作出的意见或建议在国际社会也具有很强的权威性。正因为如此，国际人权监督机构在建议或意见中要求缔约国制定国家人权行动计划，旨在促进缔约国正确、有效地履行人权保障义务，是善意解释国际人权条约条款的结果。这些意见或建议，对缔约国而言，就是一种具有软法性质的规范准则，缔约国应该在最大限度内予以采纳与遵守。

三、结语

国家在履行国际人权条约下的义务时，可以采取立法、行政或司法等一切适当方法以促进所有人的人权和基本自由的实现。而颁布并实施阶段性的国家人权行动计划必然是国家为履行国际人权保障义务所采取的"一切适当方法"中的一部分。可见，国家人权行动计划是国家履行国际人权义务过程中阶段性目标和渐进性步骤的综合体现，实施国家人权行动计划具备深厚的国际法依据。国家人权行动计划实施的国际法依据实质上包含两个方面的内容：第一，国家人权行动计划所涉内容上的国际法依据，即国家人权行动计划中所列明的实体义务和程序义务存在相应的国际法依据。第二，国家人权行动计划形式上的国际法依据，即制定行动计划作为履行国家所承担的国际人权保障义务的重要形式也存在相应的国际法依据。这两方面的内容中，前者是国家义务的实质内容，后者是国家义务的形式内容，一起构成我国实施国家人权行动计划的国际法依据。

（载《广州大学学报（社会科学版）》2012 年第 1 期）

关于我国加入《公民权利和政治权利国际公约》的批准与保留

——以《刑事诉讼法》为例

李 明[*]

摘 要▶ 目前我国《刑事诉讼法》与《公民权利和政治权利国际公约》的要求具有一定的差距，如指控范围窄于《公约》要求；平等、公开、公正原则不能全面体现；无罪推定原则没有确立；刑事审判中对被告人权利最低限度的保障达不到以及一事不再理原则没有确立等。同时，根据各国加入《公约》时对公正审判程序的保留情况，分析对我国的启示。在此基础上，探讨我国加入《公约》前对公正审判程序的构建。

关键词▶ 刑事诉讼；公约；公正审判

我国政府于 1998 年 10 月 5 日签署加入了《公民权利和政治权利国际公约》（以下简称《公约》），目前一直在等待全国人大批准。党和国家领导人多次表示要尽快加入《公约》，我国加入《公约》只是一个时间问题。[①]《刑事诉讼法》目前正准备修改，在我国即将加入《公约》之际，毫无疑问，《刑事诉讼法》的修改应当考虑与《公约》的规定相适应，这既是我国加入《公约》应当在立法上的准备，也是推进我国刑事程序法民主化、科学化的一个良好契机。为此，本文拟在检讨我国《刑事诉讼法》与《公约》存在差距的基础上，

---

[*] 李明，广州大学法学院教授。

[①] 胡锦涛主席于 2004 年 1 月 27 日在法国国民议会大厅发表演讲时指出："中国政府正在积极研究《公民权利和政治权利国际公约》涉及的重大问题，一旦条件成熟，将向全国人大提交批准该公约的建议。"见"在法国国民议会的演讲"，载《人民日报》2004 年 1 月 29 日。2005 年 10 月 19 日，中国政府颁布的第一份《中国的民主政治建设》白皮书第七部分"尊重和保障人权"中明确指出，"目前，中国有关部门正在加紧研究和准备，一旦条件成熟，国务院将提请全国人大常委会审议批约问题"。参见《中国的民主政治建设》，载《人民日报》2005 年 10 月 20 日。

对照各国在加入《公约》时对公正审判程序条款即第 14 条的保留情况，探讨我国《刑事诉讼法》应当进行哪些方面的修改、完善或保留，以满足《公约》的要求，建立公正的审判程序①。

一、我国《刑事诉讼法》与《公约》要求存在的主要差距

对比《公约》对公正审判程序的要求，我国刑事诉讼法就制度层面而言主要存在以下几个方面的差距：

一是刑事指控范围窄于《公约》要求。《公约》认为，各国对于刑事范围都有自己的规定。为防止缔约国通过把刑事性质的案件转移给行政机关处理来规避公正审判权的适用范围，同时也防止缔约国推迟指控时间并进而推迟被指控者获得公正审判权保护，因此，对于刑事指控的范围及时间，联合国人权事务委员会进行了自主性解释。根据人权事务委员会解释，如果对一事提起指控后，其处罚具有相当的严重性，有强烈的惩罚性和威慑性，并且针对一般公众而非特定主体，则该指控属于《公约》的刑事指控。根据该解释，我国刑事指控除了《刑法》规定的犯罪以外，一些行政处罚行为也属于《公约》的刑事指控范围。如我国行政处罚中的行政拘留、罚款、没收、责令停产停业、暂扣或者吊销许可证、暂扣或者吊销营业执照等，这些处罚措施都涉及公民重要的权利，而且既有严重性、惩罚性，又是针对一般性主体的，因此都应属于刑事指控。但目前我国把这些处罚都规定为行政处罚措施，自然也无法保障当事人获得公正审判的权利。从刑事指控的时间来看，主要是要求法庭给予被指控者公正审判的权利的起算时间，要从被指控者受到国家权力的影响之日计算。"并不仅仅是在正式提出指控之时发生，而且从国家的行为实质性地影响了有关人的处境之日起也即应当享有。"② 据此要求，我国刑事指控的时间就不应当从起诉之时算起，而应当从立案之时起计算。国内有的学者认为《人民检察院刑事诉讼规则（试行）》第 127 条、第 128 条规定对举报线索可以通过询问、查询、勘验、鉴定、调取证据材料等不限制调查对象人身、财产权利的措施进行初查，因此认为《公约》的"刑事指控"在我国不是从立案时开始，

---

① 在《公约》中，涉及刑事诉讼的条款主要有第 9 条 "人身自由与安全" 和第 14 条 "民事和刑事审判中的程序保障"，为便于研究集中，本文只研究第 14 条对我国构建公正审判程序的影响。同时，对第 14 条规定的理解，有一部分来自人权事务委员会对有关个人来文所作出的一般性意见以及针对具体国家所作的 "结论性意见"，这种意见被当作比较权威的解释。

② [奥] 曼弗雷德·诺瓦克：《〈公民权利和政治权利国际公约〉评注》，孙世彦、毕小青译，生活·读书·新知三联书店 2008 年版，第 331 页。

而是从"初查"时开始。① 但笔者认为"初查"时的措施是"不限制调查对象人身、财产权利的措施",因此只是一种任意侦查行为,这种任意侦查行为并不会对侦查对象的处境产生《公约》要求的"实质性"影响,因此"初查"行为并不属于《公约》中的"刑事指控",也不宜以此行为的发生时间作为指控时间。

二是平等、公开、公正原则不能完全体现。法庭前人人平等原则要求法庭本身是"合格的、独立的和无偏倚的",我国法庭在独立性和无偏倚性方面还存在不小的差距。② 首先,从法院的设立来看,目前我国的铁路系统(个别地方林业、农垦部门)设立了法院,这些专门法院人员编制由行业部门(如铁路局、林业局)管理,在行政、党务、人事关系等重大事项上,很大程度上要受铁道部、上级铁路局、同级铁路(分)局的领导抑或牵制,办公经费、工资、福利待遇要受铁路系统经济效益的影响,虽然其法官也要受到我国《法官法》和《人民法院组织法》的约束,但这样的专门法院显然缺乏独立性。其次,法院本身独立性不够。法院要接受同级党委领导,要向权力机关负责。具体来看,法院领导的人事安排由同级党委决定,经费开支受政府制约,法院独立行使审判权显然会受到诸多制约。最后,法官个人没有独立性。法官对案件的判决要受庭长、院长的影响,因为法官的升迁、绩效考评,都由法院的行政官员决定。而且在一些重要的案件上,法官组成的合议庭也不能独立判案,而是要按审委会的意见办。根据我国现行《刑事诉讼法》规定,法院的审委会有权决定合议庭审判的案件。因此,法官个人及合议庭办案的独立性都不能有效保障。

此外,从审判的公开性来看,我国《刑事诉讼法》规定了一审案件应当公开审判的基本原则,也规定了宣判一律公开,但从实践中司法机关随意限制旁听,禁止新闻媒体报道的现实表现来看,我们需要更为健全的细致的审判公开规定。同时,我国法律也没有规定二审必须公开,更没有规定判决书必须向社会公开,因此在审判的公开性方面与《公约》的要求也是有较大差距的。

---

① 孙长永、张吉喜:《公正审判权的适用范围与我国刑事法律制度的完善》,载《当代法学》2009 年第 5 期。

② 《公约》在这里强调的是法庭面前人人平等,而不是法律面前人人平等,有人反对此规定,认为法律面前平等的一般权利(第 26 条)以及在法律前的人格被承认的权利(第 16 条)已经涵盖了法庭前的平等。支持者则认为法庭之前的平等是对平等的一般权利的具体阐述。并着重指出所有人为的区分,特别是基于种族和财富的区分,均应被禁止。参见[奥]曼弗雷德·诺瓦克:《〈公民权利和政治权利国际公约〉评注》,孙世彦、毕小青译,生活·读书·新知三联书店 2008 年版,第 319 页。

三是无罪推定原则没有真正确立。关于无罪推定原则，我国无论是从原则自身的规定还是从无罪推定原则对刑事司法的基本要求来看，都与《公约》的规定有差距。首先，我国《刑事诉讼法》并没有确立无罪推定原则，《刑事诉讼法》第12条规定的"未经人民法院依法判决，对任何人都不得确定有罪"，这条规定一般被理解为只是确定了法院的统一定罪权，排除了在依法判决前确定被告有罪的做法，并没有从正面肯定无罪推定，因此不被视为我国确立了无罪推定原则。其次，从无罪推定原则在诉讼中的具体要求来看，它要求控方承担举证责任并达到法定要求，被告人不承担证明自己有罪的责任并可进一步推导出被告人的沉默权以及存疑有利于被告的要求，这些要求在我国《刑事诉讼法》及相关的司法解释中都缺乏相应的规定。相反，在《刑事诉讼法》中，反而规定了犯罪嫌疑人有如实供述的义务。显然，我国现行法律与《公约》中无罪推定原则的要求有相当的差距。

四是刑事审判中对被告人权利最低限度的保障达不到。在对被告人最低权利保障方面，我国《刑事诉讼法》的规定与《公约》要求相比，不足之处主要有如下几点：其一，在准备辩护的权利方面，被告人在有便利准备他的辩护并与他自己选择的律师联络方面都保障不足，如当事人并不能很"便利"地会见辩护律师，《刑事诉讼法》的规定不细致，可操作性不强，律师要会见当事人、查阅案件材料以及收集相关证据都比较困难，是谓"三难"。即使可以会见，被告人与律师的谈话在实践中也经常受到监听，被告人在审前拘禁中不能保障与律师会见的私密性。显然，这与"律师应该能够在不受任何方面的任何限制、影响、压力或不正当干预的情况下，按照其既定的专业标准及判断，为其委托人提供意见并代表其委托人"的要求相差甚远①。其二，被告人审前羁押时间过长，且羁押时间在实践中被随意延长。根据现行法律规定，我国犯罪嫌疑人在正常情况下被羁押6个月到12个月都是合法的，而且会因多种原因延长，如被认为是重大复杂的案件、交通不便的案件、流窜作案则会延长，如果发现另有重要罪行的甚至要重新计算羁押期限。由此可见，被告人应当得到迅速审判的权利没有制度性规定。其三，证人不出庭，被告人无法对证人进行质询，证言真实性难以保障。目前《刑事诉讼法》并没有保障证人出庭作证的制度，既没有规定证人出庭作证的补偿制度，也没有规定证人不出庭作证的惩罚制度，反而规定了多种情况证人可以不出庭作证，导致我国刑事案件审判中证人出庭率出奇得低。其四，我国没有赋予被告人有不被强迫自证其罪的权利，虽然法律明确规定了禁止刑讯逼供，但实践中刑讯逼供行为没有得

---

① 该要求是第二十一届会议（1984年4月12日）第13号一般性意见中第9条的要求。

到有效的遏制。

五是没有确立一事不再理原则。"一事不再理原则"对于抑制审判权的滥用、防止司法任意、保证公民权利不被随意侵扰具有重要作用。我国在《刑事诉讼法》中不仅没有确立该原则，而且在《刑事诉讼法》和有关司法解释中还有许多规定与该原则相违背。主要表现在：其一，我国《刑事诉讼法》第 205 条第 3 款规定："最高人民检察院对各级人民法院已经发生法律效力的判决和裁定，上级人民检察院对下级人民法院已经发生法律效力的判决和裁定，如果发现确有错误，有权按照审判监督程序向同级人民法院提出抗诉。"这里检察机关既可以发动有利于被告人的再审，也可以发动不利于被告人的再审，这意味着法院以证据不足为由将被告人判决无罪以后，检察机关在补充证据后可再次起诉。其二，我国《刑事诉讼法》第 205 条第 1 款规定各级人民法院院长对本院已经发生法律效力的判决和裁定，如果发现在认定事实上或者在适用法律上确有错误，也可以发动再审程序。法院启动再审程序，违背了"不告不理"、控审分离的诉讼法理。由法院、检察院发动不利于被告的再审，客观上使被告人受到重复的刑事追诉，被告人面临的也不仅仅是双重危险，而是多重危险。其三，二审程序一律坚持"全面审查"的原则，意味着二审法院可以对一审法院已经查明且控辩双方不持异议的判决部分重新发动审判，这同样会使被告人受到重复追诉的危险。此外，在最高人民法院《关于执行中华人民共和国刑事诉讼法若干问题的解释》中也有类似的规定，如第 181 条第（四）项规定，"对于根据刑事诉讼法第一百九十五条第三项规定宣告被告人无罪，人民检察院依据新的事实、证据材料重新起诉的，人民法院应当依法受理"。可见，现行法律及司法解释的相关规定实际上与一事不再理原则是相冲突的。

对于国家赔偿、上诉程序和少年审判程序，我国《刑事诉讼法》及《国家赔偿法》已经有相应的规定，虽然在内容的规定上并不完全相同，但我国相关规定的标准并不低于《公约》的要求，因此这里就不赘述。

二、各国加入《公约》时对公正审判程序的保留及其启示

一些国家在加入《公约》之际，往往会对《公约》的条款适用提出保留，或作出解释性声明，或进行政治性声明。所谓保留，是指当适用《公约》的某一条款不符合一国的国家利益的时候，该国往往通过保留机制，排除或更改该条款；解释性声明则是指阐明条约或其若干条款的含义或范围；而政治性声明是为了达到一定的政治效果，一国的缔约行为事关其对外政策或重要政治立场时，该国往往发表政治性声明，向国际社会表明其对外政策或政治立场。由

于发表政治性声明一般不会影响各国对《公约》条款的适用，因此本文重点分析各国针对《公约》第 14 条的保留及解释性声明的情况，以了解各国对公正审判程序的基本价值取向及构建审判程序的国际趋势。

总体来看，目前共有 18 个国家针对《公约》第 14 条提出了保留，20 个国家提出了解释性声明。对第 14 条整体提出保留的只有两个国家，即法国和爱尔兰，两个国家都是因为军事法院的审判程序可能有违第 14 条规定而保留，其他国家都只是针对第 14 条部分款项提出了保留。下面具体论述各款项的保留情况：

对第 1 款平等、公开、公正原则的保留。共有 5 个国家对该款提出了保留，其中，比利时、丹麦两国都强调审判公开的绝对性，认为审判公开不应受到限制，其国内法的标准高于《公约》的要求，因而保留了该条款。芬兰认为如公开宣判有害道德或国家安全则可秘密宣判。瑞士则认为公开审讯的原则不适用于涉及有关民事权利和义务或有关刑事事务中所起诉之案件的实体事项，根据各州法，这些诉讼由行政机关处理。列支敦士登认为公开审判只能按其国内法的相关规定进行，因而提出保留。比利时和丹麦两国的保留原因是其国内法标准高于《公约》的规定，因此不符合《公约》标准的保留实质上只有三个国家。该款规定的内容，被认为是第 14 条的核心内容，世界上绝大多数国家的诉讼程序符合该款要求。

第 2 款无罪推定原则。目前只有马耳他政府认为"该款不排除任何特别法要求任何依该法被控告的人提供特定事实的举证责任"，因为可能要求被告人承担举证责任从而与无罪推定原则相违背而保留此条款。没有其他国家对无罪推定原则提出任何保留和解释性声明，可见该款内容同样在国际社会受到普遍的尊重与执行。

对第 3 款的保留和解释性声明主要针对（丁）项，该款其他项没有任何国家提出保留和解释性声明。对（丁）项提出保留和解释性声明的国家相对较多，保留该项的国家有 9 个，提出解释性声明的有 7 个。保留该项的主要原因有两个方面：一是一些国家认为目前还不能全面对被告人提供法律援助而保留。如瑞士要求提供法律援助并不必然免除受益者支付花销费用；冈比亚对被指控人的免费法律援助只限于给予被起诉凡有死罪的人；英国提出保留免费法律援助的保障是就缺乏法律工作者和其他考虑致使不能在英属洪都拉斯、斐济和圣赫勒纳适用这一保障而言；巴巴多斯政府、伯利兹政府接受该条款包含的原则，但实施的问题在于目前还不能保证其充分适用，因而也提出保留。二是对亲自出庭的要求予以保留。澳大利亚、荷兰、奥地利认为每一个人均有权出庭受审，但其行为使审判不能进行的被告人排除在外。孟加拉国政府的现行法律规定，在通常情况下一个人有权亲自出席受审，但法律还规定，如果一个人负案在逃，或被要求出庭却未出庭或未能令法院满意地解释其不出席的理由，则可予缺席审判，其不能保障被告人都亲自出庭受审因而提出了保留。对该款的解释性声明多基于自己国内法的规定情况，对一些条款内容进行了限制性解释。如德国认为应当由法院决定羁押中的被指控人是否必须在复审法院出庭受审；美国对（丁）项及相关的（乙）项的理解是，在被告人因贫穷由法院指定律师，或被告人经济上有能力保有其他律师，或不被判处监禁时，这些条款不要求为刑事被告人提供选择的辩护律师；澳大利亚对于非公诉罪，只有在考虑了一切有关事项之后，才给予援助。

第 4 款关于少年审判程序，只有美国提出了保留。美国的政策和实践一般而言符合并支持《公约》关于刑事司法制度中少年待遇的规定，然而在特殊情况下，美国法律规定对未成年人的审判可以像对成年人一样审判。

第 5 款被告人的上诉权利。一些国家对此提出了保留，大抵上有两种情况：一种情况是国内法规定了在特定案件中被告人没有上诉权而保留。如荷兰最高法院拥有审判被指控在履行公务时犯有严重罪行的某些类型的人的专有管辖权的法定权利；《挪威宪法》第 86 条，在针对政府、议会或最高法院的成员的刑事案件中，应召集特别法庭，对于特别法庭的判决被告人无上诉权。同时，在被告人一审被宣布无罪，而被上诉法院定罪的案件中，不能根据对与定罪有关的证据认定不当的理由，对定罪提起上诉。如果对被告人定罪的上诉法院是最高法院，则无论如何不能对定罪提起上诉。特立尼达和多巴哥共和国政府保留权利，也是鉴于在特定案件中，向上诉法院的上诉只有在上诉法院自己或枢密院同意的情况下才允许的事实。法国也认为该款规定应被认为是在陈述一种普遍原则，对于该原则法律可以规定有限的例外。如警事法院通常只处理轻微的违法案件，如果这些案件也适用复审，将浪费司法资源。另一种情况是在由较高级的法院、最高法院或特别法院作为终审法院审理的情况下，无法给予被告人上诉的机会，因而一些国家保留了不适用第 14 条第 5 款的权利，如比利时、卢森堡、瑞士就是这种情况。丹麦则因其国内立法规定被陪审团驳回的有罪裁决不能再由较高级法院复审，也提出了保留。

第 6 款关于误审赔偿的权利。马耳他、新西兰政府表示愿意接受该原则，但因其无法实施该原则而提出了保留。孟加拉国、伯利兹、圭亚那、爱尔兰、特立尼达和多巴哥共和国声明接受该原则，但目前无法保证对该原则全面地实施。美国对该款中的补偿或赔偿的权利也作出了声明，但其声明性质的“理解”实际上是一项保留，它认为应当将赔偿或补偿置于“国内法的合理限制”之下，也就是说，如果美国国内法没有规定刑事赔偿，当事人就不能依照

《公约》的规定得到赔偿。人权事务委员会认为美国对《公约》的某些实质性条款给予限制性解释不符合委员会在美国批准《公约》之前和之后作出的解释，并要求美国应当本着诚意，按其字词的一般含义，结合上下文包括随后的惯例，并参照其宗旨和目的解释《公约》。

对第 7 款一事不再理的原则，共有六个国家提出了保留，美国提出了声明，但被认为是一项保留。在正式保留的国家中，芬兰声明，如果确认法院成员或官员、检察官或律师通过犯罪或欺诈行为使被告人被判无罪或被判相当轻的刑罚，或提出虚假证据并导致了相同后果，则可以改判刑罚使之不利于有罪的人。同样按照现行实践，如果在一年之内提出了将导致有罪判决或更严厉刑罚的此前未知的证据，加重刑事案件可被提交复审。冰岛认为其诉讼法对此事项已有详细规定，对其加以修改不被认为是适当的。荷兰王国只是在不产生现在适用的《荷兰刑法典》第 68 条和《荷属安得列斯群岛刑法典》第 70 条所规定以外的义务的情况下，接受本规定。这些规定是：（1）除法院的决定可予以重新审查的案件外，任何人不得因荷兰或荷属安的列斯群岛的法院已对其作出不可撤销之判决的罪行而再次受到起诉。（2）假如某法院已经作出了判决，同一人就不得在被宣告无罪案件或撤销案件中，或已定罪但执行完毕、免予处刑或终止处刑的案件中，就同一罪行受到起诉。丹麦立法的限制要比《公约》严格而提出了保留。瑞典则没有阐明理由直接对 14 条第 7 款提出了保留。由此可见，多数国家提出保留，是因为他们都允许基于重大的程序瑕疵或存在新的证据或新发现的事实而开始一项新的审判。人权委员会在一般性意见中认为，在极为特殊的情况下可进行新的刑事审判，据此，委员会要求提交保留意见的各国根据此解释重新予以考虑其保留意见，但没有为任何政府所听从。美国对一事不再理的原则的理解是，这仅仅适用于对由同一政府区划（无论是联邦政府还是地方政府）的法院就同一理由作出的无罪判决进行新的审判的情况。美国声称这些理解源自美国宪法和刑事诉讼法方面的规定，其目的是防止有人以美国刑事诉讼中的这些做法与《公约》不一致为由声称美国的做法违反了《公约》的规定。由此也可以看出，成员国可以根据本国的司法实践提出对公约有关条款的理解，只要不违反《公约》的基本原则，就可以防止或减少国内法与《公约》的冲突。①

总体来看，对于第 14 条规定提出保留的国家并不多，只占加入《公约》

---

① 以上有关各国加入《公约》时对第 14 条的保留及解释情况的资料，均见 ［奥］曼弗雷德·诺瓦克：《〈公民权利和政治权利国际公约〉评注》，孙世彦、毕小青译，生活·读书·新知三联书店 2008 年版。

国家的极少数，所保留的内容也不多。在提出保留的国家中，大多数是针对本条的部分内容提出保留，极少数国家对整个公正审判程序提出保留。根据各国现在提出保留和解释的情况来看，大体上可以总结出以下几个特点：

一是对公正审判程序的核心条款普遍表示尊重，提出保留的国家比较少。如对公开公正审判原则、平等审判原则、无罪推定原则及少年审判程序等，极少数国家提出保留，有的国家保留还是因为其国内法标准高于《公约》的规定。对于这些绝大多数国家愿意遵守的《公约》条款，我国在加入《公约》时也应当尽量不提出保留。

二是对某些条款保留与各国的经济发展水平有关。多数国家提出保留的条款涉及误审赔偿、法律援助以及提供免费服务方面，这往往与一国的财力有关，而不是对公正审判程序理念不认同或与国内法相冲突而提出保留。如对保留较多的被告人的上诉权利，也多因为是轻微案件不需要上诉以节约司法资源。

三是对于一事不再理原则有相对较多的国家提出保留。各国保留的理由，多数是因为其国内法允许基于重大的程序瑕疵或存在新的证据或新发现的事实而开始一项新的审判，说明这些国家对事实真相的追求在个别情况下要大于对法的安定性的追求。当然，相对于全部加入《公约》国家而言，这只是极少数国家的选择。

三、我国加入《公约》前对公正审判程序的构建

根据前面所述，对《公约》中第 14 条所要求的公正审判程序，虽然大部分要求已经体现在我国的《刑事诉讼法》中，但也还有一些重要的程序性规定及被告人的权利保障我们还存在较大差距。对于这些差距，我们不可能在加入《公约》时全部进行保留，只有对那些涉及我国重要的国家机关职能分配甚至政治体制方面，并且暂时不具备修改条件的内容才进行保留。对于一些具体的制度和技术上的问题，包括《公约》规定的各国普遍认可的原则，我们都应无保留的批准，对于存在的差距，则应当修改或完善现行《刑事诉讼法》使其符合《公约》要求。根据《公约》要求，结合各国的保留情况以及我国的具体国情，对我国加入《公约》前在公正审判程序方面应做的准备进行具体分析：①

---

① 我国《刑事诉讼法》应当修改的地方比较多，本文不能一一列举并论证，仅仅是基于《公约》14 条公正审判程序的要求，提出我国应该建立、修改或完善的制度。

（一）我国应当确立的原则

其一，应当确立无罪推定原则。无罪推定原则是国际刑事司法的基本准则，也是国际公认的人权标准，它不仅关系到刑事诉讼程序本身的公正性，而且也关系到每个公民的权利保障状况。我国不应当在建构公正审判程序、追求诉讼民主文明的进程中忽视该原则。因此，我国应当在《刑事诉讼法》中明确规定该项原则。同时，为了适应无罪推定原则的要求，我国还应修改《刑事诉讼法》第93条，在审讯中，不能首先讯问犯罪嫌疑人是否犯罪和所犯何罪，而是首先要履行告知义务，告知被告人对他所涉嫌的指控，并且告诉他没有责任证明自己有罪，也即有权保持沉默，而被告人享有沉默权是无罪推定原则的应有之义。告知义务及沉默权的规定在我国立法中的缺失，不仅无法有效贯彻无罪推定原则，也加重了犯罪嫌疑人、被告人的举证责任。为了确保无罪推定原则的实施，还要取消《刑事诉讼法》中犯罪嫌疑人有如实供述义务的规定，并在《刑事诉讼法》中明确规定公共机构，特别是公、检、法等政法部门不得在法院定罪之前预断犯罪嫌疑人、被告人有罪。

其二，应当确立不得强迫自证其罪原则。《公约》第14条第3款（庚）项中的不得强迫自证其罪原则强调的是个人向司法机关陈述的自愿性和任意性，一方面，它禁止司法机关采用各种方式和手段在刑事诉讼中对个人陈述的强迫，从而有利于遏制刑讯逼供现象的发生，确保供述的真实性。另一方面，如果个人在自愿、理性情况下放弃该项权利并与司法机关配合作出自愿性供述，也受该原则认可。该原则与无罪推定、公正审判、保障被告人辩护权等内容一起被联合国刑事司法最低准则所确认，在刑事诉讼中起着非常重要的作用。因为该原则保障了供述人的自愿性，使基于供述的案件事实的真实性判断可能更为准确。另外，也加强了对犯罪嫌疑人的权利保护，有利于提升国家保障公民人权水准。

其三，确立一事不再理原则。这是一项古老的原则，它来源于这样的理念，即国家不能运用其强大的国家资源使一个公民反复地处于被指控的境地，使他处于一种持续的焦灼和不安全的状态中，这既不利于法安定性的维持，也不利于提升法院判决的权威性。当然，该原则并不具有绝对性，它不应当妨害受害人的权利，因此允许例外存在，这也是目前多数国家确定此原则的一种做法。如根据英国1996年《刑事程序和侦查法》第54条的规定，如果原无罪裁判是一项由于某人在有关诉讼程序中干扰或恐吓陪审员或证人而致，那么对原被作出无罪裁判的被告人可以重新进行审判。英国《2003年刑事司法法》规定，对法定最高刑是无期徒刑，并且犯罪对被害人或者整个社会的危害后果特别严重的故意杀人、强奸、贩毒等29种犯罪，在发现新的和令人信服的证据证明原无罪判决确实存在错误的情况下，允许对被判决人再次追究。我国确立一事不再理原则，需要对目前无严格条件限制的重审制度进行改变。一是应当取消最高人民法院《关于执行中华人民共和国刑事诉讼法若干问题的解释》第181条第（三）项的规定，它规定"对于根据刑事诉讼法第一百九十五条第三项规定宣告被告人无罪，人民检察院依据新的事实、证据材料重新起诉的，人民法院应当依法受理"。这显然违背了一事不再理原则。二是取消法院的再审启动权。我国现行法律规定法院只要发现生效裁判在认定事实或适用法律方面"确有错误"，就可以自行启动再审程序，这既破坏了既判力原则，也破坏了一事不再理原则，因此应当取消。三是完善申诉制度。区分有利于被告人与不利于被告人的申诉，明确提起再审的条件、时间、次数、审级和理由，使一事不再理原则的例外受到严格限制。当然，我国在确立此项原则时，也可以确定一些例外，如对于确有审判程序上的重大瑕疵以及在严重犯罪中发现新的犯罪事实和证据的可以重审。

（二）应当修改与完善的制度

一是完善法律援助制度。我国《刑事诉讼法》、《律师法》以及司法部和最高人民法院《关于刑事法律援助工作的联合通知》等对刑事辩护法律援助作了明确规定，从相关规定看，我国的法律援助制度基本符合联合国刑事司法准则有关要求。然而由于我国的法律援助经费保障不足，法律援助实施效果并不理想，主要体现在两个方面：一方面，法律援助覆盖面窄，一部分需要法律援助的群体得不到援助；另一方面，援助律师积极性低，辩护质量不高等。从发展的眼光来看，应该从以下几个方面完善法律援助制度：首先，应把公民接受法律援助的权利明确写入《刑事诉讼法》，提升公民法律援助权利的位阶；其次，扩大强制指定辩护范围。在法律专业化程度日益增强的今天，仅仅依靠当事人自身有限的法律知识无法应付复杂的法律问题，对无经济能力者，保障其接受法律援助的权利，对实现法律面前人人平等原则至关重要。此外，要增加法律援助经费，提升律师参与法律援助的积极性，并加强辩护监督，保证法律援助质量。

二是完善律师辩护制度。新的《律师法》对完善律师辩护制度，特别是保障律师与被告人的联络方面有了很大的改进，如律师与当事人的会见、律师的阅卷权以及律师的调查取证等方面，从制度层面都有了很大的改善。然而由于与《刑事诉讼法》的规定相抵触，《律师法》的这些规定并没有得到有效的执行。要与《公约》的要求相适应，现行《刑事诉讼法》应尽快修改，并且对《律师法》中没有规定的地方应进一步完善。如保障律师与被告人会见的私密性问题，犯罪嫌疑人聘请律师时间问题以及律师的在场权问题，都应当在

《刑事诉讼法》中加以解决，以充分保障被告人的辩护权。

三是应当建立强制证人出庭作证的制度。证人出庭作证是《公约》的规定，也是查明案件事实的要求，各国加入《公约》基本没有对此规定提出保留。我国《刑事诉讼法》也规定了证人有出庭作证的义务，并要求证人要在法庭上接受公诉人、被害人、被告人及辩护律师的询问和质证，证人证言才具有可采性。但同时又规定了若干例外，允许证人不出庭，并允许法庭采纳书面证言，结果绝大多数证人循例外而逸出法庭质询。要保障证人证言的真实性，以查明案件事实，就应当规定证人必须出庭作证，完善证人强制出庭制度，否则证人出庭作证的义务可能形同虚设，与此同时还应建立证人作证补偿制度、证人作证豁免制度以及证人保护制度等配套性制度，以免除证人作证的后顾之忧。

四是取消最高法院直接受理一审案件的制度。从实践来看，自《刑事诉讼法》制定以来，最高法院从来没有直接受理过一审刑事案件，因此，这种制度安排没有现实意义，属于立法资源浪费。同时，由于最高法院直接受理的一审案件就是终审案件，与《公约》要求的被定罪的人应有上诉权的规定也相违背。为与《公约》要求相适应，有学者提出对最高法院一审的刑事案件由全国人大常委会进行复审，以解决最高法院一审案件的当事人没有上诉权的问题。这种安排会涉及国家权力的重新分配和国家机关职能的调整，笔者认为该建议调整幅度过大，不是《刑事诉讼法》的修改所能解决的问题，不具有可行性，因此，还不如取消这种缺乏实际效用的制度。①

五是规定国家机关有为外国人提供免费翻译的义务。我国《刑事诉讼法》第9条规定，公、检、法部门对于不通晓本民族语言文字的诉讼参与人，应当为他们翻译。在少数民族地区用当地通用的语言审讯，用当地通用的文字发布判决书、布告或其他文件。此规定保障了国内少数民族公民参加诉讼使用语言上的便利，但对于外国人在我国参加诉讼使用语言上的便利没有规定，这是一个缺憾，尽管在司法实践中各地司法机关都为外国人诉讼提供了翻译，但笔者认为，应当在《刑事诉讼法》中加以明确规定。

（三）应当保留的条款

建议保留《公约》第14条第1款。因为在现行的体制下，法院的独立性不强，中立性也难以受到保障，不符合《公约》的要求。建议我国在加入

---

① 陈光中主编：《〈公民权利和政治权利国际公约〉与我国刑事诉讼》，商务印书馆2005年版，第226页。

《公约》时保留这一款。按《维也纳宣言和行动纲领》的要求，保留的内容最好是"精确的和小幅度"的，因此我们在保留时可以提出说明，我们对该条的保留仅仅是针对"依法设立的合格的、独立的和无偏倚的法庭"的内容进行保留，其他内容适用《公约》规定。为尽量缩小与《公约》要求的差距，建立一个公正的、独立的和无偏倚的法庭，笔者认为以下制度应当尽快建立或完善。

一是完善法官的选任、调离和免职制度，以保障法官独立性。健全的法官任免制度是保障法官独立性的前提条件，要改变目前把法官当公务员对待的状况，基层法院的法官选拔最好从律师中或法学研究者中选任，上级法院法官最好从下级法院中选任，以保障法官具有相当的实践经验，并避免法官的选任或考任受行政机关指派或干涉。对于在职法官，没有违法行为或不端行为不得免职或调离审判岗位，使法官能够无须顾忌其他部门或个人的意见而只依据法律作出判决。这些制度都应当在《人民法院组织法》中加以规定，以保证其权威性。

二是应当取消审委会判案制度。审委会的存在会使"审者不判，判者不审"的现象一直存在，让没有直接审判的人员对案件作出判决，显然与诉讼法的直接言词原则相背离，这不但使作出的判决可能远离事实真相，而且可能模糊责任，或使判决书上签名的法官承担不应当承担的责任。责任不清就无法从道义或制度上对法官"问责"，这也实质性地剥夺了开庭审判法官的独立审判权。

三是取消错案追究制度。错案追究制度，有良好的出发点，即促进法官提高审判质量，进一步提升司法权威，然而实践证明，这一制度弊大于利。什么是错案无法明确界定，为避免办错案，法官甚至不愿意独立办案，遇到稍微有争议的或者复杂的案件，就把案件推给审委会决定，或者向上级法院请示，致使合议庭功能虚置。当然，取消错案追究制度，并不意味着允许法官办错案。如果法官徇私枉法故意办错案，应当依法追究其法律责任；如果法官仅仅是适用法律错误或依据现有证据认定事实错误不是故意办错案，只需要按法定程序进行纠正，这也正是设置二审程序或审判监督程序的主要原因，而不应该追究法官责任。

四是建立和完善判决书公开制度。在解决判决书公开的问题上，最高法院已经出台了一系列文件。从1999年开始人民法院就在一五改革纲要中提出要全面落实公开审判制度，并发布了关于公开审判的文件。2000年公布了《最高人民法院裁判文书公布管理办法》；2007年公布了《关于加强人民法院审判公开工作的若干意见》；2009年年初，最高人民法院出台了《关于进一步加强司法便民工作的若干意见》，根据这些文件的要求，人民法院正逐步建立规范的裁判文书查询制度。审判文书的公开范围越来越大，查询方式越来越灵活，目前最高人民法院在《人民法院第三个五年改革纲要》中还要求，要"研究建立裁判文书网上发布制度"，这无疑有利于裁判文书的进一步公开。虽然目前法院已经在推行这项工作，而且有的地方还做得比较好，如河南三级法院已经推行在网上公开判决的做法，但文书公开要成为常态并应当成为法院的一项法定义务，最好由《刑事诉讼法》作出明确的规定，以适应《公约》的要求，促进我国的审判充分公开。

五是将铁路法院收归地方法院系统管理，不能允许行业办法院。目前，我国铁路法院是铁道部设立的，对在铁路运输过程中以及火车上发生的案件有管辖权。铁路法院审判的案件与自己的利益有关，显然违背了第 14 条的平等原则，"法庭必须是独立的和公正的，而且这样的独立性和公正性也必须能为人所见"。①

（载《广州大学学报（社会科学版）》2012 年第 3 期）

---

① ［奥］曼弗雷德·诺瓦克：《〈公民权利和政治权利国际公约〉评注》，孙世彦、毕小青译，生活·读书·新知三联书店 2008 年版，第 322 页。

论《非洲人权和民族权宪章》
在南非国内的实施

蔡高强　郑敏芝

摘　要▶《非洲人权和民族权宪章》的诞生对非洲人权保护来说具有里程碑的意义。《宪章》全面规定了人权和民族权，并针对宪章的良好实施规定了缔约国的国内实施义务。南非作为该宪章缔约国，采取了通过新宪法、建立宪法法院、制定保护人权的法律以及设立人权机构等一系列措施来确认和保障宪章人权，有效地推进了宪章所规定权利和自由在其国内的实施，从而使南非在区域人权保护中处于领先地位，特别是在对艾滋病人人权的保护上取得了瞩目成就。

关键词▶ 非洲人权和民族权宪章；南非宪法；人权保护

1981 年 6 月 1 日，非洲统一组织通过了《非洲人权和民族权宪章》（以下简称《宪章》），1986 年 10 月 21 日，宪章正式生效，① 这是第三世界国家通过的第一个具有法律约束力的区域性国际人权文件。② 1999 年 3 月 15 日，厄立特里亚作为非洲最后一个国家加入宪章后，③ 非洲 53 个国家④都批准或加入了宪章，标志着宪章成为在整个非洲都具有约束力的人权文件，从而使宪章在世界人权保护中占有重要地位。

《宪章》由序言和 68 条正文组成。正文包括"权利与义务"、"保护措施"及"一般条款"三部分。宪章在第一部分"权利与义务"中对人权作了十分全面的规定，不仅包括了政治权利，而且包括了经济社会权利；既规定了个人

＊　蔡高强，湘潭大学法学院教授。

＊＊　郑敏芝，湘潭大学国际法学硕士研究生。

①　http：//www. au. int/en/treaties，2011 年 12 月 17 日访问。

②　董云虎：《人权基本文献要览》，辽宁人民出版社 1994 年版，第 171 页。

③　http：//www. au. int/en/treaties，2011 年 12 月 17 日访问。

④　2011 年 7 月 9 日南苏丹宣布独立，成为非洲第 54 个国家。

人权，又规定了集体人权，同时还涉及个人对国家和家庭的义务。

《宪章》是非洲人权保护的基本文件，鉴于《宪章》的广泛影响和其缔约国的广泛性，各缔约国真诚而充分地实施宪章对非洲人权的保护具有十分重要的意义。南非作为非洲经济最发达的国家，率先作出对宪章的良好实施具有典范作用。

一、《宪章》对缔约国义务的规定

尽管当今世界在人权保护上趋于国际保护和合作，但"在这个国家的国际体系中，人权只能作为国内法下的权利在国内社会中被享有。人权的国际法的目的在于影响国家，促使它们承认和接受人权，促使它们在各自国内的宪法和法律中反映人权，并促使它们通过其国内机构尊重和确保人权的享有"。[①]可以说，人权条约的目的在于影响国家对人权的观念，从而促使国家尊重人权。只有当主权国家接受了人权观念后，才可能积极主动地采取措施对国内危害人权的"存在"进行一番疏理，诸如修改侵犯人权的法制，变革阻碍人权的社会制度，祛除妨碍人权的社会文化等，从而营造出尊重和保护人权的环境，这样，人权才有真正实现的可能。

国家是人权实施最重要的主体，人权要得到普遍实现，归根结底要依靠各主权国家在其国内采取行动。所以，人权条约一般都会给予缔约国某些国内义务，以促使缔约国在国内采取措施保护人权。《宪章》条文中共有三条直接涉及缔约国的国内实施义务，可以将其归纳为如下四个方面：

（一）确保宪章权利和自由实现的义务

《宪章》第 1 条规定："非洲统一组织各成员国即本宪章各缔约国均承认本宪章所包含的各项权利、义务和自由，并承诺采取立法措施或其他措施实现这些权利、义务和自由。"该条表明缔约国采取措施确保宪章所规定的各项权利、义务和自由在其国内得到实现是各缔约国承担的条约义务。人权条约赋予缔约国的这种实施义务主要是一种结果的义务，[②] 即人权条约追求的是人权在缔约国国内能够被确实享有这个结果的实现，而不论采取何种方法来达到这个目的。与此同时，考虑到法制在现代民主国家中的重要性，以及现代法制在社

---

① Louis Henkin, "International Human Rights and Rights in the United States", in Theodor Meron（ed.）, Human Rights in International Law, Oxford, 1984, p. 25. 转引自乔胜利：《国家在人权条约下的实施义务》，载《北大国际法与比较法评论》2006 年第 4 卷第 2 辑。

② 与"行为的义务"相对，是国际法委员会对国家履行条约的方式所作的区分。"行为的义务"指的是条约规定国家必须采取某种特定行为的义务。

会生活中的地位，《宪章》又明确列举了"立法措施"这一方式，条约行文"立法措施或其他措施"。因此也可以说，采取立法措施是缔约国实施宪章的最基本措施。

采取立法措施实施的最直观的表现是国内法与人权条约保持一致，即如果现有的国内立法与人权条约的规定相违背，国家就有义务对其国内法进行调整。国家对其国内法的调整，简言之，应该做到两点：一是修正，即消除其国内法上与人权条约相抵触之处；二是补充，即补充国内法中的遗漏和不足之处。[①]

成员国修补国内立法的做法可视为在国内法上对宪章权利的"承认"，而要在现实中"实现"这些权利，还需要使权利在整个运行过程中能够得到保障。在这方面，国家要采取措施确保做到以下两点：一是依法行政。依法行政包括作为和不作为两个方面的要求。前者要求"增权"，即要求国家充分行使保护人权的职责而积极作为，如设立护卫人权的国家机关，促进和发展人权文化。后者要求"限权"，即由国家立法明确划定行政权力的界限，行政机关只能在法律赋予的权力范围内活动，不得越界为侵犯权利的行为。二是司法公正。个人的人权难免会受到政府或其他私人的侵害，这就要求在国家为人权侵害提供救济的时候，必须不偏不倚、准确无误地适用宪法和法律，从而维护人权和自由。

（二）开展人权教育的义务

人权教育即向人们传授有关人权的知识和技能，以帮助其养成拥护人权的价值、信仰和态度，进而鼓励其开展预防人权侵犯和捍卫人权的行动，促成普遍人权文化的建立，加强对人权和基本自由的尊重，充分发展人的人格和尊严感。并在此基础上，促进所有民族、土著人民以及种族、民族、族裔、宗教和语言群体间的了解和容忍，增进男女平等和友谊，使人人能够在自由社会中有效参与，推动联合国维护和平的活动。[②] 可见，人权教育对人权事业及社会和谐的影响十分深远，因此，在人权保护工作中必须重视人权教育的作用。

《宪章》第25条规定："本宪章各缔约国有义务通过讲授、教育和出版物促进和确保本宪章所含各项权利和自由受尊重，务必使这些权利和自由及相应

---

① 乔胜利：《国家在人权条约下的实施义务》，载《北大国际法与比较法评论》2006年第2期。

② 参见各有关国际人权公约关于教育目的的规定以及各有关国际人权文件关于人权教育的定义和一般原则的说明。转引自班文战：《国家在人权教育领域的责任和义务》，载《广州大学学报（社会科学版）》2010年第9卷第3期。

的义务和责任得到理解。"该条表明积极开展和促进人权教育是缔约国承担的国际法义务。一般来说，各国国内的人权教育和宣传工作主要由国家人权机构来进行。国家人权机构通过公共宣传、专门培训、研讨会、在学校教育中增加人权课程等各种形式播撒人权知识及价值，不仅使人们通过了解自己享有的权利和可用于实现这些权利的机制而正确行使和充分保护自己的权利，而且使他们通过认识到自己哪些行为有可能侵犯他人人权而克制该行为。①

（三）保证司法独立义务

《宪章》第 26 条规定："本宪章各缔约国有义务保证司法机关之独立，并允许建立和完善适当的国家制度，以委托它促进和保护本宪章所保障的各项权利和自由。"该条表明成员国有保证其国内司法独立的义务。司法独立的基本含义就是司法机关依据宪法和法律的规定，独立地、不受任何干预地行使其职权。② 司法独立是人权保障的先决条件，因为"如果司法权不同立法权和行政权相分立，自由也就不存在了。如果司法权同立法权合而为一，则将对公民的生命和自由施行专断的权力，因为法官是立法者。如果司法权同行政权合而为一，法官将握有压迫者的力量"。③

因此，司法独立必然要求对国家权力进行分权，将司法权从国家权力中分离出来，并赋予其独立的地位，不受国家行政权、立法权等的干涉。另外，司法独立是实现司法公正的前提。司法作为维护人民权利的最后堡垒，假如不能依法独立的行使，极有可能变成恣意妄为的工具，不仅会影响到司法公正，甚至会肆意践踏人民权利和自由，威胁人民的自由与安全。如此一来，人权将无从谈起。因此，各缔约国有义务采取措施保障司法机关的独立性，保证司法机关行使司法权只服从于宪法和法律。

（四）建立专门制度保护人权的义务

国际人权公约规定了个人的基本权利以限制政府权力的行使，设定了国家对个人的义务，在此意义上，国家通过自愿承担人权公约义务直接地影响了个

---

① 董斌：《南非人权委员会研究》，中国政法大学 2010 年硕士学位论文。
② 浣宁：《简析南非的司法制度》，载《辽宁经济管理干部学院学报》2009 年第 4 期。
③ ［法］孟德斯鸠：《论法的精神》（上册），张雁深译，商务印书馆 1978 年版，第 154～156 页；转引自王夏昊：《司法是人权保障的最佳方式》，载《现代法学》2003 年第 2 期。

人的利益。① 国家承担人权公约义务实质是在权力上的自我克制，正如孟德斯鸠所说，"一切有权力的人都容易滥用权力，这是万古不易的一条经验"，"要防止滥用权力，就必须以权力约束权力"。这种自我限制的行为容易出现反复，从而给人权保护带来不确定性和不稳定性。因此，仅在政府原有职能部门履行职责的过程中加强对人权的保护是远远不够的。要实现对人权的长久保护就必须把人权放在突出的位置，并在立法上确认人权，在行政过程中尊重人权，在司法中维护人权，保证人权运行的整个过程都有相应的保护机制；人权保护是一项复杂的综合性工程，需要全方位的合作，还需要在观念和文化上融入人权价值，将对人权的尊重和保护扎根于国家和社会生活之中，使人权保护渗透到人们生活的方方面面，这样才能真正实现对人权的享有。

根据《宪章》第 26 条，成员国有义务"建立和完善适当的国家制度，以委托它促进和保护本宪章所保障的各项权利和自由"。也就是说，建立一套专行人权保护的国家制度是成员国在条约下的义务。人权保护是一项长期事业，不可能一蹴而就，我们只能通过不断的改进和完善，才能实现对人权的完全享有。所以，只有将对人权的保护制度化、固定化，才能达到长久而有效地保护人权的目的。

除此之外，《宪章》第 62 条还规定了国家的报告义务，即每一缔约国均承允自本宪章生效之日起，每两年提交一份关于为实施本宪章确认和保障的权利和自由而采取的立法或其他措施的报告。报告制度是人权条约实施的国际监督方式的一种，它在一定程度上能够促进缔约国国内实施义务的履行，但并不能取代国内人权保护的法律制度。

二、《宪章》在南非适用的方式

宪章生效后，其在非洲各国实施的范围和程度有所差异，南非由于其独特的历史背景和社会运动等原因而特别重视人权对民主的价值，因而采取了多种措施保护国内人权，在非洲人权保护中走在了前列。

国内实施是人权国际保护的核心。因此，国际人权条约不仅规定有国际层面的实施机制，而且要求缔约国采取必要的国内措施，将公约规定落实到国内法律体系中。而对于条约在国内实施的方式，条约义务如何转化为国内法上的义务，条约一般不予规定。宪章亦是如此。对于国际条约的实施方式，各国通

---

① Malcolm N. Shaw, International Law, Cambridge University Press, 1997, pp. 198 – 200. 转引自陈立虎、黄涧秋：《国际人权公约与人权保护——国内司法实施的分析》，载《现代国际关系》2003 年第 3 期。

常规定在宪法或者其他基本法律中。由于政治制度等的不同，各国对此规定也不尽相同，但大体可以归纳为并入和转化两种方式。前者是指经批准的条约一生效即同时在国内生效，取得国内法地位而可直接在国内实施；后者是指条约对国家生效后还须通过国内立法转化为国内法才能实施。

南非已于 1996 年 7 月 9 日签署并批准了宪章，① 按照"条约必须信守"原则，南非作为缔约国必须承担起条约义务，将条约赋予的义务在其国内适当的实施。关于国际条约的实施，南非在其《宪法》第 231 条至第 233 条中作出了规定。第 231 条国际协定规定"任何国际协定当它在国内立法制定出法律后便成为共和国的法律；但是带有自动执行条款的协定只需经议会批准就是共和国的法律，除非它与宪法或议会通过的某项法律不符"。可见，南非对条约在国内的实施兼采转化和并入方式，以在性质上是否为自动执行协定作区分。即某项条约若非自动执行性质，就必须经过南非国内立法转化才能取得与国内法律同等的地位，具有国内法上的效力，从而得以直接在南非国内法院适用。同时，《南非宪法》第 233 条国际法的适用规定："当解释任何国内法的时候，法院应当选择与国际法相一致的合理的解释而不是与国际法不一致的其他解释。"这个规定构成了国际法适用的全部内容，由此我们可以推出，南非对国际法的适用只存在于法律解释领域，不存在其他的适用方式。另外，《南非宪法》第 232 条涉及习惯国际法在南非的地位问题，该条规定："习惯国际法在共和国即是法律，除非它与宪法或议会通过的某项法律不符。"这说明，除非与南非的制定法相悖，否则习惯国际法在南非等同于南非的国内法。

综合南非宪法的上述规定，我们可以对宪章在南非适用的方式作出以下结论：（1）由于宪章并非自动执行条约，所以只能以转化方式实施，且宪章不能取得在南非国内法院直接适用的效力。因此，宪章要在南非国内实施，必须首先经由南非的相关立法机构根据宪章的规定和精神制定出具体的法律法规。（2）南非国内法院在解释国内法律时要与宪章规定及其精神保持一致。（3）如宪章中存在有构成习惯国际法的部分，则对该部分可以直接适用而无须经过任何国内程序。

三、南非为实施《宪章》采取的措施

（一）通过了新宪法以确认宪章权利

南非在批准《宪章》之后，制定了新宪法——1993 年临时宪法，这是南

① http://www.au.int/en/treaties，2011 年 12 月 23 日访问。

非第一部民主宪法。临时宪法第三章具体规定了公民的各项基本权利和自由，开启了南非人权保护的进程。在临时宪法的基础上，南非于 1996 年 12 月 4 日通过了正式宪法，即南非的现行宪法，该宪法于 1997 年 2 月 4 日生效。①

1996 年南非宪法是目前世界上最先进的宪法之一，在国际上享有很高的赞誉。它在第二章以专章形式逐条规定了人权，并建立了一系列制度对人权的实施予以保障。宪法在序言中申明要建立一个在民主价值、社会公正和基本人权基础之上的社会，并把人的尊严、平等、人权和自由作为南非国家建立的基石。因此也可以说该宪法是一部人权宪法。

1. 南非宪法对人权的保护

南非宪法在其第二章"权利法案"（Bill of Rights）中详尽地规定了人权，包括条文第 7 条至第 35 条。《南非宪法》第 7 条首先对权利法案的地位予以声明——权利法案是南非民主的基石；同时宣告"全体人民的权利神圣不可侵犯"，"国家必须尊重、保护、促进和实现权利法案中规定的权利"。第 8 条规定了权利的适用："权利法案适用于所有法律，并约束立法机关、行政机关、司法机关和所有国家机关。"权利法案作为南非的民主基石和价值基础，是贯穿于南非社会生活各个方面的最高原则，是衡量南非国家和社会活动的一杆标尺。所以，南非所有法律都不得与权利法案的规定或精神相悖，且在制定和适用法律的过程中始终要以权利法案为指导；南非国家机关行使权力和职能时也必须受权利法案制约。

第 9 条至第 35 条逐条规定了具体人权。依次为平等权，人格尊严权，生命权，人的自由与安全权，不受奴役和强迫劳动权，隐私权，宗教、信仰与观点自由权，表达自由权，集会和示威权，结社自由权，政治权利，公民权，自由迁徙和居住权，择业自由权，雇工和雇主权，环境权，财产权，住房权，获得医疗保健、食品、水和社会保障权，儿童权，受教育权，语言权，文化、宗教和语言社区权，获取信息权，受到合理行政权，诉诸法院权，受逮捕、拘留者以及被告的权利。可以看出，宪章规定的个人权利和自由均被南非宪法囊括在内。有非洲学者认为："实际上南非宪法的权利一章是世界上最先进的人权宪政保护条款之一，因为其囊括了所有受到国际社会普遍认可和保护的人权之

---

① "Constitution of the Republic of South Africa, 1996", http：//www. info. gov. za/documents/constitution/index. htm，2011 年 1 月 8 日访问。

种类。"①

2. 南非宪法对人权受侵的救济

"无救济就无权利"，向人权条约中的实质性权利和自由受到侵犯的个人或团体提供有效国内救济是许多人权条约都明示提到的国家应该采用的在其国内法律秩序下有效保障人权的方法。②《宪章》第7条第1款规定："对侵犯由公约、法律、法规和习惯有效地确认和保障的基本权利的行为，有权向有管辖权的国家机关起诉。"该条款赋予了成员国管辖下的人民以诉权。因此，成员国有义务在其国内法律秩序下采取措施或作出一定的程序安排，确保对发生人权侵犯的情形进行补救。南非作了如下安排以对人权受侵提供有效的救济：

（1）确立了司法独立原则

南非宪法第八章首先规定了司法权，确立了司法独立原则。内容如下：（a）共和国的司法权归于法院；（b）法院是独立的，只服从于宪法和法律，并且必须公正地、无惧无私且毫无偏见地适用宪法和法律。（c）任何个人和国家机关都不得干预法院行使职能。（d）国家机关必须通过立法和其他措施协助和保护法院，以确保它的独立、公正、尊严、可接近性和有效性。（e）法院作出的命令或判决对其所适用的所有人和国家机关具有约束力。有了司法独立作保证，司法公正才有了依靠，司法才能承担起在维护宪法和人权保障中的作用。

（2）规定了广泛的诉讼主体

相应地，《南非宪法》第38条规定，"本条中列出的任何人有权向有管辖权的法院起诉，声称权利法案中的某项权利受到侵犯或者威胁，法院可给予适当的救济，包括对权利的宣告"。并列举了有权向法院提起诉讼的主体：（a）为自己的利益行事的任何人；（b）代表他人行事的任何人；（c）作为一个成员或者为了一组或一类人的利益行事的任何人；（d）为公众利益行事的任何人；（e）为成员利益行事的协会。因此，如果权利法案中规定的某项权利遭受侵犯，权利主体或相关的利害关系人便可依法向法院起诉，这使南非宪法所规定的人权具有可诉性，成为人民享有的实实在在的权利。同时可以看到，南非宪法对人权的诉讼主体作了比较宽泛的规定——除了权利人以外，还包括权利人

① John cantius mubangizi. Protection of human rights in South Africa: public awareness and per-ceptions [J]. Journal for judicial science, 2004, 29 (1), pp. 67–68. 转引自周严：《论南非反就业歧视法》，湘潭大学2008年硕士学位论文。

② 乔胜利：《国家在人权条约下的实施义务》，载《北大国际法与比较法评论》2006年第4期。

的代理人、代表人、公益团体和私人协会。诉权主体的广泛性大大提高了司法接近的可能性，这对人权尤其是集体人权的保护来说至关重要。

（二）制定专门的法律保护人权

在对人权的立法保护方面，除 1996 年宪法外，南非还制定了一系列的专门法律，将宪法赋予的人权进行更具体和细致的规定，旨在深化和拓展宪法对人权的保护，以促进宪法人权的有效实施。

在平等权保护方面，除南非宪法第 9 条平等权保护条款外，南非国会于 2000 年通过了一部专门的宪法性法律——《促进平等和防止不公平差别对待法》，对平等权在一般意义上进行了确认和规范。在当今世界，专门制定平等法来保障平等权实现的国家并不多见。具体到就业领域的平等权保护则有 1998 年颁布的《就业平等法》，该法对于劳动者在就业领域各个阶段的平等劳动权予以了全面的保护，属于南非第一部反就业歧视的专门性立法。另外，1995 年《劳动关系法》（2002 年修订）和 1997 年《基本雇佣条件法》（2002 年修订）也有部分规定体现了消除工作场所中的不平等歧视的主旨。① 关于受教育权，1996 年的《南非学校法》规定了义务教育的年限、家长和有关教育部门对儿童接受义务教育的法律责任等，之后出台的《国家学校经费规范和标准》则保障了人人都有接受义务教育的权利，从而为人们享有受教育权提供了切实保障。关于住房权，南非议会在宪法第 26 条规定的基础上通过了大量法律，旨在保护那些占有土地或获得住房的人的权利。例如，《租赁房屋法》保护合法住宅财产占有者的占用权；《土地改革法》保护农业土地的合法占有者；《占有保障延期法》保护基于土地所有人同意合法地占有土地的人的占用权；《缺乏法定形式的土地权利临时保护法》保护在缺乏法定形式的土地权利中土地的合法占有者；《土地赔偿权利法》保护那些已经提出赔偿诉讼的土地占用者；《阻止非法从土地驱赶和非法占有土地法》则是为了贯彻宪法第 26 条第 3 款的基本精神，对非法占有者的驱赶进行规制。② 这些不同层次与角度的法律构成了对住房权的完整保护。死刑废除方面，南非国会于 1997 年 12 月 19 日通过刑法修正案，废除了所有犯罪的死刑，有力地表达了对生命权这一最重要人权的捍卫之心。在环境权保护方面，南非政府在 1998 年先后制定

---

① 周严：《论南非反就业歧视法》，湘潭大学 2008 年硕士学位论文。

② John CantiusMubangiz. i The ConstitutionalProtection of Socio – E – conomic Rights in Se-lected African Countries：A Comparative Evaluation［J］. African Journal ofLegalStudies，2006（2），转引自陈红梅：《论南非住房权的救济》，载《湘潭大学学报（哲学社会科学版）》2010 年第 4 期。

和颁布了《国家环境管理法》、《国家水法》及《国家遗产法》等几个重要法规；除此之外，其他环境立法还有《湿地保护法案》、《海洋生态资源法》、《濒危物种保护法案》、《国家森林法》、《国家草原及森林防火法》、《国家公园法》等。① 此外，为落实对获取信息权的保障，南非于 2000 年通过了《信息获取促进法》，该法不仅规定了获取公共机构和私营机构记录的程序和要求，而且规定了获取信息权受侵犯时的救济方式，为实践中该项权利的实现提供了具体的操作规范。

通过对人权的宪法保护和专门法律保障，南非在对具体人权的保护上已形成了一套完整的法律保护体系，这对落实宪章对人权的全面保护无疑具有重大的意义。

（三）建立宪法法院以保障宪章规定的基本人权得以实现

南非宪法法院是根据南非 1993 年临时宪法，于 1994 年成立的，而后依据 1996 年的正式宪法继续运行。② 它的宗旨是维护宪法和基本人权。南非宪法法院对人权的保障作用体现在它的地位和职能中，但更直观的体现则是其所作判决的指导作用和对社会的影响力。

1. 宪法法院的地位和职能

南非宪法法院由总统、副总统和九个法官组成，审理案件必须由 8 个以上的法官进行。宪法法院拥有以下权限：（1）它是审理所有合宪性案件③的最高法院；（2）它只能裁决合宪性案件及与关于宪法事务的决定相关的争议，并对此两类案件有最终的裁决权；（3）它有权最终决定议会法案、省法案和总统行为是否合宪；（4）最高上诉法院、高等法院或者一个地位相似的法院作出的无效命令必须经宪法法院确认才能生效。宪法法院的上述职能以及它终局性的裁决地位能够有效地保障宪法的至高权威，从而保障宪法人权的实现。

值得注意的是，《南非宪法》第 167 条第 6 款赋予了个人一项重要的权利，即"国内立法或者宪法法院规则必须允许个人，在为了正义且得到宪法法院许可的情形下，直接将案件起诉至宪法法院或者从任何其他的法院直接上诉至宪法法院"。宪法赋予个人的这种直接起诉或者直接上诉的权利，使个人能够有机会获得宪法法院的审判。尽管这种程序通常只在特殊情况下才被允

---

① Bulletin of Legal Developments, London, 1998.

② http：//www. constitutionalcourt. org. za/site/thecourt/history. htm＃hearing，2012 年 1 月 8 日访问。

③ 合宪性案件包括涉及宪法的解释、维护或者实施的任何争议。参见《南非宪法》第 167 条第 7 项。

许，但这个渠道的存在却意义重大，它不仅彰显了宪法的根本大法性质的意义所在，也是宪法法院作为维护正义和人权的最后堡垒的体现，尤其是对宪法人权保护在程序上的精心设置的体现。如果说捍卫宪法是宪法法院对人权的间接保护，那么受理人权案件则是对人权的直接保护。总之，南非宪法法院对人权保护起着至关重要的作用。

2. 宪法法院保护人权的司法实践

宪法法院作为维护宪法民主的最关键机构，它是通过裁判来保护人权的。南非宪法法院作出的一些裁决对南非法律产生了深刻影响。例如，在死刑废除方面，宪法法院在 S 诉马克文雅尼一案的判决中认为死刑的确是不合宪的；[①] 在平等权方面，霍弗曼诉南非航空公司案中，南非宪法法院判决不得以商业需求为由对艾滋病人就业歧视，确立了对艾滋病人的平等权保障原则；通过 Soobramoney 案、Grootboom 案和 TAC 案等上述一系列案例的裁决，南非宪法法院在司法对社会经济权利的保护方面作出了有益的尝试，并逐步确立了宪法法院在社会经济权利司法中的至高权力；同性恋平等全国联盟及他人诉家庭事务部部长、副部长和秘书长案和撒彻威尔（satchwell）诉南非总统及他人案均确立了同性伴侣享有与异性配偶同等的地位和权利；杜·托易特（Du Toit）及他人诉福利和人口发展部长、司法和宪法发展部长及比勒陀利亚儿童福利长官案确立了同性恋者的收养权和监护权。

由于宪法的最高效力以及宪法法院的实践，南非立法机关不得不修正原有法律中包含的与宪法精神尤其是与宪章相违背的条款，宪法颁布后制定的法律通常都刻意避免产生违宪情形。不难得出，南非宪法法院的判决在南非人权的保护和发展上起了极大的推动作用，并不断推进南非的人权保护越来越深入和制度化。

（四）设立专门的人权机构以保护和促进人权

南非宪法第九章《维护宪政民主的国家机构》中规定了六个机构，分别是公共保护人、人权委员会、促进和保护文化、宗教及语言权利社群委员会（The Commission for the Promotion and Protection of the Rights of Cultural, Religious and Linguistic Communities）、性别平等委员会、审计总署（The Auditor-General）、选举委员会。这些机构在地位上是独立的，仅对宪法和法律负责，不受任何个人或者国家机关的干涉，他们行使权力和履行职责时必须秉持公正

---

① http：//www. constitutionalcourt. org. za/site/thecourt/history. htm#cases，2012 年 1 月 8 日访问。

且毫无畏惧和偏见。其他国家机关有义务通过立法等措施协助和保护这些机构，以确保它们的独立、公正、尊严和有效性。这些机构对国民议会负责，并且必须每年至少一次对议会就它们的活动和职责做报告。

1. 南非人权委员会

南非人权委员会成立于 1995 年 10 月 2 日，是根据南非 1993 年临时宪法和 1994 年人权委员会法设立的维护宪政民主的国家机构之一。[①] 人权委员会致力于无惧无私地促进对人权的尊重、遵守和保护，以支持宪政民主和人权的逐步实现。

根据《南非宪法》第 184 条和人权委员会法的规定，人权委员会主要履行如下职能：促进对人权以及人权文化的尊重；促进对人权的保护、发展和实现；监测和评估人权在共和国的遵守情况；开展人权教育和培训；处理侵犯人权行为并寻求有效的补救。

南非人权委员会由委员会和秘书处组成，委员会提供战略领导和直接政策，秘书处则负责行政工作。同时，人权委员会根据工作需要设立了若干项目处，分别行使委员会的权力，履行委员会的义务和职责：（1）法律服务项目处，负责提供法律咨询和援助，调查和解决人权投诉，通过在各级法院的诉讼寻求适当的补救措施，并提供关于投诉统计和模式的信息。（2）人权宣传项目处，负责人权教育和宣传，主要通过培训讲习班、公共宣传活动、推广农村社区、研讨会、对话和圆桌会议等方式进行。（3）研究和资料汇编项目处，进行关于促进和保护人权的行为和管理研究。为便于研究和资料的储存，该项目处还建立了 Gumede – Pitje 人权图书馆和资料中心。（4）国会和国际事务项目处，负责在国家和省级层面与议会联系并且监督立法，参与并监督联合国条约机制的实施。该项目处通过提交报告和研究活动以履行人权委员会在国际条约中的义务，参与政策和立法活动，从而在促进和保护人权方面产生积极影响。[②] 除此之外，委员会还设置了财务管理项目处、行政和供应链管理项目处和人力资源项目处来支持其工作的开展和目标的实现。

人权委员会自成立以来，基本上每年都会发布年度报告。报告会详细介绍本年度在人权上取得的成绩、各项目的执行情况、人力资源的管理以及年度财务报表。通过人权委员会的工作，南非人民对自己所享有的人权以及如何维护自己的权利有了更多更广的了解，人权的观念逐渐深入南非人的意识。

---

① http：//www. sahrc. org. za/home/index. php？ ipkContentID = 1&ipkMenuID = 28，2012 年 2 月 1 日访问。

② 董斌：《南非人权委员会研究》，中国政法大学 2010 年硕士学位论文。

2. 其他维护人权的机构

除审计总署外，公共保护人、促进和保护文化、宗教及语言权利社群委员会、性别平等委员会、选举委员会都是南非维护人权的机构，这些机构被共同规定在南非 1996 年宪法第九章之中，它们的性质、宗旨和基本原则相似，它们都是独立的国家机构并且其宗旨都是为了增强宪政民主制度，它们的主要区别在于不同机构的职权范围不尽相同。这些机构的职权范围，从它们的名称上就能了解到，如性别平等委员会的职责是男女平等权的保护，而促进和保护文化、宗教及语言权利社群委员会则负责文化、宗教和语言领域的人权保护事宜。它们和人权委员会一起，明确分工，又相互协助，共同致力于南非的人权保护事业。

四、南非对艾滋病人人权的特别保护

非洲是世界艾滋病的重灾区，艾滋病肆虐是非洲人权灾难的最突出表现之一，遏制艾滋病的蔓延是非洲人权保护的重大任务。在与艾滋病抗争的过程中，人们逐渐认识到有效保护艾滋病人的人权是遏制艾滋病蔓延的关键，而对艾滋病人的保护其实也就是对人之作为人的基本人权的保护。为寻求有效的以人权为基础抵御艾滋病流行的措施，国际社会形成了艾滋病人人权保护的明确标准和艾滋病人的主要人权，即法律面前的非歧视平等权、健康权、不受非人道的羞辱的对待或惩罚、人身自由和安全权、劳动和工作权、言论、集会和结社自由以及政治权利和自由等。宪章的第 2 条、第 4 条、第 6 条、第 11 条、第 13 条、第 15 条、第 16 条、第 17 条、第 18 条规定了上述人权。

南非是目前世界上艾滋病疫情最严重的国家之一。艾滋病最初主要是在男同性恋人群中传播。从 1985 年开始，艾滋病开始向其他人群扩散并最终以令人恐惧的速度在南非蔓延开来。[①] 艾滋病给南非的经济发展造成了很大的阻碍。从 1992 年起，南非政府开始采取积极的防治艾滋病的措施。

南非在艾滋病人人权保护上做了很多工作，首先，1992 年南非成立了南非国家艾滋病联席会议（National AIDS Convention of South Africa），2000 年南非制定了国家艾滋病五年计划。其次，由于歧视是艾滋病领域中最显著的违反人权的行为，因此，南非的宪法和法律中反歧视的立法也构成了对艾滋病人的保护，主要有《南非宪法》、《促进平等和防止不公平差别对待法》、《就业平等法》。再次，积极参加国际社会关于艾滋病预防和人权保护的国际活动，在

---

① 孟金梅：《南非反艾滋歧视的立法及司法实践》，载《北京政法职业学院学报》2008 年第 4 期。

国际决议的基础上对艾滋病人的治疗和人权保护进行了具体规划。如南非内阁成立了一个由副总统领导的、由 10 名成员组成的部际特别委员会、艾滋病特别议员委员会和南非艾滋病法律规划处等机构，处理艾滋病问题，维护艾滋病人权益。[①] 最后，制定了有关防治艾滋病的法律，出台了专门的《艾滋病防治法》。在实践中，南非通过其司法判例对艾滋病人的人权进行保护。最著名的是霍夫曼诉南非航空公司案，该案认定拒绝录用艾滋病人构成了歧视，保护了艾滋病人的平等就业权。

综上所述，南非在宪章规定及精神的指导下，对其国内制度进行了一系列的改革来贯彻落实对国内人权的保护。在立法层面，通过制度宪法和法律确认了宪章人权，为人权的保护提供了基础；在执法层面，设置了专门的人权保护机构，专司人权保护和促进事业；在司法层面，有宪法法院守护宪法，为宪法人权保驾护航，并通过判例制度开创了现实中的人权。尤其南非在艾滋病人人权保护方面的突出表现，有效地控制了艾滋病的蔓延，使南非摆脱了先前艾滋病严重泛滥的现象，也使南非成为非洲国家中对宪章人权保护的有力践行者。

（载《广州大学学报（社会科学版）》2012 年第 5 期）

---

① 蔡高强、贺鉴：《论非洲艾滋病人的人权保护》，载《非洲法研究》2005 年第 2 期。

人权教育

浅谈中国高校的人权教育

白桂梅[*]

联合国人权教育十年（1995—2004）活动[①]对中国的人权教育发挥了一定的推动作用。作为高校从事人权教学和研究工作的一名普通教师，我对中国政府采取的措施和进行的人权教育活动并不甚了解。但是对于高校人权教育近些年来的发展却略知一二，特别是对我所在北京大学法学院的人权教学和研究有一些亲身经历和感受，应本刊编辑之邀愿在这里与大家分享。

一、人权教育对中国的重要性

人权（human rights）对中国人来讲是个外来语。经历了几千年封建统治，直到 20 世纪末，人权的概念对于广大普通的中国人来说还是一个陌生的字眼。什么是人权？怎样维护自己的人权？国家在尊重和保护人权方面承担什么责任？人权受到侵犯后应该怎么办？这些问题至今还有很多人知之甚少，其中也包括一些受过高等教育的人，甚至很多人不会提出这些问题。人权意识薄弱的现状证明在中国进行人权教育的重要性。同时也为从事人权教育的同仁们提出了挑战并指明了方向。

二、中国人权教育的近期目标

让我们中国人知道自己享有或者应该享有哪些人权，这应是中国人权教育首要的近期目标。因此人权教育在中国首先应该是人权传播。人权传播可以采取各种形式，包括学校内的人权和相关课程的教学、研讨活动、模拟联合国和模拟法庭等，还包括学校外各种媒体、知识竞赛等。人权传播的内容首先是中

---

[*] 白桂梅，北京大学法学院教授。

[①] 1994 年 12 月 23 日第 49/184 号决议，该决议宣布自 1995 年 1 月 1 日开始的十年为联合国人权教育十年。其实，联合国人权教育十年结束后，联合国又制定了"世界人权教育方案"（World Programme for Human Rights Education）第一阶段（2005—2007）行动计划（Plan of Action），主要目标是确保在中、小学开设人权课。

国宪法所保护的公民权利和基本自由，其次是国际人权公约，特别是中国已经参加的国际人权公约的具体内容。① 自 2004 年中国最近一次修改宪法明文将"国家尊重和保障人权"② 作为一项宪法原则以来，在中国普及宪法知识并传播人权内容便受到从事人权教育的同仁们越来越多的重视。但是应该指出，虽然人权传播是我们的近期目标，但是这个目标不一定能在近期实现。其原因很多也很复杂，在此不宜详述。正如中国驻联合国代表团于 2006 年联合国大会在"世界人权日"讨论人权教育时所指出的："人权教育是一项长期系统工程，人权理念的传播和深入人心需要长期不懈的努力。"③不过，在高校进行人权传播的同时还可以为中国未来实现这个目标培养人才。

三、北大法学院人权教育概况

自北大法学院开设第一个人权课程至今已有十多年了。十几年来，在国内同仁以及包括联合国人权高专在内的世界各人权机构特别是瑞典隆德大学罗尔瓦伦堡人权和人道法研究所的协助下，我们人权研究中心④对中国的人权教育作出了一定贡献。我们开设的第一个人权课程是面向北大法学院本科生的人权系列讲座。除人权中心的老师外，我们还邀请了校外人权专家为该讲座授课。原中国社会科学院法学研究所研究员夏勇和原驻联合国大使范国祥先生多次为该讲座演讲。后来我们为全校开设了《国际人权法》的通选课，该课程受到全校学生的欢迎。⑤再后来我们开始为北大法学院的研究生开设人权课程，例如龚韧刃教授开设的《人权与法治》和我开设的《国际人权保护机制研究》。我们的这些人权教学活动为 2004 年与瑞典隆德大学罗尔瓦伦堡人权和人道法研究所共同进行人权硕士项目奠定了基础。这个项目反过来又促进了我们的人

---

① 关于中国参加的国际人权公约的具体情况，可以访问中国人权研究会的网站："中国已加入国际人权公约"http：//www.humanrights.cn/cn/rqfg/index.htm.

② 2004 年修订《中华人民共和国宪法》在第二章公民的基本权利和义务中规定"国家尊重和保障人权"（第 33 条第 2 段）。

③ 参见 http：//www.fmprc.gov.cn/ce/ceun/chn/xw/t174241.htm，2007 年 8 月 30 日访问。

④ 北京大学法学院人权研究中心于 1997 年 4 月 25 日建立。根据与红十字国际委员会北京办事处的协议，中心的现名为"北京大学法学院人权和人道法研究中心"。关于该中心的简介，参见该中心的网站：www.hrol.org。

⑤ 因授课人员工作负担太重停开了几年，2009 年 9 月又恢复了。

权教学。目前，我们共开设了八门人权课程，①它们既向法学院所有学生开放，也是"人权硕士项目"的组成部分。

除上述比较正规的人权课程外，我们人权中心还利用开展人权研究项目的机会在北大举办大型人权研讨活动。研讨的主题包括人权公约在中国的实施、人权与法治、农民工的人权保护、禁止酷刑、少数者权利保护、消除对艾滋病毒和乙肝病毒携带者的歧视、消除对妇女的歧视等。由于这些活动的参加者来自我国各个领域和不同阶层并能吸引众多学生，人们在演讲、讨论和交流的过程中得到的人权教育是在课堂上得不到的。

四、北大法学院的"人权硕士项目"

我们人权研究中心从 2004 年开始与瑞典隆德大学罗尔瓦伦堡人权和人道法研究所共同举办"人权硕士项目"，迄今已经有 100 多名毕业生。第六届的 27 名学员也于 2010 年毕业。

迄今为止，我们的"人权硕士项目"在同类项目中，是中国的第一个，亚洲的第三个；迄今也是我国唯一的此类人权教育项目。该项目有以下几个特点：

第一，中外共同举办。在瑞典国际发展署（SIDA）的资助下，我们从 2002 年开始与瑞典隆德大学罗尔瓦伦堡人权和人道法研究所共同筹办并于 2004 年春招收了第一届学员。瑞典 SIDA 资助该项目的所有开销，包括外籍教师的工资、在北京的食宿和所有与教学相关的差旅费、学生的图书和资料费以及科研费、聘请中国教师的部分讲课费。此外，在该项目的第一年还破例为该项目解决了租用办公室问题。借此机会我代表人权中心和我们的所有学员向瑞典 SIDA 和我们的合作伙伴瑞典隆德大学罗尔瓦伦堡人权和人道法研究所表示衷心感谢。

第二，中外教员共同授课。在人权硕士项目开设的八门课程中，一半由外籍教师用英语授课；一半由中国教师用汉语授课。这样的授课方式不仅可以使学生直接与国外人权专家长期接触，同时也为中外人权学者在人权教学与研究方面进行交流创造了良机。

第三，学员是来自北大文理科（以文科为主）各院系的硕士研究生。由

---

① 这些课程包括人权与法治、国际人权保护机制研究、国际人权宪章（核心人权）、人权专题系列讲座、商业与人权、欧洲人权保护机制、国际人道法和少数者保护。当然，这些课程可能根据教学人员的变化或教学需求而有所调整。例如，少数者保护课程就曾经被"国际难民法"或"外国人视野下的人权专题讲座"所取代。

于我们招收的对象已经是在北大办理了入学手续的正式学生，因此免去了与招生相关的许多问题。更重要的是，学员包括法学和非法学专业的研究生，他们从不同学科带来的对人权研究的不同视角和方法使所有学员受益匪浅，也为人权硕士项目带来勃勃生机。

第四，学生毕业时获得项目结业证书。我们的"人权硕士项目"实际上是非学位项目。因此学员在毕业时获得的是由北京大学法学院和瑞典隆德大学罗尔瓦伦堡人权和人道法研究所共同颁发的人权课程项目结业证书。但是，由于我们的学员各自都有自己的专业，所以他们在自己专业毕业均可获得本专业的文凭。例如来自法学院的学生可以获得法学硕士文凭，来自外国语学院的学生可以获得文学硕士的文凭。"人权硕士项目"的这个特点对我们的毕业生解决就业问题是有好处的。中国目前可供人权专业的工作岗位少之又少，这种状况甚至在可预见的将来都不会有什么改变。如果只有人权专业的文凭对学生就业不利。因此，我们的毕业生可以用自己本专业的文凭在中国解决就业问题。但是，无论他们从事什么专业的工作都可以在必要时运用他们的人权知识。此外，这个特点可以让我们在短期内为中国培养更多的人权专业人才。如果是学位项目，就意味着我们要在法学院建立人权专业的硕士点。然而，建立这样的硕士点后，招生人数就会受到限制，最多不会超过 10 名。我们的"人权硕士项目"从 2008 开始每届招收 25 名再加上 2 名西部大学进修教师，有时还可以在一定条件下扩大招生。①

综上所述，我们的"人权硕士项目"既适合目前中国的发展状况，又利于尽多尽快地培养人权方面的人才，是值得在我国其他高校予以推广的模式。但是，这种模式也有其弊端。例如，我们曾经收到过一些外国学生的申请，但是在了解到我们是不发文凭的项目后，他们只能放弃。其实，高校人权教育可以有各种不同的模式。实际上，我国大陆的许多高校都在开展人权的教学与研究并取得了可喜成绩。

五、对我国大陆高校人权教育的几点看法

我国高校人权教育的发展除了得益于"联合国人权教育十年（1995—

---

① 例如，我们在第二届扩招了 2 名学员，多出的 2 名学员是为中央民族大学法学院培养的；第四届我们扩招了 1 名学员；第五届扩招了 2 名。这些扩招的学员在不享受正式学员科研经费等待遇的条件下，在修满学分并撰写毕业论文后与正式学员一样可以获得"人权硕士项目"的结业证书。第六届我们录取了 8 名旁听生，这些学生完成学业也会获得结业证书。

2004）"活动的影响，还得益于瑞典隆德大学罗尔瓦伦堡人权和人道法研究所自 20 世纪末以来向中国 14 所院校无偿赠送的几批人权方面的图书。为了充分利用这些图书并促进中国的人权教育和研究，北欧三国（瑞典、挪威和丹麦）的人权机构随即开始了在中国高校举行人权法的培训和研讨活动。这些活动不仅促进了高校的人权教育，也为我们培养这方面的人才作出了重要贡献。在参加第一期培训的学员中，已经有一些人权法专家和人权教学骨干脱颖而出。

目前，我国大陆高校的人权教育已经取得了一定成绩并在稳步前进，但也存在一些问题。借此机会我从两个方面谈谈自己的看法。

关于成绩。除上述在北欧三国的协助下我国大陆出现了一批热爱人权教学与研究的学者外，一批关于人权的教科书也在近几年相继出版。例如，李步云主编的《人权法学》（目前正在筹划再版）、国际人权法教程项目组编写的《国际人权法教程》（两卷本，第二卷为人权法资料）等。除了教科书，还出版了一些关于人权的专题研究专著，其中有些具有相当高的学术参考价值。此外，关于人权的研讨活动在我国大陆也越来越多，研究的焦点也从过去泛泛而谈向专题研究发展，特别是中国农民和农民工的人权，妇女和儿童的权利，少数者包括残疾人、艾滋病毒和乙肝病毒携带者的权利等。这些研讨活动一方面促进了中国大陆高校的人权教学，另一方面对于中国大陆在这些方面的立法和执法活动也起到了相当大的促进作用。

关于问题。首先，应该指出的是，中国大陆的上述各项人权教育和研究活动相当一部分由国外机构或基金会赞助。财政支持的单一性而且主要来自海外是目前存在的一个大问题。希望我国的人权教育和研究能够得到更多的政府方面和企业、公司等方面的大力支持，从而使我们的人权教育向着更加健康的方向发展并取得更多成绩。其次，中国大陆高校的人权教育目前多数在法学领域开展。实际上，虽然法学与人权固然有着密切的联系，但是其他领域，例如政治学、哲学、人类学、社会学、环境学等诸多领域都与人权密切相关。希望在不同的领域出现更多的人关注中国的人权教育问题。再次，我国人权教学目前主要停留在高等教育阶段，从小学到高中阶段基本还是空白。然而，人权教育应该"从娃娃抓起"。希望能够得到我国决策者的重视。最后，中国大陆的各个学科基本存在相应的学术机构，如中国法学会、中国国际法学会等。但是，迄今尚无任何形式和任何级别的人权学术机构。然而，这样的机构是必要的，仅从相互交流经验、互通信息和资料等方面就足以说明我们需要这样的平台。

（载《广州大学学报（社会科学版）》2010 年第 5 期）

国家在人权教育领域的责任和义务

班文战

1948 年通过的《世界人权宣言》期望"每一个人和社会机构……努力通过教诲（teaching）和教育（education）促进对（《宣言》所载）权利和自由的尊重"，并将"加强对人权和基本自由的尊重"明确宣示为教育的首要目的。① 60 多年以来，《世界人权宣言》倡导的教育功能和目的在全球范围内得到了反复确认、普遍认同和不断发展。在《世界人权宣言》和有关国际人权公约的基础上，经过国际和国内社会成员长期不懈的努力，以人权为核心内容和首要目的的人权教育概念和原则在 20 世纪 90 年代初得以形成和确立，并于此后的十余年中得到了日益广泛的传播和应用。目前，人权教育已被宣示为人人享有的一项基本人权，② 并已被视为国际和国内社会所有成员共同肩负的道义责任或法律义务。

实践表明，人权教育是一种主体多元、对象普遍、途径多样、内容广泛、任务艰巨、影响深远的综合活动和持久进程。就一国而言，人权教育的行为主体包括国内各级各类政府部门、国家人权机构、教育和研究机构、非政府组织和有关个人，以及国外（含国际）的有关组织、机构和个人；③ 其对象包括本国境内以及受本国管辖的全体民众，尤其是妇女、儿童、老年人、少数人、难民、土著人民、极度贫困人口、感染艾滋病毒者或艾滋病患者和其他脆弱群体，以及警察、监狱官员、律师、法官、教师、课程设计人员、武装部队成员、国际公务员、发展事务官员、维持和平人员、媒体工作者、政府官员、议

---

  * 班文战，中国政法大学人权与人道主义法研究所教授。

  ① 参见《世界人权宣言》序言第 8 段和第 26 条第 2 款。

  ② 参见 1997 年《国家人权教育行动计划准则》第 16 段和 2005 年《世界人权教育方案第一阶段（2005—2007）行动计划》第 15 段。

  ③ 参见 1997 年《1995—2004 年"联合国人权教育十年"国际行动计划》第 11～19 段、《国家人权教育行动计划准则》第 20 段和 1999 年《关于个人、群体和社会机构在促进和保护普遍公认的人权和基本自由方面的权利和义务宣言》第 6 条。

员和其他对人权实现具有特殊影响的群体;①其途径涵盖各种正规、非正规和非正式的教育形式;②其内容涉及与人权有关的各种知识和技能;③ 其任务在于向教育对象传授关于人权的各种知识和技能,帮助其养成拥护人权的价值、信仰和态度,鼓励其开展预防人权侵犯和捍卫人权的行动,促成普遍人权文化的建立,加强对人权和基本自由的尊重,充分发展人的人格和尊严感,促进所有民族、土著人民以及种族、民族、族裔、宗教和语言群体间的了解和容忍,增进男女平等和友谊,使人人能够在自由社会中有效参与,推动联合国维护和平的活动;④ 其影响遍及国内和国际社会每一成员的活动领域。这样一种活动和进程特别需要来自国家的积极配合、全面支持和有力保障,借以促进各行为主体充分而有效地开展人权教育活动,保证其活动符合人权教育的一般原则和最低标准,进而实现人权教育的预期目的。鉴于此,许多国际人权教育文件在法律、政策、计划、战略、方案、制度、机构、人员、经费、材料、信息、技术和其他有关方面,对国家的支持和保障措施提出了具体而明确的要求。⑤ 这些文件宣示了国际社会广泛接受的人权教育原则,表明了有关国家在人权教育领域所做的庄严承诺,尽管没有法律约束力,但仍然具有不可否认的道义力量。

积极开展和促进人权教育不仅是各国的国际道义责任,还是有关国家的国际法律义务。根据有关联合国核心人权公约和区域人权公约的规定,各公约缔

---

① 参见《1995—2004 年"联合国人权教育十年"国际行动计划》第 23～24 段。从《国家人权教育行动计划准则》第 39 段列举的需要接受人权教育的群体来看,警察之外的其他执法人员、检察官、移民官员、边防官员、社会工作者、医务工作者、民间组织和团体的成员、流离失所者、农村和城市穷困人口（特别是贫困妇女）、移徙工人、残疾人、囚犯和其他被监禁者的人权教育也应受到特别关注和重视。

② 按照《世界人权教育方案第一阶段（2005—2007）行动计划》所附的《小学和中学系统中的人权教育组成部分》第 27 段的说明,"正规教育"（formal education）指的是学校教育、职业培训和大学教育;"非正规教育"（non - formal education）指的是成人教育和作为正规教育补充形式的教育形式,例如社区服务和课外活动;"非正式教育"（informal education）指的是在教育系统外设计的活动,例如非政府组织开展的活动。

③ 《维也纳宣言和行动纲领》第二部分第四节"人权教育"第 80 段明确要求"人权教育应包括各项国际和区域人权文书所载的和平、民主、发展和社会正义"。

④ 参见各有关国际人权公约关于教育目的的规定以及各有关国际人权文件关于人权教育的定义和一般原则的说明。

⑤ 详见 Office of the United Nations High Commissioner for Human Rights, The United Nations Decade for Human Rights (1995—2004), No. 3: The Right to Human Rights Education: A Compilation of Provisions of International and Regional Instruments dealing with Human Rights Education, United Nations, New York and Geneva, 1999.

约国均有义务采取所有必要、适当或有效的步骤、方法和措施，促进和确保本公约确认的各项权利的实现。① 人权教育的对象、内容和目的表明，就各项权利的实现而言，这种教育不仅是必要、适当和有效的措施，还是最为基础的和根本的措施。② 在上述一般性的实施义务之外，有关国际人权公约关于受教育权的条款，尤其是这些条款关于教育目的的规定，构成了人权教育的国际法律基础和核心要素；③ 许多国际人权公约关于讲授、教育、培训、新闻以及有关信息和资料的编制、获得、交流和传播等方面的规定为缔约国设定了开展人权教育的具体义务。④ 上述各项义务对有关国际人权公约的当事国具有法律约束力，应当由这些国家善意地加以履行。

国际人权文件宣示的人权教育原则及其确立的相关法律义务在国内层面同样得到了不同程度的体现和落实。20 世纪 90 年代以来，许多国家制定或修改的宪法纷纷将人权和基本自由确立为国家或宪法制度的基础、最高目标、价值或基本原则，并将尊重和保障这些人权和基本自由规定为国家机关及其工作人员的责任和义务；⑤ 不少国家的宪法在规定本国批准或加入的国际条约或者一

① 参见《经济、社会和文化权利公约》第 2 条第 1 款；《公民权利和政治权利国际公约》第 2 条第 1~2 款；《消除一切形式种族歧视国际公约》第 2 条第 1 款；《消除对妇女一切形式歧视公约》第 2~3 条、第 5~8 条；第 10~14 条和第 16 条；《禁止酷刑和其他残忍、不人道或有辱人格的待遇或处罚公约》第 2 条；《儿童权利公约》第 4 条和第 39 条；《保护所有移徙工人及其家庭成员权利国际公约》第 84 条；《残疾人权利公约》第 4 条第 1 款第 4~5 项、第 6~7 条；《美洲人权公约》第 26 条；《阿拉伯人权宪章》第 3 条和第 44 条。

② 参见经社文权利委员会第 3 号一般性意见第 7 段、人权事务委员会第 31 号一般性意见第 7 段、《国家人权教育行动计划准则》第 12 段。

③ 普遍性国际人权公约关于教育目的的规定可见于《经济、社会和文化权利公约》第 13 条第 1 款、《儿童权利公约》第 29 条、《残疾人权利公约》第 24 条第 1 款和《取缔教育歧视公约》第 5 条第 1 款第 1 项。这些规定对人权教育的目的和原则产生的影响得到了关于人权教育的大量国际文件的反复重申。

④ 参见《消除一切形式种族歧视国际公约》第 7 条；《消除对妇女一切形式歧视公约》第 5 条第 2 款和第 10 条；《禁止酷刑和其他残忍、不人道或有辱人格的待遇或处罚公约》第 10 条；《儿童权利公约》第 17 条、第 19 条、第 32 条第 2 款、第 42 条和第 44 条第 6 款；《保护所有移徙工人及其家庭成员权利国际公约》第 65 条第 1 款和第 73 条第 4 款；《残疾人权利公约》第 4 条第 1 款第 8~9 项、第 8 条、第 9 条第 2 款、第 13 条第 2 款、第 16 条、第 20 条和第 24~27 条；《保护所有人免遭强迫失踪国际公约》第 23 条第 1 款、《非洲人权和民族权利宪章》第 25 条；《阿拉伯人权宪章》第 1 条和第 41 条。

⑤ 参见 1998 年阿尔巴尼亚宪法第 3 条；1995 年亚美尼亚宪法第 4 条；1995 年阿塞拜疆宪法第 12 条；1994 年白俄罗斯宪法第 21 条；2003 年车臣宪法序言第 3 段、第 3 条和第 14 条第 1 款；1990 年克罗地亚宪法第 3 条；1993 年俄罗斯宪法第 2 条和第 17~18 条；1996 年南非宪法第 1 章第 1 节和第 2 章第 7~8 节。

般国际法规范对本国的直接效力或/和优先效力的基础上，明确将《联合国宪章》、《世界人权宣言》、本国批准或加入的普遍或区域国际人权公约作为解释和适用宪法规定的人权和基本自由的根据；① 还有一些国家的宪法专门规定了与人权教育有关的权利或职责。② 在"联合国人权教育十年"和"世界人权教育方案第一阶段"的框架内外，越来越多的国家开始制定并实施专门的人权教育行动计划或者包含了人权教育内容的综合性的国家人权行动计划，③ 设立了负责执行《世界人权教育方案第一阶段》的国家人权教育联络中心、专门性的人权教育委员会或者拥有人权教育职能的国家人权机构，④ 在人权教育及其相关领域采取了多种措施，取得了显著成绩。尽管如此，各国对待人权教育的态度和采取的具体行动仍有明显区别，且与自身承担的道义责任和法律义务的要求存在较大差距，尚需与国际和国内社会的其他成员一道，为人权教育活动的全面、有效开展以及人权教育目的充分、彻底实现继续作出真诚而持续的努力。⑤

（载《广州大学学报（社会科学版）》2010 年第 3 期）

---

① 参见 2004 年阿富汗宪法第 7 条第 1 款；1992 年安哥拉宪法第 21 条；1995 年波黑宪法序言第 4~7 段、第 2 条第 1~2 款和第 6 款；1993 年柬埔寨宪法第 31 条和第 48 条；1992 年刚果宪法序言第 5~6 段；1994 年爱沙尼亚宪法第 13 条第 2 款；1991 年罗马尼亚宪法第 20 条；1991 年卢旺达宪法序言第 6 段；1992 年斯洛伐克宪法第 11 条；1991 年也门宪法第 5 条。

② 参见 1992 年拉脱维亚宪法第 90 条；1991 年马其顿宪法第 51 条第 3 款；1992 年巴拉圭宪法第 73 条第 1 款；1996 年南非宪法第 9 章第 184、185 和 187 节；1992 年修正西班牙宪法第 27 条第 2 款。

③ 关于现有的 14 个国家人权教育行动计划以及 14 个综合性国家人权行动计划中的人权教育内容，参见 http：//www2. ohchr. org/english/issues/education/training/national – actions – plans. htm.

④ 联合国人权高级事务专员办事处的官方网站登载了 49 个国家人权教育联络中心的信息，参见 http：//www2. ohchr. org/english/issues/education/training/national – focal. htm.

⑤ 关于有关国家在"联合国人权教育十年"和"世界人权教育方案第一阶段"期间开展的工作、取得的成就、存在的问题以及关于在国家层面开展后续活动的建议，参见《人权高级事务专员关于在实现联合国人权教育十年（1995—2004 年）目标方面取得进展情况的中期全球评价报告》，Distr.：General，A/55/360，7 September 2000，CHINESE，Original：ENGLISH；《联合国人权教育十年（1995—2004 年）：关于〈十年〉的成败及联合国未来在这方面的活动的报告》，Distr.. GENERAL，E/CN. 4/2004/93，26 February 2004，CHINESE，Original：ENGLISH；Report of the High Commissioner：Study on the follow – up to the United Nations Decade for HRE（1995 – 2004）Distr. GENERAL，E/CN. 4/2003/101，28 February 2003；Summary of national initiatives undertaken within the World Programme for Human Rights Education（2005 – ongoing），at http：//www2. ohchr. org/english/issues/education/training/Summary – national – initiatives2005 – 2009. htm.

通过教育，促进人权

张晓玲[*]

人权教育是国际社会关注的主题，也是我国社会主义人权建设越来越重视的主题。2009 年我国第一次制定的《国家人权行动计划（2009—2010 年）》明确把人权教育纳入国家人权行动计划，指出："有重点地开展针对公职人员的人权教育培训，特别是针对公安、检察院、法院、监狱、城管、行政执法机构和人员的人权教育培训。"开展人权教育是贯彻落实以人为本科学发展观的一个新要求，高度重视人权教育反映了作为执政党的中国共产党尊重和保障人权的决心。

开展人权教育在我国具有非常重要的意义。由于我国没有经历完整的资本主义发展阶段，没有经历彻底的民主启蒙运动，缺乏人权自觉性和人权意识是我们社会的一个普遍现象。正如邓小平同志指出的："肃清思想政治方面的封建主义残余影响这个任务，因为我们对它的重要性估计不足，以后很快转入社会主义革命，所以没有能够完成。"再加之当前伴随着经济全球化，各种思想文化和价值观念相互激荡，人们在人权问题上产生了许多模糊认识。所以，开展人权教育，首先需要消除对人权的几个认识上的误区：

第一个误区认为，人权是西方的东西，中国国民素质没有达到那一步，不适合讲人权。我们知道，虽然人权概念产生于欧洲，但是人权不是西方的专利。人权是人类追求的共同理想。在中国的历史上，早在古代的《礼记·礼运》中就提出："大道之行，天下为公。人不独亲其亲，不独子其子，使老有所终，壮有所用，幼有所长，鳏寡孤独废弃者皆有所养。"这种大同理想实际上是一种人权的理想，表明了人的权利得到比较充分的实现，人与人之间和谐相处的理想境界。这是中国悠久的历史文化中的灿烂财富。这一理想一直在激励无数仁人志士为之奋斗。

第二个误区认为，社会主义讲民主法制就可以了，没有必要使用人权这个概念。其实，人权是比民主法制更基础、更根本的概念。不理解人权，就不能

---

* 张晓玲，中共中央党校政法部教授。

真正理解现代民主法治。现代民主制度和法治都是为了保障人权而发展起来的。

第三个误区认为，讲人权会引起老百姓过高的要求，影响社会的稳定。其实，权利的要求客观存在，权利的冲突每天都在发生。只有让每一个人都认识人权，要求自己的人权，同时也尊重别人的人权；让每一个公职人员认识到自己对于人权的责任，才会有人与人之间的和谐、才会有公民与政府关系的和谐。人权是对社会的正当要求，但不是反对社会的要求，人权是利己不损人，利己又利人。

第四个误区认为，人权是国家的事，与我无关。其实，人权就在我们身边，它是一种对人的态度。人权的核心是人。尊重人是对每个人的要求，更是对国家权力机关及其工作人员的要求。人权要求转变对权力观念的传统看法。它涉及的深层理论问题是：到底怎样认识人权与公共权力的关系？谁是目的？谁是手段？谁为谁存在？胡锦涛总书记提出："权为民所用，情为民所系，利为民所谋"，强调的就是公权力必须保障人权。以人为本说到底要落实到广大人民群众的人权的实现上。是不是保障人权，保障多少人的人权是衡量是否以人为本的一个根本标准。

"通过教育，促进人权"是联合国提出的人权战略。人权教育是实现人权、保障人权必不可少的思想条件。提高人权意识，形成人权文化是人权保障的内在要求。从1993年联合国《维也纳宣言和行动纲领》提出人权教育以来，我国政府越来越重视人权教育，采取多种形式推进人权教育。人权教育已经成为我国人权战略的重要内容。

我国人权保障已经取得了举世公认的巨大成就，我们相信，人权教育的开展必将促进中国特色的社会主义人权文化的形成，提高全社会的人权意识，把我国人权事业推向一个新的阶段。

（载《广州大学学报（社会科学版）》2010年第5期）

大学人权教育的意义与基本内容

黄建武[*]

自新民主主义革命以来，关于人权在我国政治与社会生活中地位的认识一直跌宕起伏，新中国成立后还曾出现过将人权视为资产阶级口号而弃用的阶段。2004年"人权入宪"，第24条修正案规定"国家尊重和保障人权"，不仅表明了理论界形成的基本共识，而且表明了人权在国家活动领域已被高度认同和重视。《国家人权行动计划（2009—2010年）》进一步提出了广泛进行人权教育和传播人权知识的行动方案。人权教育在我国的大学（或说主要在法学院）中正在开展，但由于主客观条件的限制，其发展现状与满足社会发展要求仍相距甚远。要促进其发展，从主观认识方面来说，有两点特别值得我们注意：一是对于人权教育意义的认识，二是人权教育内容的安排。本人就此谈谈自己的认识。

一、在大学中进行人权教育的意义

大学教育的功能，简要地说，是在学生大学前教育的基础上，进一步塑造和培育学生完善的人格，并为其提供社会工作技能。虽说两者不可偏废，但从根本上说，前者更为重要，它涉及的是人的思想、灵魂的塑造，是人之为人的教育；后者是工具性、技能性的教育。人权教育主要对应前者，兼涉后者。

大学中的人权教育，主要是人权基本理论和人权基本知识。从解析方向来说，人权学说，既是一种人学，又是一种权利之学。作为人学，它包含着以人为本、以人为目的、终极关怀在于人本身等价值内容；作为权利之学，它包括人的权益识别和制度保障等操作性内容。

在大学中进行人权教育，最重要的意义在于它是进行人之为人的教育，是培养学生关怀人、尊重人，视人为目的，塑造学生完善人格中不可缺少的素质。这一意义特别值得强调与重视，原因在于长期以来，我国人权研究和宣传教育的内容和功能主要定位于应对国际人权斗争，对于人之培养塑造功能则受

---

[*] 黄建武，中山大学法学院教授。

到较大忽视。

人权教育在我国大学教育中之所以重要，是由于我国长期封建文化的积淀，我国没有经过也无从经历像欧洲文艺复兴那样的运动，我们民族传统文化中那种对人主体性压抑的内容还未曾被有力撬动过，我们还缺乏那种将人视为目的而不是手段的认识和信念。我们的社会革命来得很快，但文化上的准备则有很多不足，因此，我们传统文化中的"民本"思想所包含的一些合理因素还来不及总结，就被简单地封存在封建文化的包裹里处理了。故人们在文化的自然浸润中，难以吸收到尊重每一个人、将人视为目这样的文化内容，由此，刻意的培养就变得必不可少。尤其是长期的功利主义和工具理性的影响，使合作交往中将他人视为工具的意识非常自然，一切交往关系都可简约为不同主体可量化的利益得失，人也通常被简约为一个个数字，而不是大写的"人"字。虽然中央提出了"以人为本"的口号，但社会中缺乏一种人文精神的根基，缺乏一种真正珍视人的意识背景，因此这一口号很快在市场经济的大潮中被演化成"以人为本钱"的理解和实践，人的目的性被化解成了人的工具性。人变成了人才、变成了人力资源。这种境况更反衬出人权教育的重要性。同时，人权理论中有关人的权益识别和制度保障等内容，则更是需要经过专门教育，学生才能较准确深入把握的。

由于大学毕业生在社会各项工作中的特殊作用，我们可以进一步看到大学人权教育所衍生出的现实意义：

第一，有助于解决国内发展问题，构建和谐社会。人权研究、人权教育，在本土意义上就是要解决国内的民生与发展问题，构建和谐社会。比如，提供民众生存与发展的良好物质和文化条件，构建良好的人权保障制度，依托前者克服和消除人权保障方面的障碍等。大学人权教育功能的发挥是实现上述目标不可缺乏的条件。

第二，有助于应对国际上的人权斗争。人权作为一种理论，其功能本应是探求如何建设一种适于人类共同发展、适于每一个人全面发展的环境和制度。但不幸的是，一开始这种理论就与政治斗争结合在一起。在当前的国际上，人权更常常成为一些大国为了自己特殊的利益限制和打压发展中国家、包括我国的工具。大学的人权教育，有助于使人们认清人权领域的这种形势，分清是非，站稳立场。

第三，有助于我国为人类的共同发展作出贡献。从全球来看，人权事业是人类的共同发展。中国作为社会主义国家，对促进人类共同发展当发挥更大的作用。促进人类共同发展的话语权更应在社会主义国家而不是资本主义国家，因为社会主义或共产主义的本意，就是追求人类的解放和共同发展，并保证每一个人的全面发展。中国要发挥这方面的作用，有赖于中国大学人权教育功能的发挥。

二、大学人权教育的基本内容

大学人权教育的内容，可以概为人权基本理论，人权与法律制度，人权基本知识。具体内容可根据法学和非法学的专业不同作出安排。对于法学专业学生，教育的主要内容应当包括人权基本理论及人权与法律制度；对于其他专业学生，内容应当为人权基本理论及人权基本知识。

人权基本理论是大学学生人权教育的共同课程。它应当包括人权产生的概念、人权之来源、人权分类标准、人权与社会和国家、人权实现的方法与条件等基本理论内容。在内容中应当特别突出马克思主义的人权观，特别是经典作家关于人权的理论观点，以马克思主义人权理论作为主线。因为现代青年中，真正阅读马克思主义经典著作的甚少，较多人对马克思主义人权理论知之甚少，甚至不知道马克思主义关于每个人自由发展的主张，不知道自由人联合体的主张，以至于达到一谈人权则言必称英美的地步。要引导学生们树立正确的人权观，这种状况是必须要改变的。

对于非法学专业学生的人权基本知识，着重介绍人权分类目录中的各项权利，使学生认识到人在社会中的各项基本权益。对于有争议的内容亦应介绍。

对于法学专业学生，因其将来职业特点，除人权基本理论外，还应介绍人权与相关法律制度的内容。这包括如何运用法律制度保障人权的理论原理，还包括人权的国际法保护和国内法保护的基本内容，即国际法、国内法的基本制度和主要法律文件，而不应当是以人权目录为线索重述各部门法内容，以避免与部门法教学重叠，同时也防止毫无边际地将一切法律权利都纳入人权的范围进行讲授（虽然一切权利都是以人为主体的权利），造成人权泛化。对于这一部分国际上有争议的内容更应作较深入的介绍和讨论。

以上教育内容，目的在于培养学生正确的人权观和方法论，培养其重视人、以人为本的道德感情和信念，培养其在人权领域分析问题和解决问题的能力。无论其将来作为一般社会成员还是国家权力的行使者，都能在其特定的位置上为人权的实现发挥应有的作用。

（载《广州大学学报（社会科学版）》2010 年第 3 期）

论高校人权教育中的四对关系

何志鹏*

较为系统的人权教育在中国只有十余年的历史，不仅与较为发达国家相比有很多不足，而且与一些在人权教育方面先行的发展中国家相比也存在差距。[①] 值得欣慰的是，国务院新闻办公室 2009 年 4 月 13 日发布的《国家人权行动计划（2009—2010 年）》指出，中国将结合普法活动，积极依托现有的义务教育、中等教育、高等教育、职业教育体系和国家机关内的培训机构以及广播、电视、报刊、网络等多种媒体，有计划地开展形式多样的人权教育，普及和传播法律知识和人权知识。特别是鼓励高等院校开展人权理论研究与教育，推动制定高等院校人权教育规划。鼓励高等院校面向本科生开设人权公共选修课，面向法学专业本科生开设人权法课程。这一文件为在中国推进人权教育提供了良好的基础。人权教育者可以借着这一东风将我国的人权教育提上一个新的台阶。在高校进行人权教育的过程中，笔者认为，以下几个方面的关系值得关注，并通过理顺这些关系而促进人权教育的健康发展：

一、规则教育与理念教育的关系

在当今中国，人权教育在很大程度上还是奢侈品，而非必需品。所以，很多学者现在讨论的问题不是如何具体开展人权教育，而是从事人权教育的必要

---

* 何志鹏，吉林大学法学院教授。

① 国外人权教学资料可以在《人权教育手册》（"人的安全网络"组织编写，李保东译，生活·读书·新知三联书店 2005 年版）中了解一二。关于人权教育的理论与实践概述，参见王孔祥：《国际人权法视野下的人权教育》，时事出版社 2008 年版。

性和重要性。① 虽然联合国很早就号召人权教育要从娃娃抓起，但在这方面，我们的起步显然比较晚，甚至在很多地方由于片面追求孩子的竞技性知识而在人权方面没有起步。在这样的大背景下，高校人权教育实际上是历时性的问题，共时性的解决；面临着人权理念的培育和人权制度的传授两个大使命。此时，究竟是更注重理念的教育，还是更注重规范、制度的教育呢？笔者更同意孙世彦先生的观点，着眼于树立一种人权观念。观念先行是非常重要的，不仅是因为整个中国民众还处于人权的启蒙阶段，大学生需要公民素质的培养；更是因为人权观念的培育如同开启了一扇门，有了人权观念，其在日后的学习工作中就可以留意、学习人权制度。如果没有开启这扇门，而只是从规则、制度、技术的层面介绍一些知识，对于学生真正地认识人权、理解人权、将人权化为信仰和行动指南是不可能的。所以，只有确立鲜明的人权意识，才能够在社会上逐渐树立起尊重人权、保护人权的风气，而不至于出现一批没有人权观念的政府官员、一系列没有人权意识的社会事件。

二、本土资源与外来资源的关系

如前文所述，中国在人权方面还不够先进，虽然有人写书名为《中国最有资格讲人权》，但是目睹中国强行拆迁、野蛮征地的事例，看到一些政府官员、机构在群众心目中的地位和作用等情况的人恐怕很难如此乐观。更主要的是，中国的人权规范分散在各个法律部门之中，也没有专门的人权机构和人权程序。因此，从事人权教育的时候，经常存在教学资料缺乏的问题。在这种情况下，就应当考虑采用外国的资料，特别是欧美相关国家、欧洲人权公约、人权法院所成之材料。以他山之石攻玉，可以促进我们更清晰地认识中国的人权制度。但是，在进行人权教育时，还必须密切结合中国人权实践中的事例与案例，使学生明确地理解中国的人权状况。尤其应当避免将国外的人权体制描述如天堂，片面强调中国人权制度缺陷的倾向。必须以同情、理解的态度看待中国人权事业的发展，考虑全面，以中国人权事业纵向取得了进步、横向比较尚有差距、现实上有问题、未来应不断改进为基调。使学生既意识到不足，又充

---

① 比如，孙萌认为，我国人权教育仍相对落后，教育管理部门及高等院校都应增强人权教育的意识，为推动人权教育的发展发挥更大的作用。孙萌：《从高校的人权法教学看人权教育问题》，载《现代教育科学》（高教研究）2007 年第 4 期。刘继和提出，21 世纪是"人权的世纪"，全面把握人权教育的历史和理念，推进人权教育的顺利发展，是我国教育工作者面临的重要而紧迫的课题。刘继和：《国际人权教育的历史和理念》，载《比较教育研究》2003 年第 2 期。

满希望和行动的信心。

三、理论教学与实践教学的关系

人权教育不应当教死。那种简单地陈述规则、平淡地介绍机构及运作的方式，尤其难见成效。人权更主要的是一门行动的学问，所以，应当使学生多了解社会。有条件的教师、教学单位应当给学生创造机会、深入社会实践，参加到对弱势群体的辅助和诊所式教学之中。当前，很多机构都有法律援助方面的工作，这些工作绝大多数与人权有关。应当鼓励和引领学生积极广泛地参与，将人权的规范、意识播散到日常生活的各个层面，播撒到千家万户。他们会是中国人权的播种机、宣传队。笔者曾经与一位律师讨论过学生通过法律诊所等方式参加法律援助的问题。律师认为，学生只是出于一时的新奇感参与到法律援助之中，致使把援助的案例当成教材，所以不会很负责任；而且由于知识、技术、经验的不足，容易出现偏差，所以不鼓励学生参与法律援助实践。笔者持相反的态度。因为很多学生从事法律援助活动，都是很有社会责任感的；他们会努力把握方向，这一点并不比专业人员差；而至于知识、经验、技术方面的欠缺，正是可以通过实践、通过指导教师或其他专业人员的引领而在这个过程中增进的。如果不从事此种实践，很可能到了学生毕业的时候，也没有真正的操作能力。很多法学院的学生虽然通过了统一司法考试，具有了律师执业资格，但是到实践部门还是要从头学起，就是这种实践不足所致。通过社会实践的锻炼，不仅能够用自己的人权知识与技能服务社会，更能够使学生对于人权的真实情况有感性认识。"百闻不如一见"，这种生动的教学方式会使学生在知识上、认识上、方法上、能力上有很大的提高。

四、国内法与国际法的关系

综观国内高校人权课程的名称，大约分为三种：一曰"人权概论"，二曰"人权法（学）"，三曰"国际人权法"。后者主要注重人权方面的国际机制自不待言，那么前二者是否应当仅仅注重中国人权法律机制而不考虑国际人权的法律体系呢？笔者认为，在中国自身人权规范、机构、法律程序不成体系、很不完善的语境下，应当注重国际法律制度的介绍和阐述。但是，在介绍和阐述相应国际制度的时候，有以下三点必须交代清楚：第一，国际法的性质。当今的国际法由于整个世界的无政府状态，仍然是协定法、平位法、弱法，在很大程度上体现着强权政治。这些规范的约束力并不强。只有说明了这一点，才不至于让学生（特别是国际法基础薄弱的学生）产生怀疑和困惑。与此同时，国际法分为区域国际法和普遍国际法。一些人对于国际法望文生义，以为是超越国家的普适规范体系，对所有国家都有约束力。在进行人权教育的时候，必须明确国际法、包括国际人权法的局限性。欧洲、美洲、非洲的区域人权体系虽然也属于国际法的范围，但其各自的成员国均是有限制的，对于中国而言，这些机制仅仅是提供了一种参照，不具有任何约束力。第二，中国对国际法的态度。中国签署和批准了绝大多数全球性的人权条约，但是，凡涉及个人申诉、通过国际法院解决争端的条约条款，一概保留。这实际上体现了中国的大国情节、对自身信心的缺乏和对国际法律程序的不信任。[①] 无论其初衷如何，这种保留的事实及其后果必须使学生清晰，以避免在国际机制中无效申诉之类的情况。第三，软法与硬法的差异。国际社会存在大量的人权规范，除了少数具有约束力的条约之外，还有很多指南、宣言、行动纲领、人权条约机构的一般性评论、一般性建议等。这些文本属于软法的范畴，其效力低于条约。但并非毫无意义。从理论上说，条约是用来衡量和判断相关行为（主要是国家行为）合法性的，是直接的标尺，其内容是不应受质疑的；而软法只是表达了一种倾向，或者习惯，其内容是可以争论的。特别是人权机构所作出的文件，不可完全视之为圭臬。

与此同时，无论是什么名称的人权课程，都应着眼于中国。中国是一个经济大国，但是在法律上并不是大国，在人权上也是如此。其原因不仅有政治体制和传统的影响，也有各个层次的法制教育与中国国情相脱离的情况。所以，讲授的内容一定要与中国的规范相对比、与中国的实践相联系，通过深入分析，厘清其取得的进步，以及在操作中可能遇到的情况。

人权的教育，大而言之，千头万绪，从公民素质养成到国家治国方略的确立，无不折射着人权教育的影子；小而言之，路在脚下，需要通过一点点地扎实努力来逐渐提升。笔者所涉只是在教学和思考中认为值得注意的几个方面，或许有不妥之处，恳请方家指正。

（载《广州大学学报（社会科学版）》2010 年第 3 期）

[①] 参见姜世波：《大国情结与国际法研究的学术心态——从中国对国际司法的消极心态切入》，载《山东社会科学》2009 年第 2 期；徐崇利：《"体系外国家"心态与中国国际法理论的贫困》，载《政法论坛》2006 年第 5 期。

中国人权教育背景及对未来的展望

黎尔平[*]

中国大陆的学校人权教育首先是在有法学院的大学开始的，之后，在一些党校和司法部门也进行过人权知识培训，但目前学校人权教育基本上是象牙塔里的阳春白雪，并且，有些疑难问题难以在课堂上展开来讲。为何如此，以下试就人权教育的背景和未来发展前景作一探讨。

一、人权文化的欠缺及人权斗争的影响

中国传统文化中缺乏西方传统的人权观念是一个不争的事实，因此，人权观念和文化是从西方闯入中国的。20 世纪 30 年代以胡适为代表的知识分子对人权做了大肆的宣扬，但这些史料早已湮没，在当代中国人的记忆中，人权最初是资产阶级的，它通过美国的人权外交进入中国，此时的人权又被认为是西方国家的专属。从 1979 年的"西单民主墙"把人权作为一面镜子，到 20 世纪 90 年代初期人权被与"和平演变"联系在一起，于是，"人权"二字变得极为敏感，带有强烈的意识形态色彩。

以下几个事件更给"人权"二字"火上浇油"：中美关系上的最惠国待遇与人权问题纠缠在一起；美国国会一年一度的中国人权状况报告书；西方将北京奥运会与人权挂钩。此类事件给人的一个直觉是，西方国家用人权压制中国，诋毁中国形象。于是，人权保护变成了中西方意识形态之争，与百姓无关。反映在人权的概念和内容上就有了人权教育是为了国内人权保护还是国际人权斗争，是公民权利和政治权利与发展权和生存权孰优先的问题。

显然，以美国为首的西方指责中国政府人权状况在一定程度上妨碍了学校的人权教育。美国政府当然是干涉了中国内政，但人权领域的外交斗争在中国的人权发展进程中有时喧宾夺主了。直至"农民工问题"等弱势群体受到关注，人权教育才初步回到它的本意——为本国百姓过上有尊严的生活，并作为一种全新的文化融入民众的生活。

* 黎尔平，昆明理工大学人权研究中心教授。

二、现行政治体制与实现公民权利和政治权利关系

中国实行的是人民代表大会制度，这是一个适合中国国情的政治制度，但若把《公民权利和政治权利国际公约》中的一些权利与人民代表大会制相对照，在实现公民权利和政治权利的方式上似乎有冲突，譬如，政党投票选举、结社、游行示威等权利似乎只有在多党制或议会制下才可以实现。

诚然，人民代表大会制更多地是强调集中，但中国选择人民代表大会制度有其特定的历史背景，是一种历史惯性，并与国情相符合。那么，在人权教育讲授《公民权利和政治权利国际公约》时，最好是以历史与逻辑相结合的思路，以发展的观点讲解公民的政治权利。如讲授表达自由和结社权时，可以用宪法和各部门法来表述，在现实中表现为人代会、信访和各种听证会，而实现结社权利高门槛——必须先找一个"婆婆"（主管单位）——的状况正在改变。当然，要完全实现上述权利还需要相当长的时间，但回顾近二十年走过的路，中国在保护公民权利和政治权利方面有着令人惊叹的进步。

三、高涨的民族主义下的人权教育

民族主义是一把"双刃剑"，它与人权观念的普及常有冲突。中国的人权教育常常不自觉地与百年民族苦难史联系在一起。从鸦片战争开始，在中国人的记忆中几乎没有多少举国欢腾的时候，历史教科书中给人的记忆是那些痛苦的字眼："华人与狗不得入内"、"英法联军火烧圆明园"、"南京大屠杀"，还有无数不平等条约。于是，在讨论到人权与主权关系问题时，那种认为"人权高于主权"的观点常常遭到痛斥。

民族主义对人权观念的影响还表现在人权是否具有普世价值上。在中国传统文化看来，"家"、"族"、"国"之间是内外有别的，甚至是不相容的。秦统一中国后，汉唐宋元明清时的"国"或"族"是汉族，到了孙中山五族共和后各民族之间才无差异，但海外诸族为异族，不是同类，特别是那些加害中华民族的"八国联军"和"日寇"是中华民族的仇敌，他们严重侵犯了中国人的人权，因此，他们没有资格跟中国人讲人权。当国外政府、西方的 NGO 在议论中国人权时常常会被问到：一百年前你们在中国干了什么？你们有资格讲人权吗？

如果不能把中华民族各民族之间的平等推及到世界其他民族，那么，就会在不同民族、不同人之间存在差别和歧视，而这种差别和歧视必然会折射和推及到本国，于是，对农民工、对女性必然会存在歧视。只要是人就享有人权，这是一种普世价值，但在 2008 年汶川地震后的人道主义救助讨论中，一些人

怀疑有普世价值的存在。

中国的民族主义是一种被激发的情绪，一种积淀了千余年的民族心理，在这一点上，绝大多数中国人无法超越。在相当部分人看来，只有国家强大、民族兴旺了，个人才有人权，因此，人权是有国界的，很难理解人权会高于主权。然而，从宪法的规定和国家的目的来看，任何国家都会把个人权利的实现置于至高无上的地位，因此，个人权利高于国家主权，① 从宏观长远的角度看，国家昌盛则个人权利的实现便有了更大的可能性，因此，人权主权互补，共荣共辱。

四、对未来的展望

社会对人权的需求和现实的人权状况比课堂上的人权理论教育更能促进中国人权的发展，未来的学校人权教育将受三个因素左右：其一，经济稳步增长和社会稳定将为人权教育提供更为宽松的环境，反之不然；其二，人权教育内容渐渐国内化；其三，个体与地方政府的博弈。

盛世开言路，乱世禁流言，这是中国历史上常见的现象。因为盛世社会稳定，言论的自由就多；乱世之际最担心的是谣传，因此，经济的持续增长和社会稳定将为人权教育提供一个良好的环境。与此同时，人权教育与社会诉求是一种互动关系，受教育者知道可以通过人权诉求保护自己的利益，那种人权教育大讲国际人权法的状况会改变。

与中央政府积极支持人权教育不同的是，地方政府在人权教育上比较消极被动，因为地方政府的职能与人权保护有很多不适之处。由于发展经济是地方政府的主要责任，地方政府的公共政策主要照顾大多数人的利益，而人权保护常常是保护少数人的利益，如著名的重庆"钉子户"使城市改造成本一再提高，从此角度而言，人权教育会增加地方政府的行政成本，因此，地方政府很少主动或自主地开展人权教育。所幸的是，正在实施的《国家人权行动计划》将有步骤地开展人权教育，并要求各级政府在经济发展的同时，尊重和保护人权，虽然中国是在 120 个国家之后制定的该计划，但毕竟迈出了坚实的一步。

（载《广州大学学报》（社会科学版）2010 年第 3 期）

---

① 即以主权在民为核心的新主权观。

高校人权教育性质探析

刘士平* 张 昊**

    高校人权教育是我国人权教育的重要组成部分，探索高校人权教育的性质，不仅有利于找准高校人权教育的定位，明确高校人权教育的目标，进而推动高校人权教育，而且对全社会的人权教育的开展也具有重要意义。高校人权教育既有一般人权教育的共性，也有其自身的特殊性。本文将从高校人权教育的人文性、学术性、规范性和准公共产品性来阐述高校人权教育的性质。

一、高校人权教育的人文性

    人文性是指对人自身完善的关注与追求，包括人的尊严、价值、个性、理想、信念、品德、情操等。高校人权教育的人文性主要体现在两个方面：一方面，高校人权教育的人文性表现为人权教育的人文精神。人权教育作为我国人权建设、法治政府建设和社会主义法治国家建设的基础性工程，在其教育过程中对人的生命与发展、需要与追求、自由与创造、人格与尊严等进行人性化的观照、理解与尊重，对社会弱势群体的关注、对社会道德伦理的倡导、对大学生心理的关怀等，无不体现"一切以人为中心"的人文精神。另一方面，高校人权教育的人文性表现为人文精神的教育。高校人权教育人文价值的实现最终要落实到培养大学生的具体人格素质的层面，要培养大学生宽容、理性、爱人之心、尊重人权、平等待人的精神或培养能够体现人文精神的思维方式、行为习惯、品格倾向、文化素养等，并以"人"作为教育的出发点。如在《1995—2004年联合国人权教育十年国际行动计划》中，人权教育被定义为"努力开展培训、传播和信息交流，目的是通过传授知识及技能和塑造态度，建立普遍的人权文化"。高校人权教育重点是通过开设人权法课程等方式，培养他们以人为本的人文精神和人权价值观。① 在一定意义上，教育的人文精神

* 刘士平，广州大学法学院教授。
** 张昊，湖南大学法学院硕士研究生。
① 黎尔平：《中国大学的人权教育》，载《人权》2007年第1期。

与人文精神的教育两个方面是内在统一的整体，前者是其形式，后者是其内核。这是高校人权教育与人权教育的共性所在。

二、高校人权教育的学术性

学术性是高校人权教育区别于其他人权教育的特殊性之一。雅斯贝尔斯曾指出，大学有四项任务："第一是研究、教学和专业知识课程；第二是教育与培养；第三是生命的精神交往；第四是学术"。"大学是研究和传授科学的殿堂，是教育新人的成长的世界，是个体之间富有生命的交往，是学术勃发的世界。"① 不论是传承文化、探究学问还是培养人才，都离不开大学的学术性。高等教育的学术性是高等教育的内在特质，也是高等教育产生之后蓬勃发展，在人类社会中发挥越来越大作用的根本原因。虽然高校的人权研究不同于社会专门机构的学术研究，但高校人权教育不仅是一种向学生传授系统的人权知识的专业教育，也是一种学术教育，可以使学生在接受学术气氛的熏陶中，习得科学的思维方式，掌握认识新生事物的方法，能独立充实自己的知识，具备科学地解决各种人权问题的综合能力，养成较高的文化素养和良好的个性品质，从知识接受者变为知识的探究者。只有不断加强学术研究，才能不断发现新的人权知识，积极发展新的人权课程、新的教学内容，改革课程体系和教学方法、手段，培养学生的创造力，促进学生的全面发展。由于我国人权教育起步较晚，许多人权问题尚处于探索阶段，高校人权教育的学术性，可以为全社会人权教育的推动，提供一个很好的研究平台。

三、高校人权教育的规范性

高校人权教育的规范性体现了对人权知识的整体性与统一性的尊重。我国《国家人权行动计划（2009—2010年）》指出，应"继续鼓励高等院校开展人权理论研究与教育。选取若干高等院校进行人权教育的调研，鼓励高校学者开展人权研究，推动制定高等院校人权教育规划。鼓励高等院校面向本科生开设人权公共选修课，面向法学专业本科生开设人权法课程。推进人权法教材的编写以及教学课件的开发。选取若干开展人权教育较早的高等院校作为人权教育与培训基地"。可见，高校人权教育，既包括法律专业的学生学习人权法，也包括非法律专业的学生学习人权知识，甚至可以包括对其他非在校生人群的人权培训。在高等教育中逐渐增设人权教育的内容，特别是在法学教育中开设人权法课程，甚至是设立人权法专业，都是一个必然趋势。目前高校中的人权教

① ［德］雅斯贝尔斯：《什么是教育》，邹进译，三联书店1991年版，第149~150页。

育主要是通过开设人权法课程或专门的讲座进行的，也有在相关的法律课程如宪法、刑事诉讼法的教学过程中贯穿人权思想，但是就整个高等教育而言，人权教育覆盖面仍然太小，其在课程设置、教学内容和教学方法的创新与规范上，还不能适应我国人权发展的要求。因此，如何根据培养目标，设定各自相应的标准，高校人权教育应该走在各层次人权教育的前列。

四、高校人权教育准公共产品性

高校人权教育部分具有萨缪尔森的公共产品性质，是一种准公共产品。其公共产品性主要表现在以下三个方面：首先，高校人权教育是大学生的一项特殊人权。联合国人权高专办事处"联合国人权教育十年"系列丛刊第3号的标题就是"人权教育权"。人权教育权与其他人权的区别是显然的：人权教育权不是其他单独人权可保障的，而是多项人权共同支撑的，人权教育与其他人权有着本质的区别，而应成为一项特别人权。[①]其次，政府应对高校人权教育承担相应的责任。作为高校人权教育这一项特别人权的义务主体，政府要为高校人权教育制定切实可行的行动纲领，并为其提供制度保障。例如，通过颁布条例等方式，要求高校增设人权教育的内容，有计划、有步骤地推广人权教育，制定相关的评估机制，为人权教育提供保障实施的监督机制。同时，加大对高校人权教育的物质投入，既包括教育场所和教育设备的硬件建设，也包括加强对人权教材的编写及人权网站的建立等方面的软件建设等。[②] 最后，国际社会也应履行其相应的义务。各主权国家在推动高校人权教育方面处于主要地位，联合国及其他国际组织对人权的保护主要表现为"监督"性质的作用。[③]此外，非政府组织，特别是各种国际性的人权机构都有义务推动人权教育，特别是高校人权教育在世界各国的开展。

（载《广州大学学报（社会科学版）》2010 年第 3 期）

---

① 王孔祥：《试论人权教育的重要性及作用》，载《人权》2008 年第 6 期。

② 孙萌：《从高校的人权法教学看人权教育问题》，载《现代教育科学（高教研究）》2007 年第 4 期。

③ 李步云：《人权法学》，高等教育出版社 2005 年版，第 84 页。

用好传播媒介，搞好人权教育

王四新[*]

媒介与人权教育之间的关系，既非常复杂又非常密切。复杂意味着要阐明二者之关系，至少需要一本专著。因此，这篇短文只想利用有限的笔墨，简略探讨一下人权教育工作者，主要是高校教师，在平常的教学生活中，如何利用触手可得的媒介，开展有声有色的人权教育。

为此，我想从以下几个方面谈谈我的认识，供大家分享、指正。

一、清楚认识教师在正常的人权教学工作中使用的媒介类型

媒介，简单来讲，就是中介物的意思。当我们用特定的中介物来表达一定的思想、观点或传递某种特定信息的时候，中介就变成了我们这里所说的媒介。从这个角度来讲，人权课堂教学中的媒介，其实就是我们传播人权知识、塑造人权态度、建构人权文化的过程中，使用的带有工具性质的媒介物。

在我们平时的人权教学过程中，既大量使用比较传统的媒介，比如口语（教师讲授和学生提问、讨论等）和书面媒介（教科书和其他阅读材料），也使用比较新的媒介，比如以计算机技术为主的多媒体媒介。目前，越来越多的教师也使用电影和其他形式的音、视频资料进行人权教育。

需要指出的是，尽管随着科学技术的发展，课堂上可以用来进行人权教育的媒介越来越多、越来越便利，但无论使用多少媒介，有一种媒介是任何时代都居于中心位置的媒介，这便是我们所说的口语媒介。指出这一点，主要是想纠正一下目前在人权教育的课堂上，正在日渐增多，有时甚至有泛滥之嫌的多媒体教学方式。

二、把握不同媒介所具有的特点，熟悉不同媒介的传播偏向

加拿大著名的传播学者伊尼斯（Harold Innis）在其传播学名著《传播的偏向》一书中提出，媒介和传播，都有偏向。所谓媒介和传播的偏向，是指

---

* 王四新，中国传媒大学政治与法律学院教授。

媒介因为介质的差异，会有不同的传播效果。轻巧而便于运输的媒介，是偏向空间的媒介，适宜于远距离传播信息和知识；笨重而持久的媒介，是偏向于时间的媒介，宜于长时间地保存信息及思想等。

用这种理论来分析人权教学课堂上几种常见的媒介，我们也会对不同媒介及其传播偏向，有更加清楚的认识。

在进行人权教育时，教师使用最多的媒介，便是口语这种媒介。前面说过，这是最古老同时也是最现代的媒介。在课堂教学过程中，占的比重也最大。进行人权教学，无论是传授人权知识，还是塑造人权态度、创造人权文化，口语交流都具有得天独厚的优势。

口语交流除了具有及时、双向互动等特点外，其使用的口语词始于人体内部，具有声音的物质属性，它使人能够相互展示意识分明的内部人格，使人组成关系密切的群体。因此，使用好口语交流，非常有利于创造一种统一的语境，有利于创造一种有意义的世界。而听众一旦被带入这个统一的语义世界，其内心深处将受到触动，其人权态度被塑造的可能性，就会大大增加。

电影等音频、视频节目，也被广泛地用来进行人权教育。这类媒介最大的特点，除了具有明显的艺术感染力外，对观众来讲，也比较容易接受，受教育的对象容易进入这类媒介创造的特定的语境。针对人数众多并且知识背景有较大差异的教育对象，适当运用一定的音、视频媒介，比较容易取得意想不到的效果。

以文字作为传播思想、观点和信息的媒介，既有课前和课后阅读的教科书和各类参考资料，也有课堂上写在黑板上的，用来表征特定意义的字体。这种媒介对于建构人权知识体系，表达复杂而抽象的人权理念、人权哲学，明显优于其他媒介。要求大家重视这种媒介的另外一个非常重要的原因在于，所有的人权条约都需要借助于文字表现出来。人们对人权条约确立的各种不同的人权标准、国际和地区性的人权问题的解决机制的建构与理解，也需要建立在文字这种媒介的基础上。

因此，作为人权教师，在给学生上课之前，需要大量阅读与课堂要传授的内容有关的读物，用丰富的理论来武装自己。同时，是否大量阅读相关的文献，是否对自己阅读过程中遇到的问题做过全面、深入和辩证的思考，也直接决定了我们在课堂上以口语方式呈现给学生的人权理论、人权知识的质量。从这个角度来讲，文字媒介与口语媒介是互相影响、互相促进的。

目前，在进行人权教学的过程中，还有一种比较普遍的做法，即采用多媒体的教学手段。所谓多媒体，简单来讲，就是在进行人权教育的时候，同时运用多种传播媒介，运用多种教学手段，有的还将其制作成 PPT 格式的文件，将文字、声音、图画或前面提到的视频节目融为一体。

使用多媒体教学，具有集成性、交互性、非线性、实时性和信息结构的动态性等特点，特别有利于在特定的时间段内传递更多的信息，如果运用的熟练，还可以增强课堂教学的趣味性，提高学生的兴趣。

不少学校和教师都认为，我们应当尽量开发和利用多种媒介形式进行人权或其他科目的教学，有些学校还将教师是否使用多媒体或多媒体使用的程度，作为考察和衡量教师教学水平的重要指标，这其实是一种错误的导向。是否使用多媒体进行教学，取决于许多因素。有些内容，如讲人权哲学时，就不应当使用多媒体。而对于某些语言表达能力强、能够通过讲授就可以很好地驾驭课程教学进程的教师来讲，强行让其采用多媒体方式进行教学，可能会取得较差而不是较好的教学效果。

三、合理处理各媒介之间的关系，要有"场"意识，要致力于创造一种适合人权教育的情景

在纪念世界人权宣言颁布 61 周年的纪念活动上，主办方中国政法大学除邀请了来自中国人权教育的各界精英外，还非常精心地布置了活动场所，别出心裁地设计了纪念活动的内容。不少与会者，包括大批学生，都在会后表达了这样的意见，即这次活动给他们留下了深刻了印象，取得了意想不到的效果。

之所以会如此，如果从理论上再提升点讲的话，便是这次活动，主办方竭尽所能地为这次纪念活动创造了一种人权意识笼罩于其中的"场"，也可以说，创造了一种完整、统一的人权教育环境。

在我们平时进行人权教育时，也要尽力利用一切可以利用的条件，尤其是各种传播媒介，并注重各媒介特性，协调各媒介传播的内容，为学生创造一种理想的接受人权教育的"场"。人在这种环境中，容易在身体和心理两个层面，都融入到人权教育的活动中去，从而在一种非常自觉的状态下，沐浴人权春风，接受人权教育，内化人权理念，升华人权看法，改变人权态度。

（载《广州大学学报（社会科学版）》2010 年第 3 期）

中国高校开展人权教育
需要加强外部环境建设

蔡高强[*]

　　人权是人与生俱来的基本权利和自由，不论其种族、性别、社会地位均应享有的权利，任何社会或政府不得任意剥夺、侵犯。[①] 因此，人权教育本质上是关乎人类尊严的教育。通过人权教育，加强对人权的意识、了解、尊重、包容，从而致力于人权文化的建立，共同推展人类和平与繁荣。联合国大会于1994 年 12 月通过了第 49/184 号决议，宣布自 1995 年 1 月至 2004 年 12 月为联合国人权教育十年。决议提出："人权教育应定义为：努力开展培训、传播和信息，目的是通过传授知识及技能和塑造态度，建立普遍的人权文化。"联合国前秘书长安南指出，"通过人权教育，推动人权保护，使人免予贫穷和恐惧，生活在安全和尊严中"。[②]

　　在中国，推动高校人权教育的工作牵涉广泛，必须有政府部门、学术界、社会团体与学校的共同努力。就当前情况来看，国内高校开展人权教育已经成为一种趋势和必然，据参加中国人权教育年会的专家统计，2008 年和 2009 年两届年会上，大约有 90 所高校、110 名高校教师参加，95% 以上的高校开设了人权教育课程，98% 以上与会专家讲授了人权教育课程。其中，北京大学、南开大学、武汉大学、吉林大学、山东大学、湖南大学、广州大学、中央党校等高校的人权教育产生了良好的社会反响，在全国高校人权教育中起到了表率作用。但是，就中国目前的整体情况来看，绝大部分高校的人权教育处在徘徊和观望之中。这其中虽有各个高校各不相同的原因，但其中一个最为重要的因素是，当前中国高校开展人权教育缺乏应有的外部环境。因此，要推进高校人

---

　　* 蔡高强，湘潭大学法学院教授。

　　① The Right to Human Education: A Compilation of Provisions of International and Regional Instruments Dealing with Human Education（HR/PUB/DECADE/1999/2）.

　　② 《安南呼吁加强人权教育促进人权事业》，载 http://www.chuguo.cn/travel/29177.xhtml.

权教育，必须努力建设良好的外部环境。

一、民主政治建设的推进和意识形态的进一步开放

改革开放三十多年来，中国的人权事业有了长足的发展。在经济社会全面发展，人民生活不断得到改善的同时，发布《中国的人权状况白皮书》、把"尊重和保障人权"写入宪法和执政党党章，都标志着尊重和保障人权已成为中国党和政府治国理政的一项重要原则，成为中国国家建设和社会发展的重要主题。2004 年，中国将"国家尊重和保障人权"写入宪法，首次将"人权"从一个政治概念提升为法律概念，从党和政府文件的政策性规定上升为国家根本大法的一项原则。2009 年 4 月，《国家人权行动计划（2009—2010 年）》的制定和实施，是对宪法原则的具体落实，是把对人权的保障落实到政府的行动中。这一切，反映了中国民主政治建设的成果，也从另一方面推进了中国的民主政治建设。就中国高校人权教育与国外高校的比较来看，严重制约中国高校人权教育发展的因素来源于高校及教育管理部门对人权教育这一敏感话题的高度戒备。只有教师的热情，没有高校和教育主管部门的支持和帮扶，任何学校的人权教育都不可能持久。为何人权教育在中国还是一个敏感话题？为何高校领导和教育主管部门对待人权教育高度警惕呢？究其原因，还是我们的民主政治制度不完善、意识形态不开放，教育部门的官员怕碰高压线、怕犯政治错误。在连续的几次有关人权研究与教育的研讨会上，与会专家一致谈到，意识形态和民主政治的推进为中国的人权教育带来了春天和生机，但人权教育的发展和全面推进有待于政治民主制度的进一步健全和意识形态的进一步开放。尽管中国的高层领导和政府已经意识到了民主政治建设和意识形态的开放对中国和平崛起的重要意义，并着手推进这项工作，但真正的民主政治和意识形态开放是一个艰难的进程，需要全社会的共同参与和推进。我们期待，随着中国经济的不断发展，政治文明的不断发达，制约高校人权教育的这一根本障碍将随之消失。

二、营造尊重人权、保护人权的社会文化氛围

在历史上，中国作为一个有 5000 多年历史的文明古国，为人类创造了灿烂的文化和光辉的文明。但是，中国的主流文化是国家利益至上，个人永远是处于从属地位。面对强大的国家权力，个人私权异常渺小。即使在尊重和保护人权写进宪法的今天，人权文化在全社会还是一个缺位，更没有形成尊重人权、

保护人权的社会文化氛围。有学者对这一问题进行了研究并表现了沉重的担忧，[①] 没有人权文化的人权教育是尴尬和困难重重的。但是，文化重在建设，在全球化日益发展的今天，文化的多样性和融合性是同时并存的。中国传统文化中"仁者爱人"的观念、和谐的观念、先天下之忧而忧的观念、老吾老以及人之老的观念，无不包含人权文化的内涵，开放的中国将以传统文化来融合人权文化，形成中国和谐社会建设中特有的人权文化。简单的知识输灌和传播达不到人权教育的目的和要求，更无法培养人权意识、建设人权文化、塑造人权品格。因此，要真正深化高校的人权教育，不只是高校单独的教育行为，更多的是社会的共同参与和建设，否则，高校的人权教育只可能是一种形式而达不到教育的实质。政府机构和部门要把"尊重人权、保护人权"贯彻到日常工作中，媒体要注重人权理念的实现，社会各部门要营造人权的文化氛围，只有逐步形成人权教育的社会环境，高校的人权教育才能做到事半功倍、水到渠成。

三、扩展人权教师的职业空间

高校人权教育发展面临的一个现实瓶颈是人权教师的职业空间狭窄。在全国开设人权课程的高校中，专职的人权教师极少，从中国高校人权教育年会两届年会的参会教师以及广州大学主办的全国人权研究机构交流会的参会代表的情况看，只有广州大学人权研究中心等极少数高校的人权教师是专职教师，其他有关高校的人权教师基本来自法理学、宪法学与行政法学、国际法学等学科。这种人权教师的现状严重制约了人权课程的教学和高校人权教育的发展，因为没有专职从事人权课程教学的教师，人权教师的精力和研究就在其他学科上，人权教育只能成为一种辅助性的工作，无法推进人权教育向纵深发展。这种状况的存在源于人权教师的职业空间狭窄。在当前高校课程设置中，人权课程不是骨干核心课程，课时少、待遇低；人权教师的科研成果难以发表，晋升空间小；人权教师的职业培训和技能提升困难，当前中国高校人权教师培训主要是欧盟、北欧国家的援助，没有像其他学科一样由国内专业学会主办培训和年会，以提高职业技能。因此，要推进中国高校的人权教育，首先必须解决人

---

① 参见班文战：《普遍人权文化的建立与中国人权教育的开展》，载《广州大学学报（社会科学版）》2009 年第 1 期；董暤：《人权文化的缺失与国家对人权文化的培育》，载《广州大学学报（社会科学版）》2008 年第 1 期；徐显明：《对人权的普遍性与人权文化之解析》，载《法学评论》1999 年第 6 期。

权教师的问题，扩展人权教师的职业空间。这就需要政府和教育主管部门为高校人权教师开辟绿色通道，全面提升人权教师的职业技能，推进高校人权教育的持续发展。

（载《广州大学学报（社会科学版）》2010 年第 3 期）

正确认识人权是开展人权教育的前提

柳华文 *

人权教育不仅应关注人权规则和标准的讨论和学习，更应关注人权的道义理念和人文价值。人权法既是一门法律技术，更是一系列承载了诸多理念、价值和文化内涵的原则和规则的整体。

我国加入联合国人权条约体系是从 20 世纪 80 年代初开始的；人权研究在中国则始于 20 世纪 80 年代后期并逐渐兴起，引向深入。对于权利保护，我们经常使用的措辞是"公民权利"、"民事权利"或者"权益"，在相当长的时间里我们不曾使用"人权"的话语，或者通俗地说，我们不用人权来说事。不仅如此，在特定的历史阶段，我们可以讲权利和权益，但是却不可以讲人权这样的术语，因为它当时被视为西方资产阶级的主张。

人权教育在我国的发展可以说起步比较晚，发展比较快。在这个过程中，我们会遇到一些困难，包括一些不够准确的认识。比如，承认了"人权"话语之后，如何使用这个话语，它究竟带来什么新的观念和方法呢？

2001 年 5 月 21 日，有媒体对具有黑社会性质的犯罪嫌疑人张君的庭审过程进行了直播。在直播过程中还穿插了直播热线，让听众参与讨论。一个听众打进电话说："判处张君死刑大快人心，因为从人权的角度来看，通过对他的处罚，实现了对人民群众的人权的保护。"主持人非常高兴地赞扬这位听众视角独特。但是，我们仔细想一想就会产生疑问。处决张君是实现国家公诉的结果，从人权的角度看问题，我们更应该关注的是在这个过程中，个人的人权是否得到了应有的保护，比如，被告人是否得到了公正的审判，他的辩护权是否得到了保障，他是否受到酷刑等。人权经常是用来避免过于强大的国家力量侵犯或者压制处于弱势地位的个人，而不是用来加强本来就很强势的国家力量的。因此，将判处张君死刑这种公诉结果说成是人权的成功是不太恰当的。且不说国际人权法主张废除和限制使用死刑，就其分析的逻辑来说也是没有抓住人权的本质和宗旨。可见，使用人权的话语本身不是目的，如何彰显人权的价

---

* 柳华文，中国社会科学院法学研究所研究员。

值，促进人权的享有和实现才是根本。

2004 年我国修订《宪法》，规定"国家尊重和保障人权"，为人权事业的进一步发展奠定了坚实的根本法基础。近年来，我国政府倡导的以人为本的科学发展观又为该计划的制定提供了重要的政策依据。保护人权的内容已经写进了《中国国民经济和社会发展十一五规划纲要》，也写进了执政党中国共产党的《章程》和党的第十五次、第十六次和第十七次全国代表大会的报告中。2009 年 4 月 13 日，经国务院授权，国务院新闻办公室发布《国家人权行动计划（2009—2010 年）》。这是我国第一次制定以人权为主题的国家规划，是一个历史性的突破，堪称我国人权事业发展过程中的一个里程碑。

可是，即使如此，人权主流化的过程可以说是刚刚开始，还远没有完成。一个明显的问题是，很多人还将人权作为一个敏感的词汇，自觉不自觉地将人权政治化，或者给人权贴上"西化"的标签，从而使人权话题的讨论遇到一些困难。我们不是说人权与政治无关，或者人权不属于意识形态的范畴，也不是说在国际关系中不存在人权斗争。但是，普遍和过分地将人权政治化或者只在东西方斗争的视角下看待人权，不利于我们客观、准确地讨论人权问题，可能会自缚手脚。

在国内，尊重和保障人权已经是我国《宪法》明确规定的基本原则，也是中国共产党和中国政府的法治目标和施政理念。我们采取各种有效措施促进人权事业的发展，即使是在应对国际金融危机的特殊时期，也绝不动摇。在国际上，我国已经是联合国人权理事会的理事国，而且 2009 年还成功地获得了连任。我们已经成为联合国人权机制重要的参与者，随着国际力量多极化的变化和联合国改革的深入，我们很难说现在联合国框架下的人权对话等机制只是提供了一个东西方人权斗争的舞台。我们应当更平和、更自信地看待人权，开展人权领域的对外交流与合作。

正如市场和市场经济的概念至今仍被国内少数人错误地理解为是西化或者资本主义化的概念一样。人权在较长的时间里也仍然会被一些人视为难以接受的西方的政治和法律概念。这也是我们开展人权教育需要克服和解决的观念上的障碍。

正确认识和理解人权是开展人权教育的前提，成功的人权教育又可以让更多的人树立正确的人权观，两者是相辅相成、密不可分的。政府官员、教育者、研究者、媒体工作者等更应该解放思想、提高认识，从而在人权教育的过程中发挥重要作用。

（载《广州大学学报（社会科学版）》2010 年第 5 期）

教育主管部门应该在人权
教育方面发挥积极作用

王光贤[*]

人权教育是"以传递知识和技能以及端正态度的方式，发展培训、传播和宣传努力，旨在树立起普遍的人权文化，这些努力均致力于：增强对人权和基本自由的尊重；充分发展人的个性及尊严；促进所有民族、土著人以及种族、民族、族裔、宗教和语言群体之间的谅解、容忍、男女平等和友谊……"（《1995—2004 年联合国人权教育十年国际行动计划》）。在这个背景下，人权教育在我国正成星火燎原之势。但是，人权教育现状与国家建设以人为本、和谐社会的目标、社会需求和人民的期待还相距甚远。

一、现阶段人权教育存在的主要问题

第一，缺乏以人权为目的的国家人权教育规划。从国家层面来看，人权教育需要作出科学合理的短期和中长期规划，其中既有目标、原则和策略等宏观计划，尤其是促进人权教育全面的、参与性的、可持续的国家战略，又有详尽具体的实施步骤和措施方案。2009 年初发布的《国家人权行动计划（2009—2010 年)》具有里程碑意义，但也显而易见，其有关人权教育的内容缺乏具体的目标和保障措施。可以说，我国在人权教育规划方面几乎还是空白。

第二，国家在人权教育方面的投入不够，人权教育的国家义务尚未到位。由于缺乏上述国家人权教育规划，人权教育主要依赖民间机构——特别是人权研究机构开展，所需的政治支持和资金支持等各类资源匮乏。尽管民间社会、非政府组织是人权教育的一个重要组成部分，在人权教育方案的制定、人权教育和宣传的开展、人权教育资料的开发等方面可以发挥潜在作用，但是，其人权教育活动主要依赖有限的国外项目基金支持，从而难以开展上规模、可持续的人权教育和培训计划。

第三，人权教育所及领域还十分狭窄。"教育的目的在于充分发展人的个

---

* 王光贤，上海交通大学法学院教授。

性并加强对人权和基本自由的尊重。"① 人权教育应该覆盖学前、初等、中等和高等教育各个阶段，应该覆盖相关专门人才的教育培训。目前，目的清晰、定位明确的人权教育从无到有，范围虽然逐步扩大，却主要限于高校法学院系，并且开设人权课程的院系数量还相当有限。据不完全统计，截至 2008 年底，有 37 所高校开设了人权课程，其中，25 个院系为本科生和研究生开设人权专业课程，24 所高校开设了人权通识课程。② 除了这些高校明确地以人权教育为目的进行专业教育和通识教育外，其他教育阶段中自觉性人权教育尚不多见。显然，这与人权教育目的和实现途径之要求尚有相当的距离。

第四，人权课程体系尚待完善，人权教学的师资严重不足。人权课程体系应该突出人权教育的目的，兼顾从学前教育到高等教育的阶段性、渐进性和连续性，注意区分人权通识教育和专业教育的差异，重视人权教学师资在人权教育效果中的能动作用。从已有的高校人权法课程开设情况来看，存在课程内容体系不完整、人权法专业教材和人权通识课程教材混同、人权法师资严重不足等问题。更不用谈其他教育阶段中，相关教材对人权主题的彰显和教师对于人权的知悉问题。

二、教育主管部门在人权教育方面不可替代的作用

不难看出，上述问题或多或少与国家在人权教育方面的功能缺位有关。因此，除非国家采取有力措施，否则这些问题不能从根本上予以解决。近年来，中国人权研究会加大了人权研究和教育的支持力度，但其职能定位决定了其在发展人权教育方面的固有不足。高校各人权研究机构心有余而力不足，其积极性缺乏资源的支撑。只有教育部和其他教育主管机关，才可以担此重任，发挥其不可替代的作用。国家人权教育规划的制定，人权教育预算的编制和管理，人权教育在各教育阶段的推行和普及，人权课程的设置和教学体系的规范化、科学化，人权教学师资的培训等，缺少教育主管部门的积极推动和引导，不能从根本上改观。

应该说，目前开展人权教育的条件基本具备。有国家保障人权的宪法原则保障，有建设以人为本、和谐社会的方针大略指引，有高校人权教育的前期铺垫、经验积累和人权教育日盛的势头，教育主管部门行其重任正当时。

（载《广州大学学报（社会科学版）》2010 年第 5 期）

① 参见《世界人权宣言》第 26 条。
② 数据来源于 2008 年第一届高校人权教育年会。

论人权教育的特点

教育在人的发展和社会发展中起着基础性作用，教育让人具备在急速变化的世界中维持生活所需要的技能，所以，学习实践知识向来是教育的一个固定目标。教育通常培养了更具熟练技术的劳动大军，却常常是以牺牲人的全面发展为代价的。在与更直接的经济因素相比较时，人的价值观和伦理原则等长期目标的培养往往被忽视了。

人权教育是普遍价值观的教育。人权教育把对理念、观念和行为方式的培养和塑造放在与人权知识的传授同等重要的位置。在国际层面，人权教育的重点在于培育国家之间、区域之间的理解与合作精神，减少分歧和冲突，为世界和平与发展创造条件。在国内层面，通过人权教育，提升人与人之间的宽容精神，培育和谐的人际关系，为经济、社会、民主与法治的健康发展提供灵魂支持。但无论国际人权教育还是国内人权教育，都是以促进人的个性充分发展、培养有健全品格的人为目标，进而都是为了洗炼人性，提升人的生活质量，促进人的价值的充分实现，最终实现人类的和谐共存。①

人权教育是预防性的教育。真正的挑战不在于事后惩罚侵犯人权的行为，而是对侵犯人权行为的预防，因此需要从塑造态度、价值观方面入手，使人权意识内化，培育一个富含人权文化底蕴的社会，而这一艰巨的任务只能通过长期的、系统化的人权教育来完成。人权的理念和价值观不是与生俱来的，人权是规范和习惯，人权观念需要"灌输"和培育。教育是培育人权理念的最有效途径。人的善恶并非与生俱来，人有学习能力和理性能力，人也可能犯错误，甚至倒退到非人性中去，总之，人是开放的，人具有各种各样的可能性，因此，人权教育是必要的。首先，人权教育是现实社会中预防侵犯人权的有效战略。从这个意义上，人权教育应特别重视培训那些处于特殊地位，能够直接影响人权实现的群体，其中，最为紧迫的是要重点加强对公权力机关及其工作

---

* 张爱宁，外交学院教授。

① 齐延平：《人权与法治》，山东人民出版社 2003 年版，第 30 页。

人员，如立法官员、行政官员、警察、检察官、法官、狱政官员、移民官、边防官、军队和其他治安部队等群体的人权教育，因为这部分人的行为往往更容易、更直接地关涉现实社会中人们的人权状况。其次，人权教育是对未来的投资。今天的儿童和青年就是国家明天的建设者和公权力的行使者，他们的发展将塑造世界的未来。从小对他们进行很好的人权知识、人权意识和人权普遍价值观的教育，是对未来人类和谐社会的最好保证。因此，应在有意识地注入基本人权价值与理念的前提下，鼓励和协助设计人权课程和相应的教材和资料，并纳入儿童早期、小学、中学、大学等各个层次的教育。①

　　人权教育是尊重人的教育。人权教育是建立在以人为中心的基础之上的，人权教育是使人懂得自己的价值和尊严以及他人的价值和尊严的教育。1994年，联合国大会宣布 1995—2004 年为联合国人权教育十年，重申"人权教育应不止于提供信息，而应是一个全面性的终身过程，所有发展阶段和社会所有阶层的人借此学习尊重他人的尊严，并且学习在所有社会中确保此种尊重的方式方法"。"尊重人的价值和尊严"意味着尊重自己并尊重他人，尊重每个人的基本权利和自由。一个人不能将自己没有的东西给予别人，尊重和维护人的价值和尊严必须始于我们自身，当你自己不指望有任何权利和尊严的时候，你就很难在乎别人的权利和尊严。当你不能尊重自己、维护自己的权利的时候，你就很难去尊重别人、维护别人的权利。"尊重人的价值和尊严"意味着接纳和宽容。人类社会的基本事实是"多"和"多样"，多样的人、多样的文化、多样的宗教、多样的制度、多样的习俗、多样的追求等。既然是多样，就意味着差异，这就注定了世界上的人在文化、政治、经济、价值观念、生活习俗等方面都存有巨大的不同，但是他们都拥有一个共同的渴求，即被承认与尊重。但这并不是件容易的事。只有那些掌握了具有重要意义的人文价值观的人，才能够接纳和正确评价人类的多样性，尊重个体的和文化的差异，尊重不同民族、社会和国家的信仰与文化，尊重其他民族的文化，尊重少数民族和处境不利人群的权利，和平解决冲突。宽容是寻求不同文化之间实现和平的条件，也是正确认识相同点和不同点的一个诀窍，即如果你不喜欢某种文化，那就不要理睬它，这是确保多元化的唯一方式，也是保留你所要保留的文化的唯一方式。②

---

① 联合国人权事务高级专员办事处：《1995—2004 年联合国人权教育十年行动计划：人权教育——终身的课业》，第 25 段。

② ［美］罗纳德·德沃金：《认真对待权利》，信春鹰、吴玉章译，广西师范大学出版社 2003 年版，第 25 页。

人权教育应从身边着手。人权不是抽象的，而是具体的、实实在在的，人权与每个人都密切相关。培养人权价值观，仅仅通过讲解《世界人权宣言》、国际人权两公约，逐条分析其基本原理及含义是不够的。"原理"讲得再好，也不足以建设一个富有人权文化底蕴的社会。为了使这些人权文件超出纯理性的意义，在培养人权核心价值观的过程中，人们必须面对现实生活中各种真实的侵犯人权现象，不仅要关注其他地方侵犯人权的问题和事件，更要将目光集中在身边的个人的价值观、态度和行为举止上，以自身的生活经验来解读这些人权文件所确立的人权标准，并按照他们自己对正义、自由和平等的理解来掌握文件精神，评判自身生活中的人权状况。正如早年曾任联合国人权委员会主席的埃莉诺·罗斯福（Eleanor Roosevelt）所言："归根到底，普遍的人权是从小地方，在离家很近的地方开始的。这些地方离家如此之近，又如此之小，以至在世界任何地图上都难以找到。然而这些地方是个人所在的世界；是其生活的街区；是其读中学或大学的地方；是其工作的工厂、农庄或办公楼。这些就是每个男人、女人和孩子不受歧视地寻求平等的司法、平等的机会、平等的尊严的地方。除非这些权利在这些地方具有实际意义，否则它们在任何地方都没有什么实际意义。有关的公民若不在自家附近维护这些权利，我们就不要想在更大范围的人世间取得进步。"①

（载《广州大学学报（社会科学版）》2010 年第 5 期）

---

① ［美］埃莉诺·罗斯福：《权利掌握在自己手中》，1958 年在纪念《世界人权宣言》10 周年大会上的讲话。

人权的"敏感"与"不敏感"

——对我国人权教育的思考

张　军[*]

因承办人权课程开发会议，我们打算与有关实务部门就人权与司法保障问题做些交流和探讨，确定了"刑事司法与人权保障"的主题，经与对方沟通，反馈回来的信息是将议题调整为"刑事司法与公民权利保障"，虽然会议内容与原计划一样，会议也开得很成功，但由此引发笔者对人权和人权教育问题的思考却无法停止。其实，"人权"与"公民权利"这两个概念作为小型研讨会的题目，在法律人或者从事人权教育和研究的人看来并无本质区别，但奇怪的是，人们一方面在大谈人权、研究人权和保障人权；而另一方面却又认为"人权"问题太敏感，尽量回避"人权"概念的使用，甚至惧怕人权方面的交流。据悉，在我国对人权问题感到敏感而刻意回避的组织和人员绝非个案，这从一个侧面反映出我国人权教育的一种状态和人权问题的误区。

"人权"何以如此"敏感"以至于连承担人权保障职能的国家司法机关都要尽量回避使用呢？国人的人权教育到底是多了还是少了？难道中国的"人权"仅仅是口号和形式？或者说我们的人权教育和交流仅限于对外宣传的需要？难道我们的国家不在孜孜以求地谋求人权保障之实吗？仔细考究，对"人权"概念其实大可不必如此敏感和紧张。近年来，我们在积极、主动、广泛地使用这个概念，借用人权教育和人权交流的平台增进中国的人权事业和人权保障。其实，国人在近两百年的历史中从来没有停止过对人权的追求和奋斗，甚至多少代人前仆后继并付出流血的代价，中国的人权事业由此也获得了前所未有的成就，独立、富强的民主法治之路既是国人的历史选择，也是中国社会不可逆转的趋势。"依法治国""尊重和保障人权"不仅是作为执政党的共产党的核心追求和价值目标，而且被纳入宪法，保障人权成为国家及其工作人员的法定职责，国务院甚至还出台了《国家人权行动计划（2009—2010年）》，

---

* 张军，广西警官学院教授。

可见，中国的人权及其保障问题已经或正在纳入国家法治框架和制度设计中，这在世界人权发展史上恐怕都堪称辉煌业绩。由此而言，国人是大可以旗帜鲜明地标榜人权和推进人权的，岂有行人权之实而弃人权之形的道理？当然，中国的人权保障和发展还不完善，这就注定了中国的人权事业必须与世界各国交流，不断地借用人权"话语"和"平台"向世界各国学习，同时也借此向世界各国宣传中国人权的进步与发展。当然，由于人权与经济、政治和文化之间天然的依存性和历史的延续性，决定了人权问题的复杂性、艰难性和历史性，不同国家的人权理念存有一定共性也必然存在一定的差异，"认真对待人权"、"认真学习人权"、"认真研究人权"和"认真保障人权"就不能不成为必然的选择。立法部门、执法部门和司法部门对人权保障负有法律上的保障责任，更应当习惯于使用人权话语和人权"平台"推进人权保障和有关人权的交流。

实际生活中对人权过于"敏感"和过于紧张的现象在中国具有相当代表性，一方面反映了某些人权保障部门及其工作人员在人权问题上的明显"误区"，其职业生涯中的人权意识和人权思维有待培养和提升。另一方面也反映了我国现阶段人权教育的局限和不足。其一，虽然我国目前的人权教育比过去有很大发展，不少高校或法学院专门开设了人权教育的课程，形成和培养了相当一批人权教育的师资，积累了一定的人权教育经验和成果，但总体而言开设人权课程的高校或法学院所占高校或法学院的比例还很低，除个别院校外，这些开课院校的人权教育基本上处于自为状态，缺乏制度和政策上的有力支持。其二，促进高等教育中的人权教育和交流，教育行政管理部门责无旁贷，但实际上教育行政部门对人权问题仍持比较审慎的态度，并未完全参与其中，人权教育的师资培训基本依赖于非政府组织、横向基金支持以及高校的自身重视。其三，执法部门、司法部门的专业化和职业化的人权教育工作有一定展开，甚至有些地方司法部门还参与了人权教育的培训和交流，但在广泛程度和培训力度上远远不够，特别是缺乏统一的规划和政策支持以及制度建设。其四，中学、小学的人权教育几乎处于空白状态，即使有极少量的人权教育，但在教育水平和方式方面急待提升。如在相当中小学校对学生的生存教育、保护意识和能力的培训甚至根本没有开展。

中国的人权教育状况实际上已经为其提出刻不容缓的任务和目标：一是加强人权教育和宣传，澄清"人权"问题上的误区，不惧怕"人权"话题和交流。只有正视中国人权事业的辉煌与问题，才能彰显一个以民主法治为目标的国家的胸怀和形象。二是在国家机构的职业教育中，应当把人权教育和人权交流作为重点和重要内容，强化立法者、执法人员和司法人员的人权意识和思维，把人权教育和人权交流的成果体现在依法执业的过程中，突出对人权的现实保障。三是制定人权教育的政策并建立相关制度，积极组织和推进人权教育和有关人权保障的交流，把人权教育的和人权保障的交流活动既看作是中国人权事业本身发展的需要，也看作是对中国人权事业的宣传和推广，消除在世界范围内对中国人权事业的隔阂和误解。由此而言，对人权问题应具有另外一种"敏感"，这就是对中国人权和世界人权发展中现象的敏锐观察和研究解决人权问题的强烈意识，而且还应当把这种对人权问题的"敏感"作为促进中国人权教育和事业发展的重要契机，如果因为对现实中某个"人权事件"的敏感而对国人的人权意识有所启发或者在一定程度上促进对某些人权保障问题的解决，哪怕是小小的进步都是善莫大焉！

（载《广州大学学报（社会科学版）》2010 年第 5 期）